제 2 판

비전공자의 데이터 분석을 위한

# 파이썬

염기원 · 오지영 공저

B.C.Info

# 머리말

2019년도 한해를 마무리해 가는 즈음에서 머릿속에 문득 기념이 될 수 있을만한 무언가를 해야겠다는 생각을 시작으로, 컴퓨터공학 전공자가 아닌 비전공자로서, 비전공자들이 파이썬을 통해서 컴퓨터 프로그래밍의 기본적인 내용을 쉽게 익힌 후, 기초적인 프로그래밍 수준에서 한걸음 더 내디딜 수 있는 디딤돌이 될만한 내용을 담으면 좋겠다는 마음으로, 비전공자나 데이터분석에 관심을 갖고 있는 분들에게 참고가 될 수 있는 파이썬 책을 집필하기 시작했다.

그렇게 집필을 하면서 친하게 지내던 다른 학교 교수와 몇몇 지인분들에게 방향성을 물어보기도 하면서 나름대로 비전공자의 입장에서 하나씩 채워가는 중에, 집필하는 것을 중간에 그만두어야 할 것 같고 더 이상 경주할 수 없을 것 같은 인생의 쓰디쓴 경험을 하게 되었다.

2020년 2월 21일은 저자에게 몹시도 힘든 하루였다. 동생은 위를 모두 잘라내야만 하는 큰 수술대로 올라갔고, 어린아이 시절 수술 후 고통 속에 신음하는 모습을 옆에서 눈물 흘리며 지켜봐야 했던 과거의 아버지 모습과 교차되면서, 긴 수술 시간 동안 초조한 마음으로 그저 수술이 잘 되기만을 기도하는 마음으로 기다려야 했고, 수술 후에는 진통제로도 견디기 힘든 큰 고통을 온전히 감내하고 있는 동생과 그 가족을 다시 눈물로만 지켜볼 수 밖에 없던 날이었다.

그리고 그 밤에는 내 인생의 깊은 골짜기를 지내온 삶의 비밀스러움을 얘기할 수 있었던 참 좋은 친구라고 생각했던 한 친구의 자신의 쾌락에 취해 철저히 기만한 것도 모자라서, 진솔하지 않고 그저 추잡한 변명을 늘어놓는 실망스러운 모습에 역겨움까지 느끼면서 한 친구를 잃어버리던 날이기도 했다. 그 밤에 동생으로 인한 슬픔, 친구로 인한 실망감과 배신감이 복합적으로 쓰나미처럼 몰려와서 한 순간도 눈을 감고 있을 수 없을 정도로 심한 마음의 고통가운데 신음하다가 아침을 맞이하고, 그 후로도 며칠을 더 잠들 수 없는 깊은 상심의 날들로 보내기도 하였다.

또 이날부터 코로나 바이러스가 대구 31번 환자의 거짓된 진술로 이단 신천지 교원들을 중심으로 확산되면서 전국적으로 힘들고 어려운 상황을 맞이하게 됐을 뿐만 아니라 국가적으로도 고통의 시간들을 경험하기 시작하였다.

어느덧 그런 고통의 시련 가운데에서도, 시간은 수술 후 고통으로부터 동생의 회복을 조금씩 허락하였고, 내 삶의 문제와 상처도 어느 정도 극복할 수 있도록 해주었다. 국가적으로도 가파르게 치솟던 코로나 바이러스 확산 추이를 정부와 여러 의료기관과 의료진의 끝없는 헌신, 그리고 여러 모양의 자원봉사와 지원 등으로 세계 어떤 나라에서도 볼 수 없었던 차분함과 대응을 통해서 전염병 사태를 평온하고 빠르게 안정화 시키는 멋진 대한민국을 2002년 6월 이후 다시 한번 경험하였다.

그러면서 중단되었던 교재집필을 재개하게 되었고, 처음 집필을 시작하던 때에 국내 암환자에 대한 공공데이터를 이용해서 의료데이터분석에 파이썬을 이용할 수 있도록 방향성을 설정했던 부분을, 코로나 바이러스에 대한 여러 측면에서의 데이터 분석을 포함시키는 것으로 전환하게 되었다. 그리고, 좀더 실무적인 관점에서 필요한 정보를 생성할 수 있는 데이터분석 기법을 포함시키는 편이 낫겠다는 생각으로 바뀌었고, 부족하지만 책의 후반부 한 장을 할애해서 2020년 1월20일부터 4월 30일까지의 데이터를 이용해서 코로나 바이러스에 대한 간단하지만 다각적인 측면에서 접근한 데이터분석 내용을 담도록 구성하였다.

책의 전반부는 비전공자의 입장에서 비전공자를 위한 파이썬 프로그래밍의 기초적인 내용으로 구성되어 있다. 프로그래밍에 익숙하거나 파이썬 경험이 있는 독자들은 곧바로 책의 후반부를 공부하는 것을 추천한다. 책의 전반부에서는 저자가 처음 컴퓨터 프로그래밍이라는 것을 배울 때 가장 어려워했던 변수와 메모리 관계, 특성에 대해서 상세하게 설명하면서 비전공자들이 쉽게 프로그래밍에 입문할 수 있도록 하였다. 대부분의 프로그래밍 교재와 다를바 없이, 파이썬으로 프로그램을 작성할 수 있도록 개발환경을 설치하는 과정과 사용 가능한 프로그래밍 툴에 대해서도 빠지지 않고 최대한 상세한 설명과 충분한 그림을 삽입하였다. 또한, 전반부의 뒷부분은 데이터 분석에 필요한 파이썬 프로그램 위주로 구성해서 앞부분의 기초 프로그래밍 지식을 바탕으로 본격적인 데이터 분석을 위한 토대를 마련할 수 있도록 구성하였다.

책의 후반부는 데이터분석시 필요한 다양한 가시화 방법을 위한 라이브러리 사용법에 중점을 두면서 여러 데이터 작업과 그래프 출력, 지도 상에 표현 가능한 기법들을 짧은 예제를 이용해서 가능하면 쉽게 이해할 수 있도록 예제 코드와 실행 결과를 포함시켰다. 그리고, 책의 마지막 장에서 코로나 바이러스에 대한 기본적인 데이터 분석을 소개하고, 앞에서 소개했던 여러 데이터 가공 기법과 가시화 방법을 이용하고, 추가적으로 좀더 직관적으로 활용할 수 있는 몇 가지 기술적인 방법을 함께 소개하면서 비전공자들에게 있어서 충분한 기술적인 예제 코드와 가시화 결과를 포함시켜서 의료데이터 분석 실무에 대한 기초적 내용을 다질 수 있도록 하였다.

다른 많은 화려하고 잘 구성된 책들과는 사뭇 다른 느낌의 책일 수 있기에 출판에 대한 부끄러움과 두려움이 있다. 형형색색의 멋진 그래픽이나 친절한 프로그램 해석은 없지만, 독자들이 책을 보면서 자신감을 가질 수 있고, 다소 어려운 문제를 만났을 때 길을 찾는 실마리를 제공해 줄 수 있는 책이 되기를 소망한다.

저자 씀

# 차례

PART 1 파이썬 기초

# PART 4 의료데이터 분석

P·A·R·T

# 01

# 파이썬 기초

CHAPTER 1

# 의료정보 분석을 위한 파이썬 기초 소개

## 1.1 파이썬(Python) 프로그래밍 언어

파이썬 (Python)은 배우기 쉽고 간단하면서, 또한 강력한 기능을 가지고 있는 프로그래밍 언어이다. 기초적인 프로그래밍 원리를 습득한 후에는 다양한 기술적인 문제를 풀기 위한 프로그램을 손쉽게 구현할 수 있고, 심지어 C/C++/Java 등에서 지켜야만 했던 복잡한 프로그래밍 언어의 문법이나 구조에서 보다 자유로움을 누릴 수 있다. 특히, 파이썬을 이용하면 주어진 문제의 속성과 특성을 쉽게 모델링 할 수 있을 뿐만 아니라 다양한 지원 툴을 이용해서 효율적인 표현이 가능하다. 그리고 문제 해결을 위한 단계적인 풀이 과정과 결과를 확인할 수 있을 뿐만 아니라, 체계적이고 효율적인 방법으로 문제를 풀 수 있다.

파이썬은 전문적인 개발자가 아니어도 쉽게 사용할 수 있는 구조화된 데이터 처리 능력을 가지고 있으며, 간단하지만 효과적으로 프로그래밍할 수 있는 객체지향 프로그래밍 언어이다.

## 1.2 파이썬의 특징

파이썬을 공부하다 보면, 다른 프로그래밍 언어에서는 쉽게 볼 수 없는 독특한 특징이 있다. 이러한 특징을 알아가다보면, 어느새 파이썬의 단순함과 강력함이 얼마나 매력적인지 자연스럽게 경험하게 된다. 그리고 파이썬을 알아가기 위한 시간적 투자의 가치가 있다고 판단할 수 있다.

### · 파이썬은 사람의 생각처럼 프로그램을 작성할 수 있는 언어이다

프로그래밍이라는 것은 어떠한 문제가 주어졌을 때, 인간이 그 문제를 풀어가는 단계적인 방법을 컴퓨터가 그대로 실행해서 문제를 풀 수 있도록 하는 절차적인 방법을 구현하는 것이라고 할 수 있다. 즉, 인간이 가지고 있는 생각 혹은 풀 수 있는 방법을 이용해서 컴퓨터가 문제를 풀 수 있도록 단계적으로 표현해 주고 풀이 결과를 얻을 수 있도록 하는 것이라고 할 수 있다.

파이썬은 사람이 생각하는 방식을 또는 사람이 논리적으로 말하는 일반적인 방법을 컴퓨터 언어적으로 표현할 수 있기 때문에, 기존의 프로그래밍 언어에서 작성하던 방식과 달리, 생각한 대로 써내려가면서 문제를 풀 수 있는 장점을 가지고 있다. 즉, 사람이 문제를 푸는 절차와 유사한 방법으로 컴퓨터가 문제를 풀 수 있도록 직관적으로 프로그램을 작성할 수 있다.

### · 쉬운 문법과 빠른 학습 그리고 다양한 활용이 가능한 언어

파이썬은 기존의 프로그래밍 언어에서 엄격하게 지켜야 했던 많은 제약사항에서 자유롭다. 이전의 C/C++/Java 프로그래밍에서 요구해 왔던 많은 문법적 규칙에서 탈피하여 매우 쉽고 간결하고 배우기 쉽다. 최근 프로그래밍 언어의 일반적인 경향이기 하지만, PC와 웹을 이용해서 또는 클라우드를 통해서도 프로그램 작성이 가능하다. 파이썬은 강력하지만 사용하기 쉬운 그래픽 라이브러리를 제공하기 때문에 데이터의 가시화나 결과의 그래픽적인 표현이 매우 용이하다. 그리고 데이터 처리에 필요한 다양한 라이브러리를 이용하여 고수준의 빅데이터 분석도 가능하다.

프로그래밍 경험이 전혀 없더라도, 개인차가 있지만, 파이썬 프로그래밍에 필수적인 기본적인 사항을 학습하는데 약 1주일 정도의 시간이면 충분하다. 그리고 어떤 문제를 풀기 위한 컴퓨터적인 모델을 수립하여 프로그램을 구현해서 결과를 얻는데까지 1개월 정도의 시간적 투자를 한다면 본인의 생각대로 움직이는 컴퓨터 프로그램을 작성할 수 있다.

### · 프로그래밍의 두려움을 즐거움으로 바꾸어주는 프로그래밍 언어

처음 프로그래밍에 입문하는 사람은 이해하기 어려운 여러 문법적 규칙과 프로그램 작성 원리를 깨닫는데 상당한 시간과 노력이 필요하고, 이 과정에서 프로그래밍에 대한 두려움과 어려움을 접하곤 한다. 그러다 보면, 자연스럽게 프로그래밍을 기피할 뿐만 아니라 적성에 맞지 않는 부분처럼 생각하는 경우가 종종 있다. 필자 또한 학생 때 프로그래밍의 원리를 이해하지 못하고 문제 풀이 절차를 어떻게 컴퓨터적으로 구현하는지에 대한 이해를 하지 못해서 많은 어려움을 겪기도 하였다. 하지만, 파이썬은 프로그래밍에 대한 두려움이나 어려움을 잊어버리게 할 뿐만 아니라, 본인이 하고자 하는 것을 생각대로 간단하게 구현할 수 있고 생각했던 대로 결과가 나오는 것을 볼 수 있는 기쁨과 즐거움 그리고 성취감을 만끽할 수 있는 프로그래밍 언어이다.

· **프로그램 개발에 필요한 시간이 단축되는 프로그래밍 언어**

파이썬은 급격한 속도로 많은 사용자와 개발자들을 매료시켜왔다. 각 분야에서 다양한 오픈소스가 활용될 수 있도록 하였고, 쉽고 간결한 프로그래밍 구조 때문에 이전의 어떤 것들보다도 폭넓은 사용자 층을 확보하고 있다. 그만큼 참고 가능한 다양한 소스와 라이브러리들을 활용하여 빠른 속도의 프로그램 개발이 가능하다. 적극적으로 오픈소스 및 오픈 라이브러리 사용을 추천할 뿐만 아니라, 여러 파이썬 포럼을 참고하면 복잡하고 고민했던 문제들도 쉽게 풀어나갈 수 있다.

## 1.3 파이썬으로 할 수 있는 것들

파이썬은 대부분의 프로그래밍 언어가 할 수 있는 일을 좀 더 쉽게 간결하게 할 수 있다.

· **시스템 유틸리티 개발**

파이썬은 윈도우나 리눅스 또는 맥OS 등에서 활용할 수 있는 시스템 커널 명령어를 지원한다. 따라서 운영체제와 연결되는 커널 프로그램이나 시스템 제어에 필요한 여러 유틸리티 프로그램을 개발할 수 있다.

· **GUI 프로그래밍**

파이썬은 GUI(Graphic User Interface) 개발에 필요한 다양한 도구들을 지원한다. 기존의 프로그래밍 언어의 복잡한 라이브러리와 프로그래밍 방식이 아닌, 매우 간결한 방법으로 단 5줄이면 윈도우 형태의 GUI 창을 개발할 수 있다.

· **C/C++/Java와 연결**

파이썬은 전통적인 프로그래밍 언어와 상호 연결이 되기 때문에 파이썬으로 개발한 프로그램을 타 프로그래밍 언어에 이식하거나 반대로 타 프로그래밍 언어로 개발한 프로그램을 파이썬으로 이식하는 것이 가능하다.

· **웹 프로그래밍**

Java, PHP 등과 같은 웹 개발 언어들과 더불어 파이썬도 웹 프로그램 개발이 가능하다. 웹 사이트의 게시판이나 방명록 등을 파이썬을 이용해서 개발할 수 있으며, 매우 많은 웹 페이지들이 실제로 파이썬 프로그램으로 작성되었다.

· **수치 연산 프로그래밍**

파이썬은 최근 Matlab의 수치연산 능력과 대등한 정도의 성능을 보일 수 있을 정도로 수치연산 부분에서 상당한 발전을 해왔다. Numpy를 이용해서 다양한 벡터, 행렬 등을 처리할 수 있고, 내부적으로 C로 만들어져 있기 때문에 실행 속도도 빠르다.

· **데이터베이스 프로그래밍**

파이썬은 대표적인 데이터베이스인 오라클(Oracle), 마이에스큐엘(MySQL), 사이베이스(Sybase), 인포믹스(Infomix) 등의 데이터베이스 객체를 처리할 수 있는 모듈을 제공한다.

· **데이터 분석**

R 프로그램을 이용하면 데이터 분석을 좀 더 쉽고 효과적으로 할 수 있지만, 파이썬의 판다스(Pandas) 라이브러리도 R 프로그램에 못지 않는 강력한 데이터 분석 기능을 지원한다. 판다스가 등장한 이후로 파이썬을 이용해서 데이터 분석을 하는 사례가 큰 폭으로 증가하였다.

· **사물인터넷(IoT) 개발**

아두이노나 라즈베리파이와 파이썬은 매우 손쉽게 연결이 가능하다. 따라서 하드웨어는 아두이노나 라즈베리파이에서 처리하고 사용자 인터페이스를 통해서 제어 명령을 보내주는 역할은 파이썬으로 개발할 수 있다.

· **영상처리 및 인공지능**

파이썬이 각광을 받고 있는 가장 큰 이유는 컴퓨터 영상처리와 인공지능 프로그래밍이 파이썬 환경에서 손쉽게 이루어지고 있기 때문이라고 할 수 있다.

CHAPTER 2

# 파이썬 개발환경 구축

파이썬을 이용하기 위해서는 파이썬을 실행시킬 수 있는 개발 환경을 설치해야 한다. 파이썬 이용을 쉽게 할 수 있는 다양한 개발 환경들이 있지만, 이 책은 전문 개발자를 위한 서적이 아닐 뿐만 아니라, 특별한 개발 환경이 없더라고 어디에서나 파이썬 프로그램을 작성할 수 있고 공유할 수 있는 웹브라우저 방식의 쥬피터 노트북(Jupyter Notebook)을 이용한다. 쥬피터 노트북 환경을 설명하기 이전에 PC에서 활용할 수 있는 Python 3.7의 IDLE와 대표적인 개발 환경을 소개한 후 본격적인 쥬피터 노트북 환경 설치에 필요한 과정을 설명한다.

## 2.1 파이썬 설치 환경

2020년 1월 기준으로 최신의 파이썬은 3.8.1의 배포 버전이다. 현재까지 가장 안정되고 많이 사용되는 버전은 3.7.3 버전이며, 파이썬 설치 프로그램은 다음 사이트를 참고하면 다운로드 할 수 있다. 파이썬 설치 환경은 윈도우 7 이상을 권장하며, 이 책의 파이썬 설치는 윈도우 10 환경의 PC와 현재까지 가장 안정적인 배포 버전인 파이썬 3.7.3 버전이다.

**파이썬 다운로드** : https://www.python.org/downloads/에 방문하면 최신 버전의 설치 프로그램을 다운받아 설치할 수 있다.

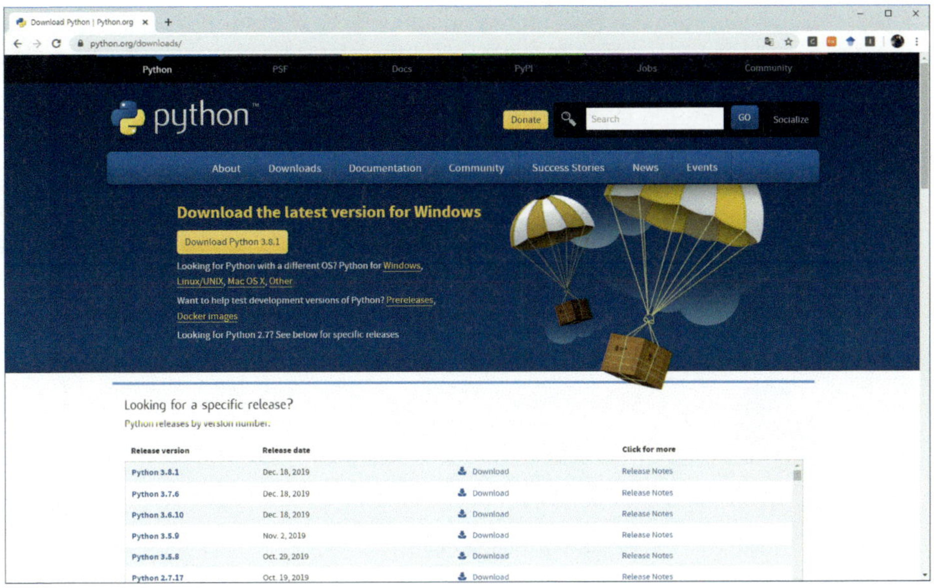


## 2.2 파이썬 3.7 IDLE 설치

파이썬의 공식 개발 환경인 IDLE는 파이썬을 다운로드 하면 자동으로 설치된다. 다음의 과정을 순서대로 따라서 해보면 간단하게 설치된다. 릴리즈 Python 3.7.6을 선택하면 다음과 같은 화면으로 이동된다.

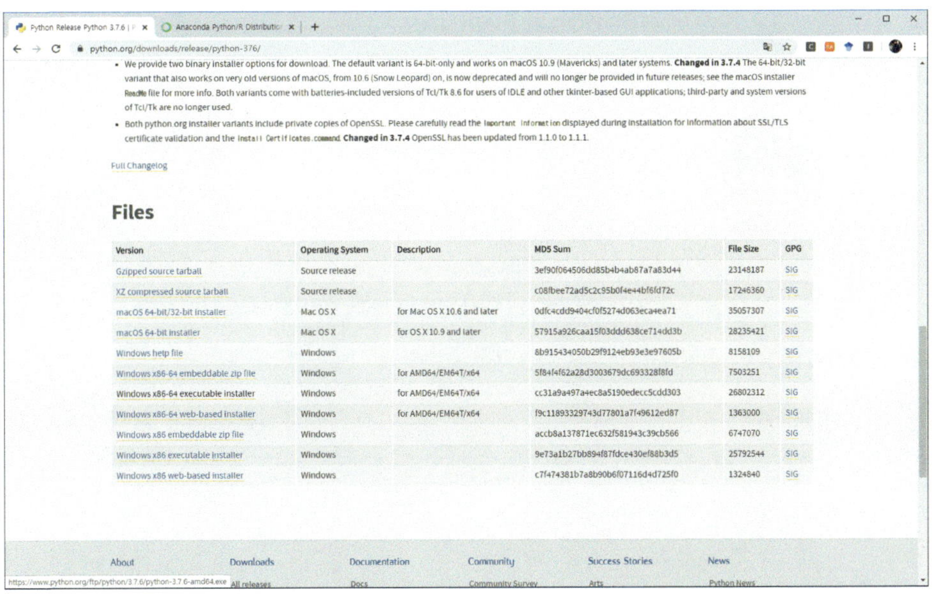

위에서 필자는 Windows x86-64 executable installer를 선택하여 파이썬을 설치하였다. 파이썬 설치치 파이썬 실행 경로를 윈도우즈 환경 설정의 PATH에 등록을 해주면 여러 라이브러리 설치시에 불편함이 없으므로, 설치 시작화면 하단의 'Add Python 3.7 to PATH'의 □에 화면에서처럼 체크를 한다.

사용자 지정 설치를 원하는 경우, Customize installation을 클릭해서 아래 그림을 참조하여 설치를 진행하면 된다. 파이썬 라이브러리 또는 패키지 설치에 필요한 pip를 꼭 선택해서 설치할 것을 권장한다.

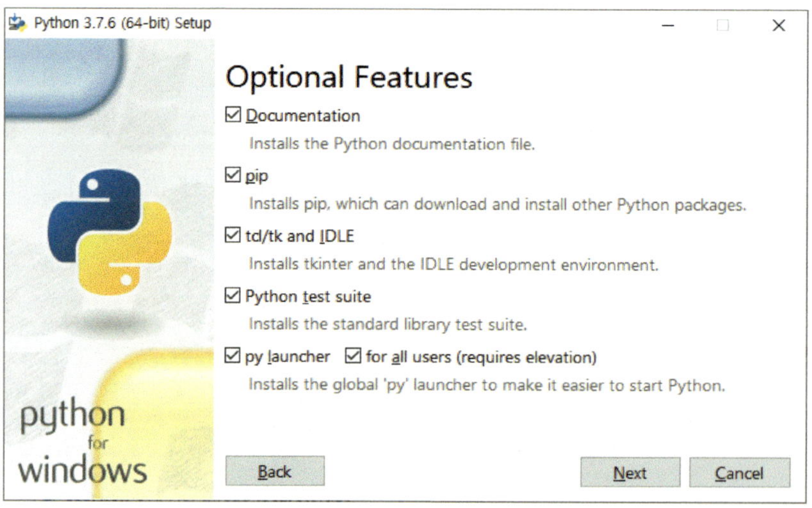

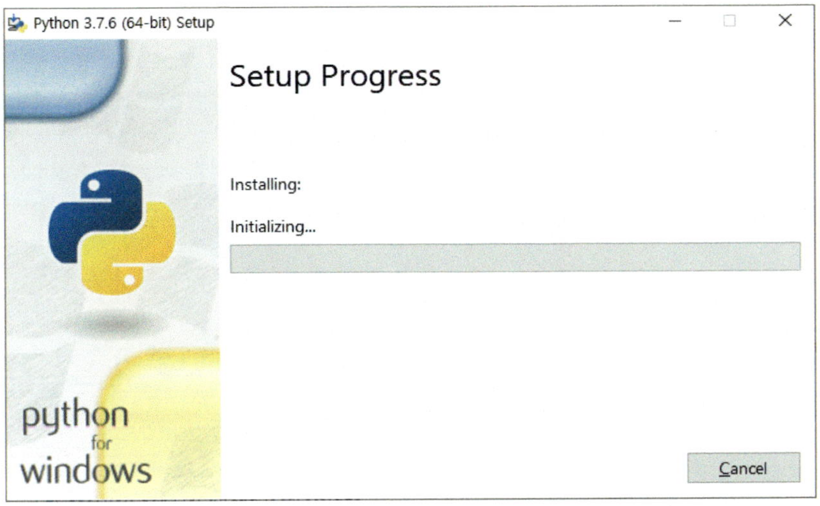


설치가 모두 완료되면 다음과 같은 화면이 나타나고, 기본 설정 상태에서 설치를 완료한다.

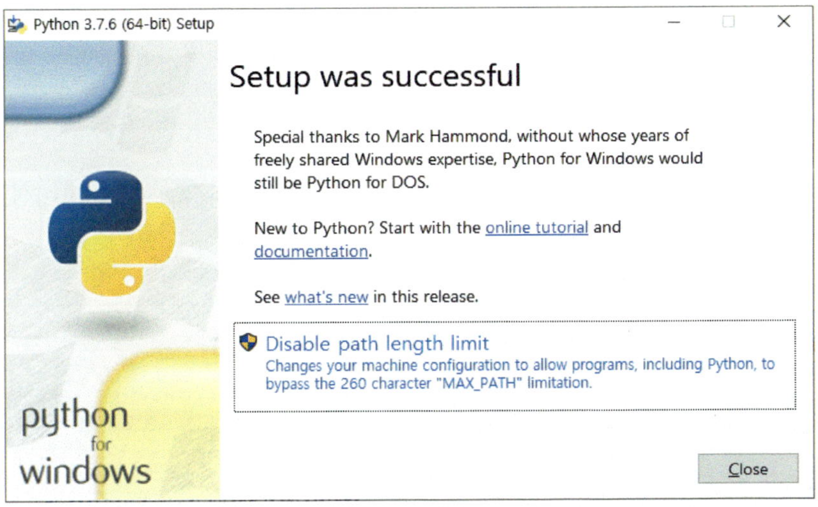


설치가 성공적으로 수행됐는지 윈도우 아이콘을 클릭해서 파이썬이 설치되어 추가된 디렉토리를 확인해보자. 그리고, 돋보기 아이콘을 클릭한 후, cmd를 입력하여 명령프롬프트를 실행시켜서 화면 프롬프트 상에 python을 입력해 보자

C:₩Users₩kwprag>python

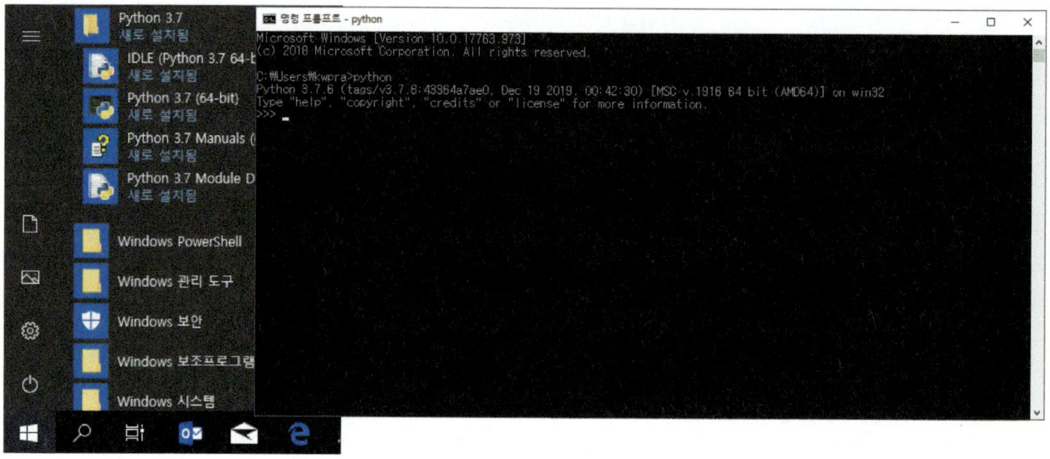


오른쪽 화면과 같이 나타나면 설치가 성공적으로 이루어진 것이다. 여기서 주의할 점은 파이썬 설치시 파이썬 실행 경로를 윈도우 환경 설정에 업데이트 시켜주도록 하는 과정을 꼭 포함시키도록 한다. 그렇지 않으면 명령프롬프트(CMD) 상에서 파이썬 실행이나 다양한 파이썬 라이브러리를 설치하는데 필요한 pip 프로그램이 실행되지 않는다.

만약, 설치 프로그램에서 PATH 설정에 체크를 하지 않았다면, 다음과 같이 파이썬을 실행하는데 문제가 발생한다.

만약 이 과정을 생략하고 설치해서 python, pip 등의 실행시 에러가 나타나면, 윈도우-환경설정-시스템환경-고급에 들어가서 PATH에 다음과 같이 작성한 후에 저장하고 적용하면 간단히 해결된다.

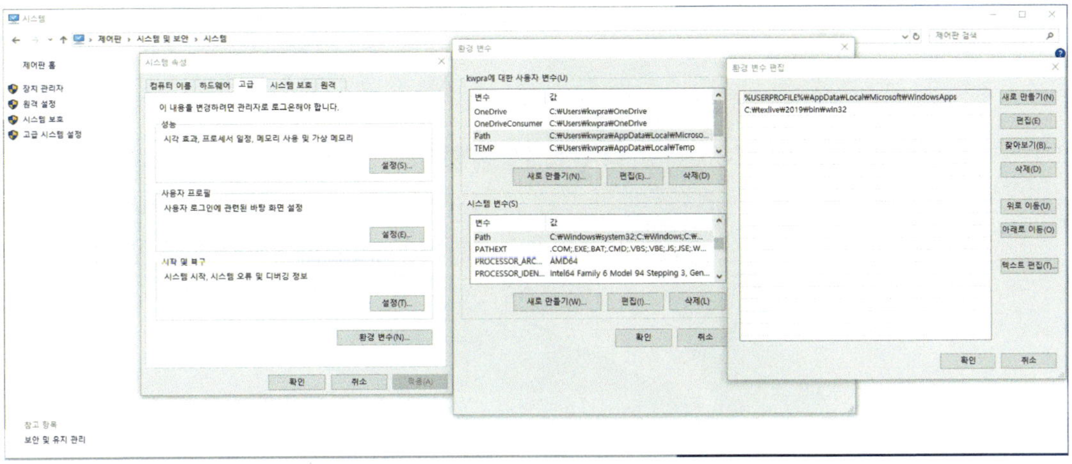

편집 버튼을 클릭해서 Path 변수에 추가해야 할 파이썬 변수 값은 다음과 같다.

```
C:₩Users₩kwpra₩AppData₩Local₩Programs₩Python₩Python37₩
C:₩Users₩kwpra₩AppData₩Local₩Programs₩Python₩Python37₩Scripts₩
```

## 2.3 PyCharm 설치

파이썬 개발에 많이 활용되는 개발 환경의 하나는 PyCharm이라는 GUI(그래픽 사용자 인터페이스) 방식이다. PyCharm은 다음의 사이트에서 다운로드 받아서 설치하면 된다.

상세한 설치 과정은 그림을 보면서 하나씩 따라하면 큰 문제없이 설치 및 테스트를 완료할 수 있다.

파이참 다운로드 사이트 : https://www.jetbrains.com/pycharm/

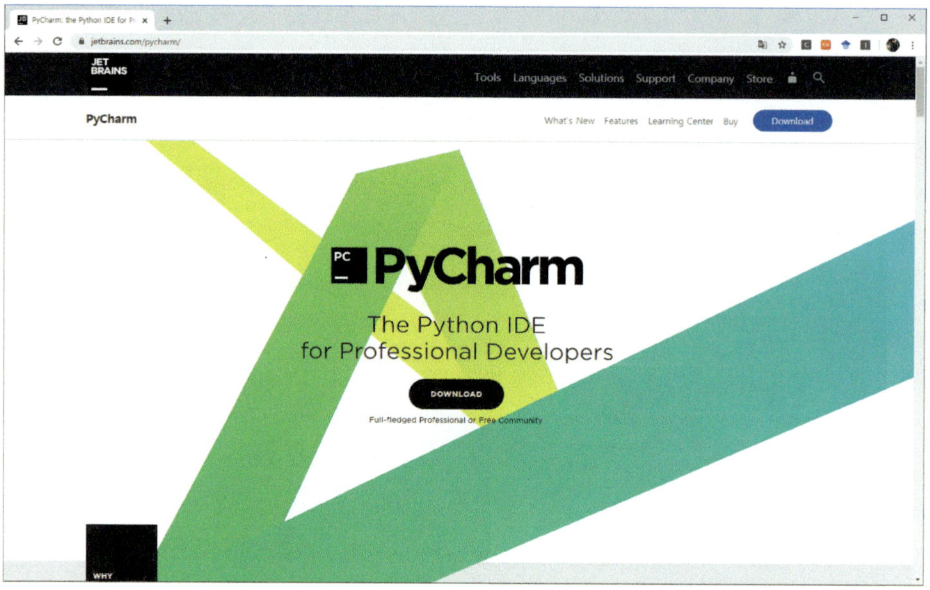


다운로드 버튼을 클릭해서 다음 화면에서 좌측의 다운로드 버튼을 클릭하여 설치 파일을 다운로드 한다.

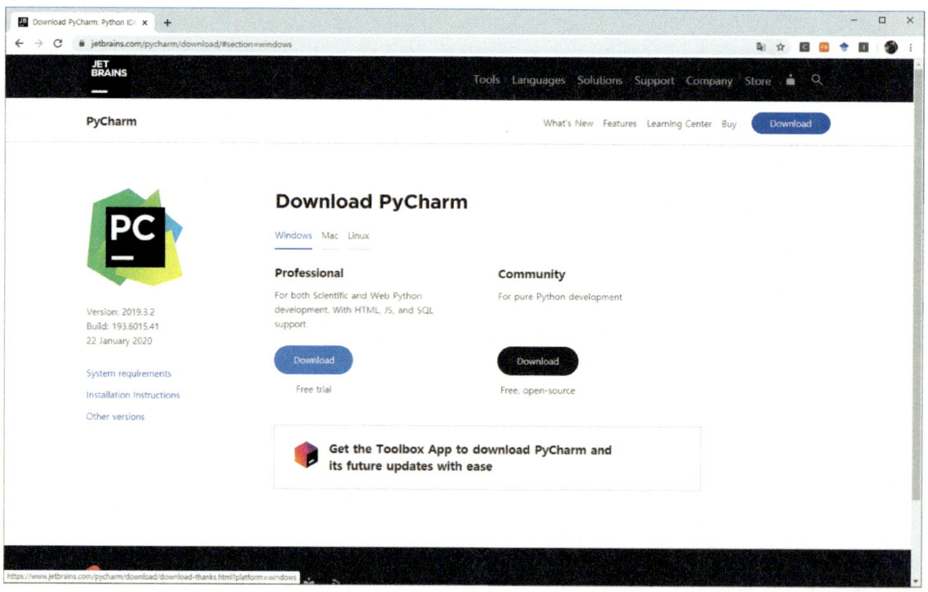

파이참 설치를 시작하면 다음 그림과 같이 설치 위치를 물어보는 화면이 나타나는데, 기본 설정 그대로 설치를 진행하면 된다.

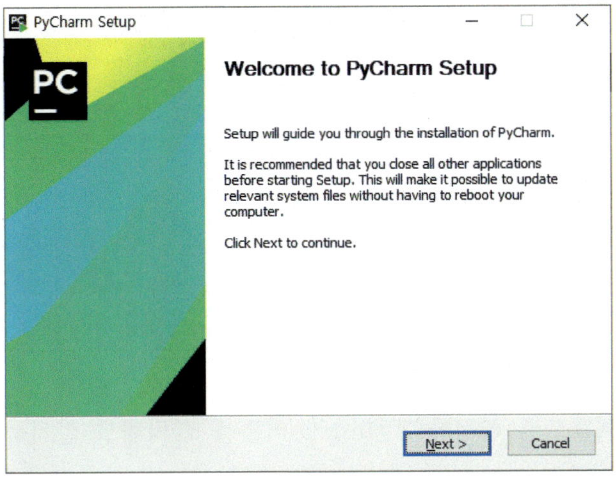


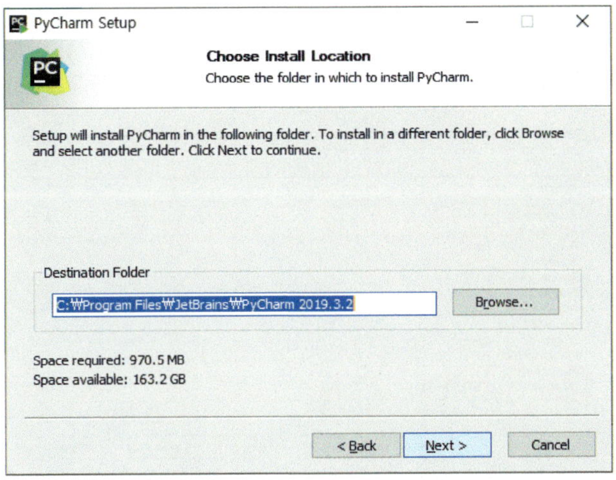


그리고 Python 설치 때와 같이 파이참에서도 PATH에 경로 정보를 등록해서 자유롭게 실행이 될 수 있도록 한다.

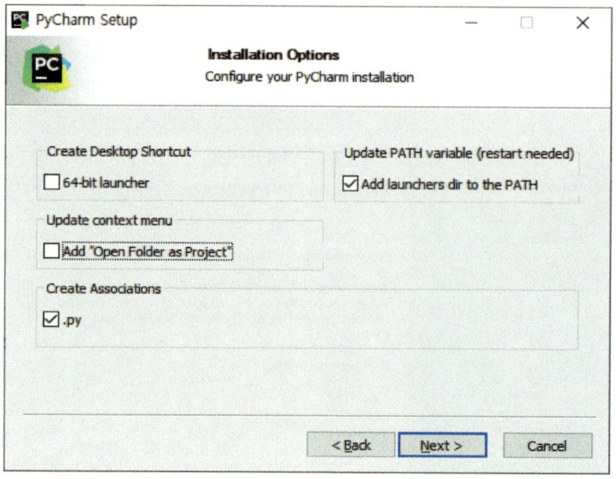


초기 실행 메뉴는 디폴트로 설정한 후 Install 버튼을 클릭해서 설치를 진행한다.

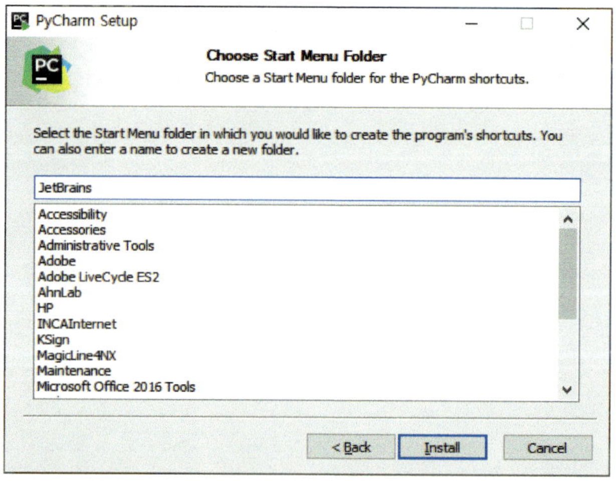


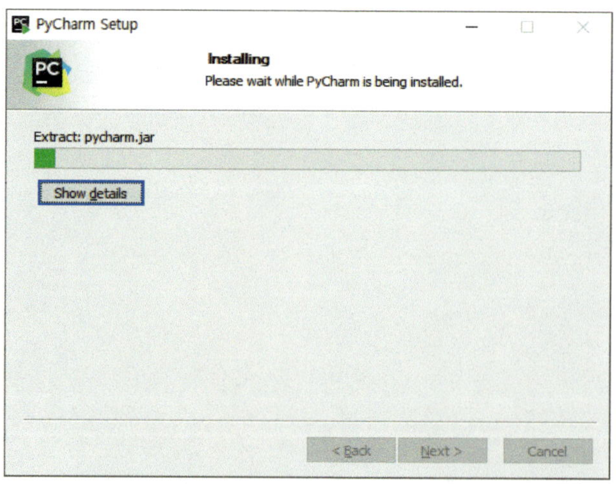

설치가 마무리되면 재부팅 후, 파이참 작업환경 설정 화면에서 몇 가지 설정을 하면 완료된다.

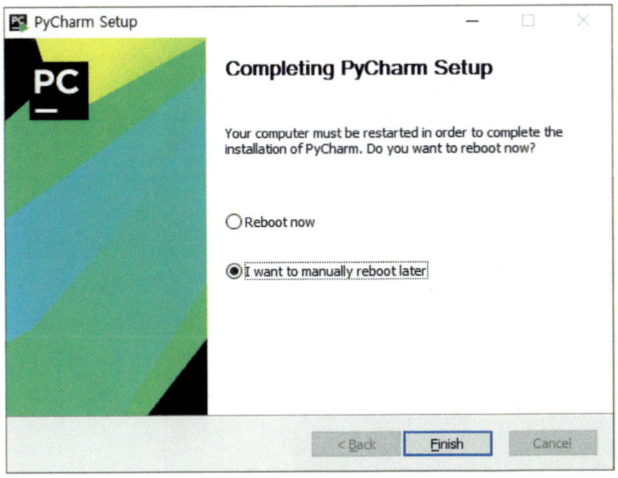


재부팅 후, 파이참을 실행한다.
다음과 같이 기본 환경으로 두고, 사용 동의에 체크 후 Continue 버튼을 클릭한다.

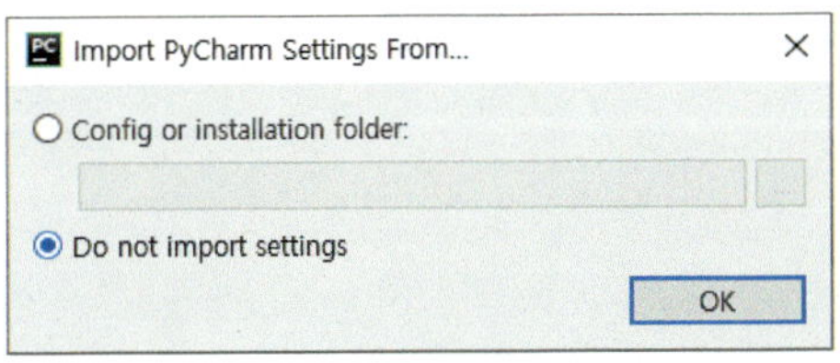


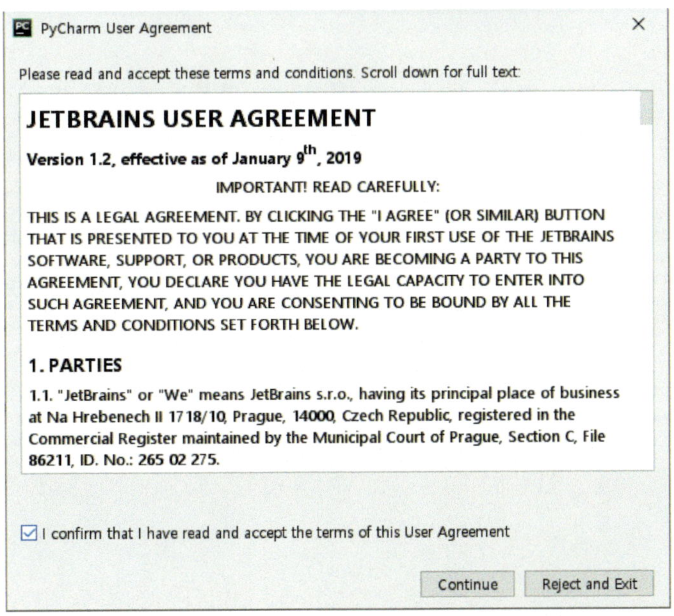

다음화면에서 데이터 공유를 할 것인지 선택의 여부는 독자에게 맡기며, 파이참 실행의 마지막 단계는 다음 화면처럼 IDE 화면의 인터페이스를 설정하는 창이 열리게 된다.

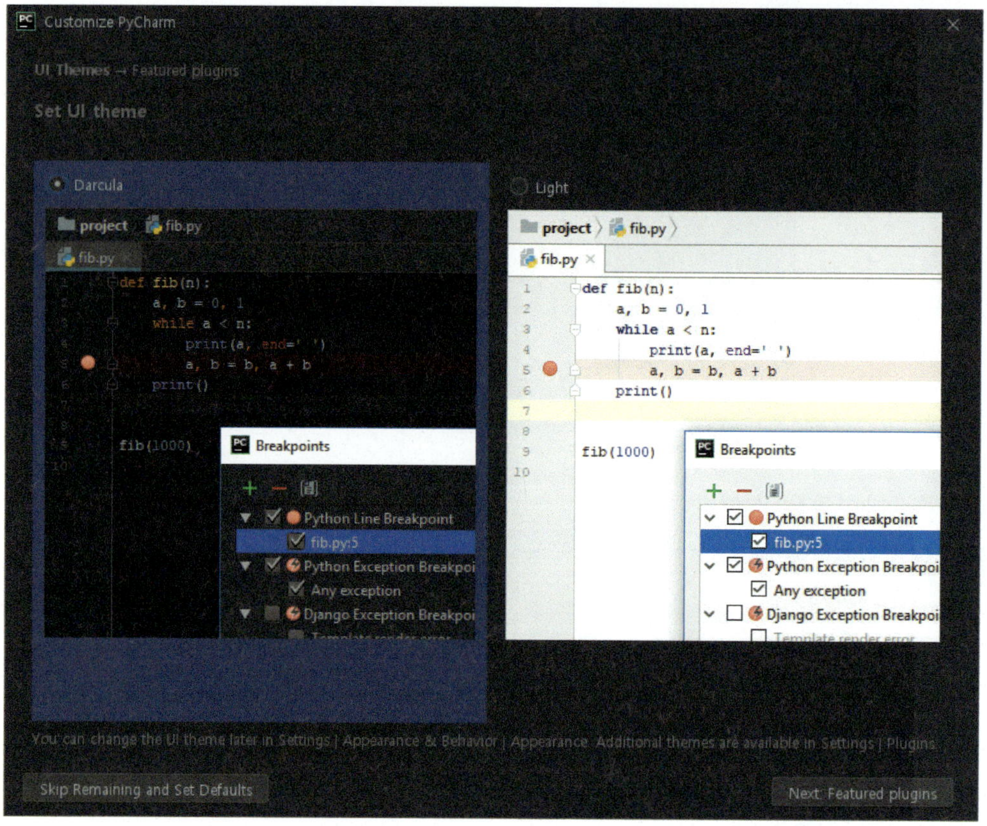


Skip remaining and Set Defaults를 선택하고, 라이센스 활성화 창에서 파이참을 활성화시킨다. Create New Project를 선택하고 프로젝트 및 파일이 생성될 위치를 지정한 후, Test라는 이름으로파이썬 프로젝트를 Create 버튼을 클릭하여 생성시킨다. 그리고 이어지는 화면에서, 새로 생성한 프로젝트명에 마우스 오른쪽 버튼을 클릭하면 해당 프로젝트에 파이썬 프로그램을 작성할 수 있는 파일을 생성시킬 수 있다. 또는 상단 메뉴의 파일-New-Python 선택해서 동일한 작업을 할 수 있다.

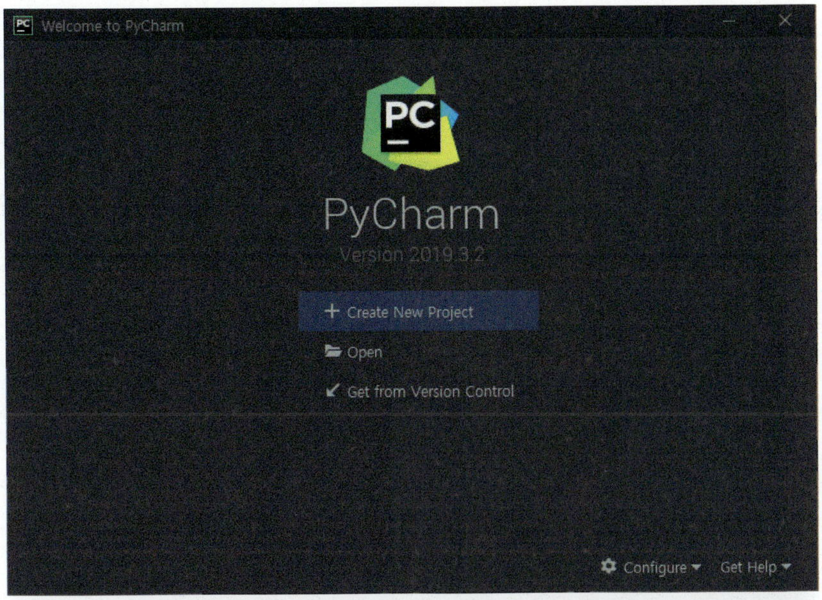
Welcome to PyCharm
PyCharm
Version 2019.3.2
Create New Project
Open
Get from Version Control
Configure
Get Help

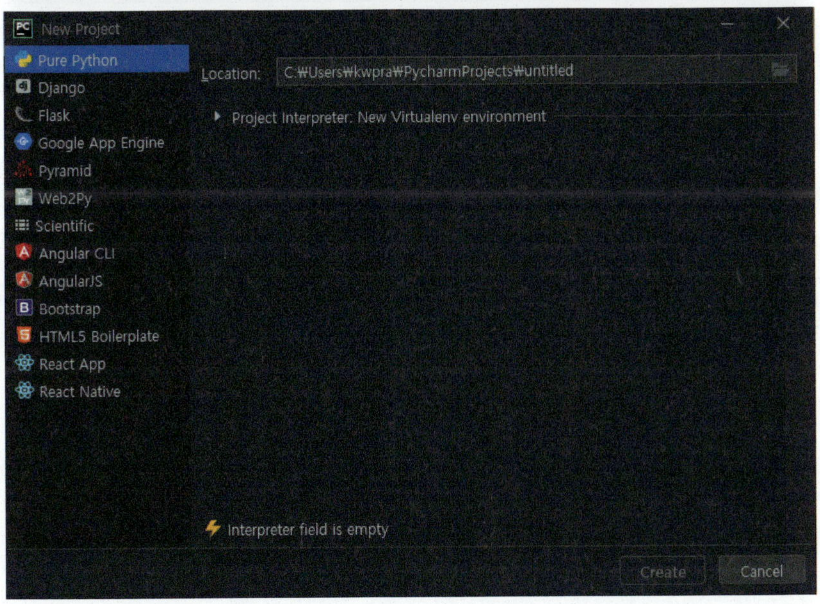
New Project
Pure Python
Django
Flask
Google App Engine
Pyramid
Web2Py
Scientific
Angular CLI
AngularJS
Bootstrap
HTML5 Boilerplate
React App
React Native
Location:
C:₩Users₩kwpra₩PycharmProjects₩untitled
Project Interpreter: New Virtualenv environment
Interpreter field is empty
Create
Cancel

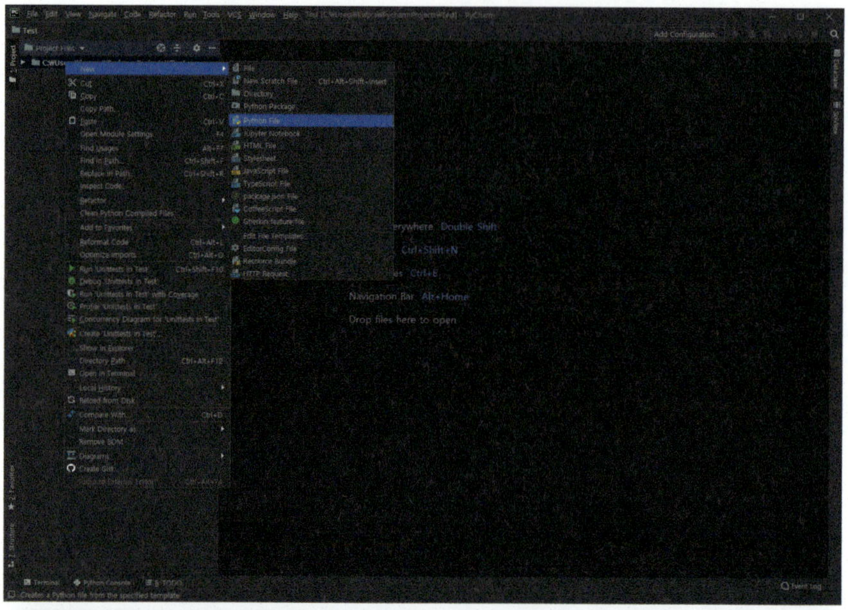
Navigation Bar Alt+Home
Drop files here to open

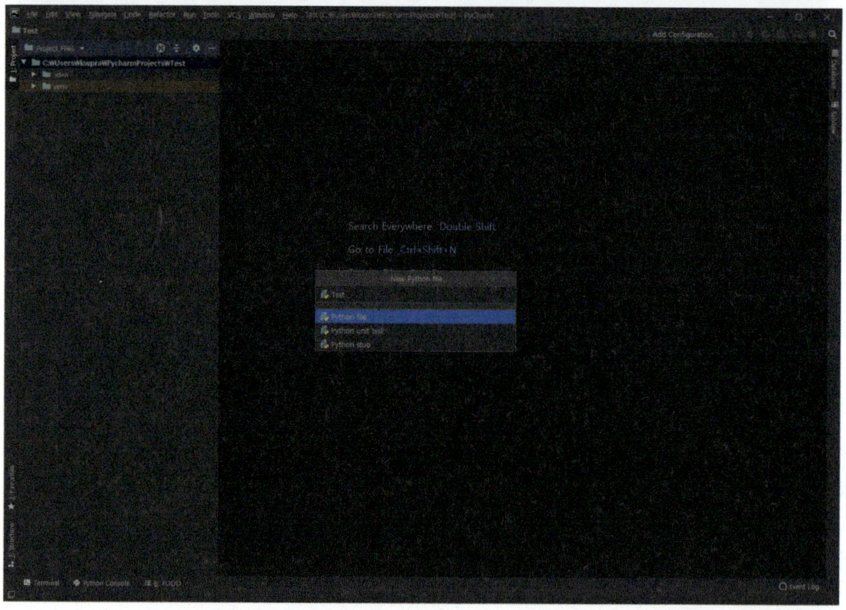
Search Everywhere Double Shift
Go to File Ctrl+Shift+N

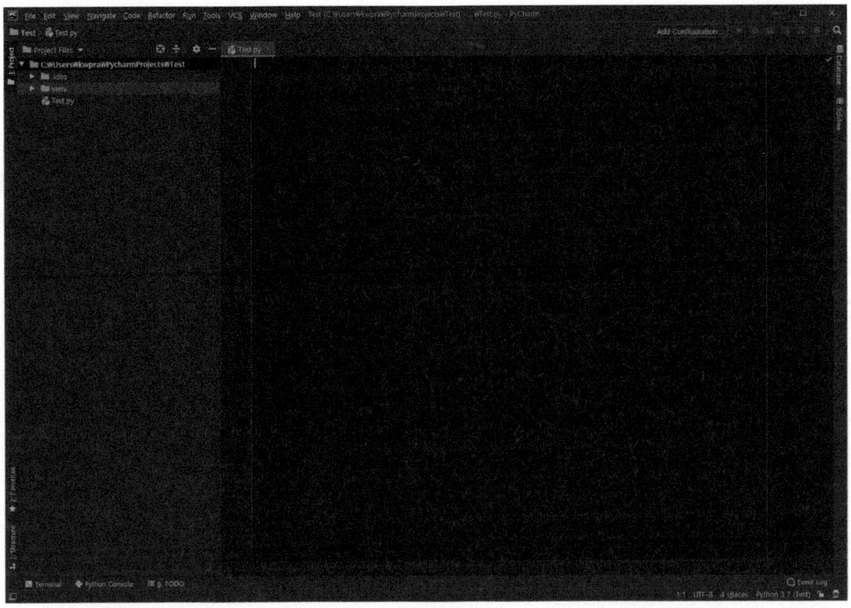

Pycharm 편집 화면에 파이썬 코드로 인사를 남겨보자.

Test라는 이름의 파이썬 빈 파일을 생성하고, 다음과 같이 간단하게 파이썬 프로그래밍 코드가 정상적으로 실행되는지 확인해 본다.

```
Print( “Hello, PyCharm” )
```

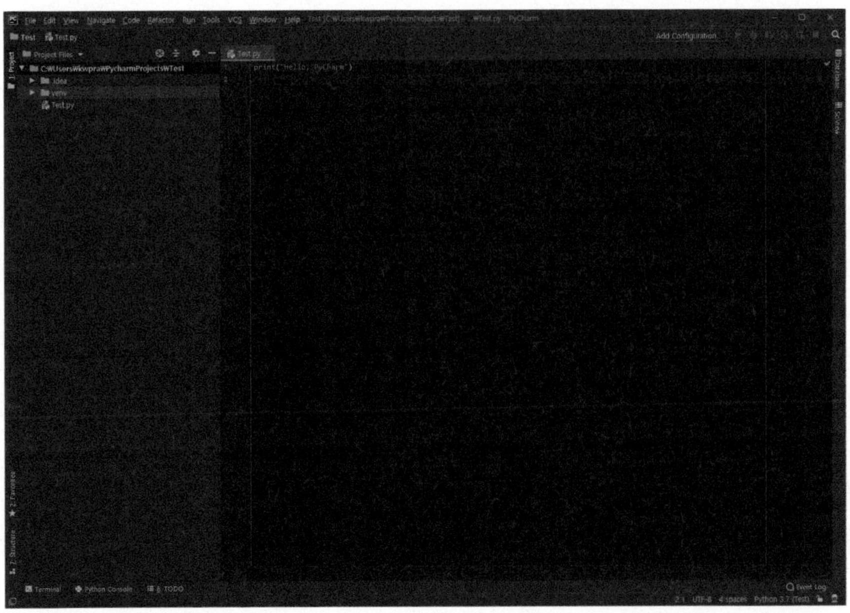

Print("Hello, PyCharm") 입력 후, Run 메뉴를 클릭해서 실행을 시키면 하단에 파이참에서 코드를 실행한 결과를 확인할 수 있다.

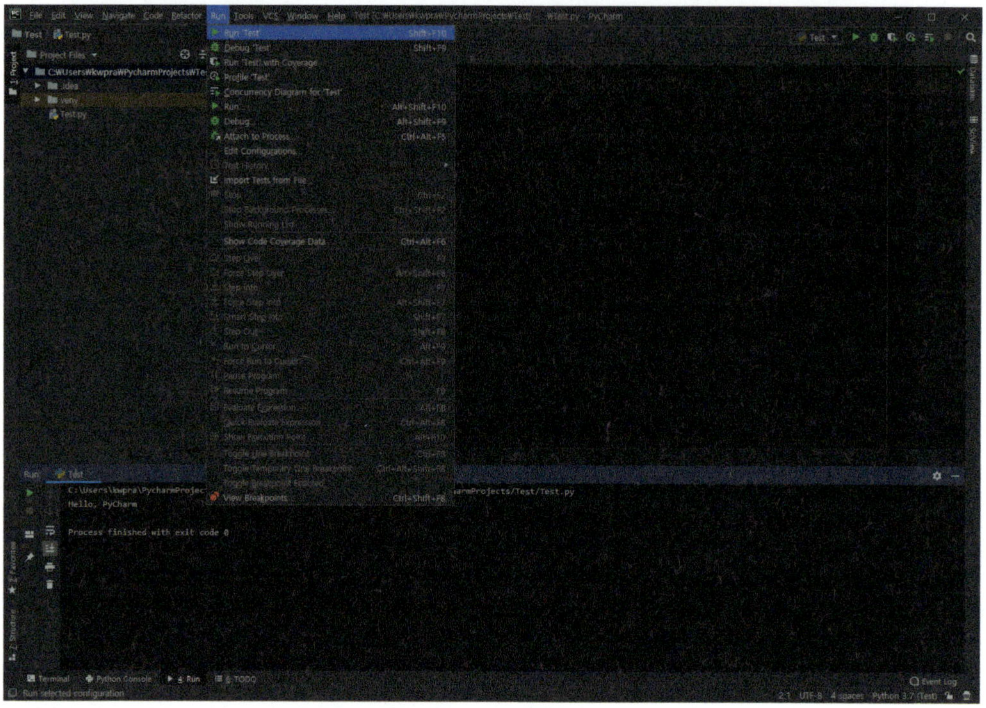

## 2.4 Jupyter Notebook 설치

필자는 파이썬 프로그램의 단계적 작성을 용이하게 해줄 뿐만 아니라, 즉각적인 동적 프로그래밍 (프로그램 코드 입력과 동시에 결과를 확인할 수 있는) 기능을 제공하는 주피터 노트북 환경을 선호한다.

주피터 노트북 설치를 위해서는 파이썬 3.7을 설치한 이후에 Anaconda 사이트에 방문하는 것을 추천하지만, 파이썬 3.7 버전을 설치하지 않았다 하더라도 걱정할 것은 없다. Anaconda 사이트에서 파이썬 3.7을 다운로드 함과 동시에 Anaconda3를 설치할 수 있기 때문이다. 앞에서 기본적인 파이썬 3.7을 설치하였다면, Anaconda 사이트로 이동해서 다음과 같은 화면에서 필요한 라이브러리를 다운로드하여 설치하면 된다.

https://www.anaconda.com/distribution/

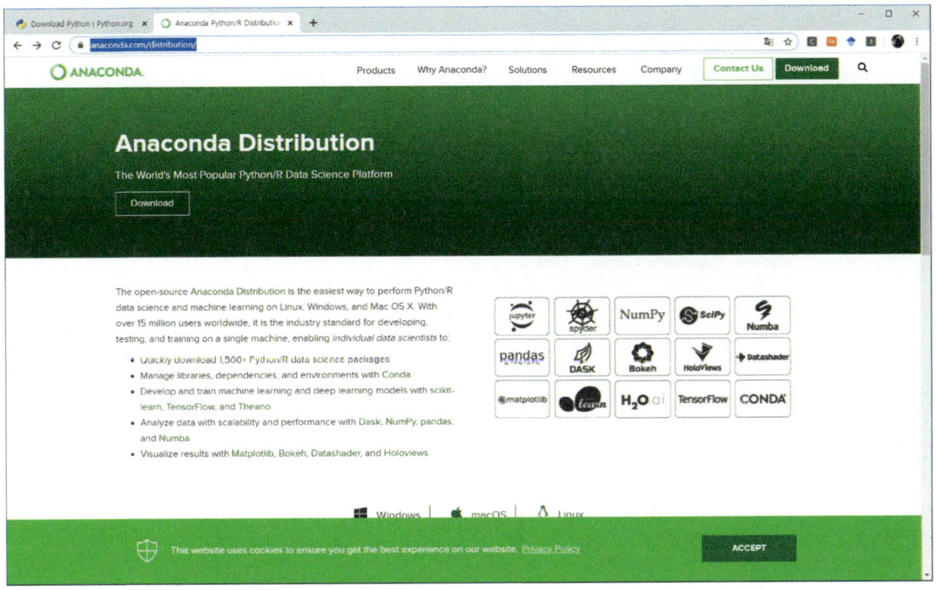


위의 화면에서 오른쪽 위에 Download라고 되어있는 버튼을 클릭하거나 또는 아래 다운로드섹션 사이트로 이동해서 다운로드 할 수 있다.

아나콘다 사이트 : https://www.anaconda.com/distribution/#download-section

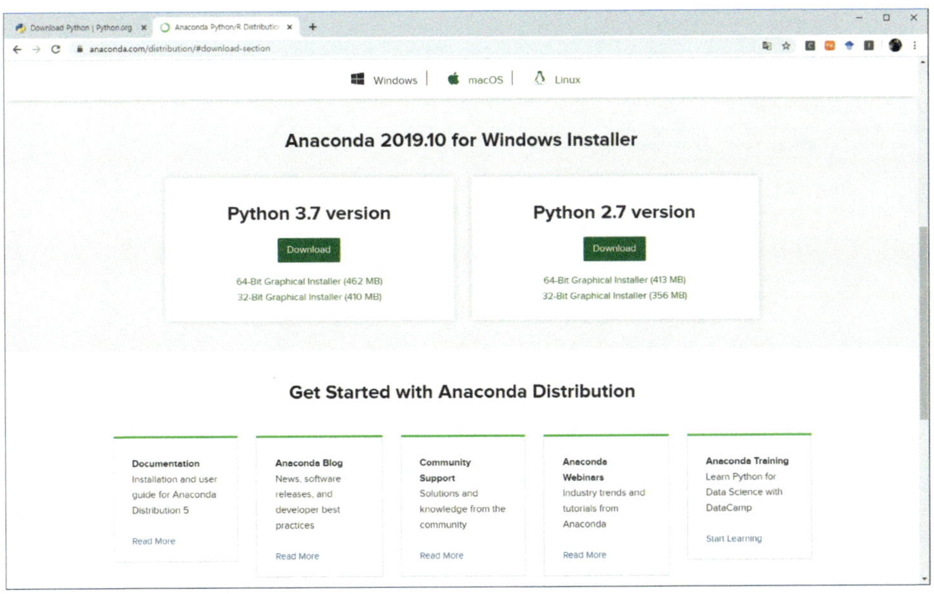

아나콘다 설치 파일을 실행시키면 다음과 같은 화면에서 기본적인 동의와 기본설정으로 next 버튼을 눌러 넘어간다.

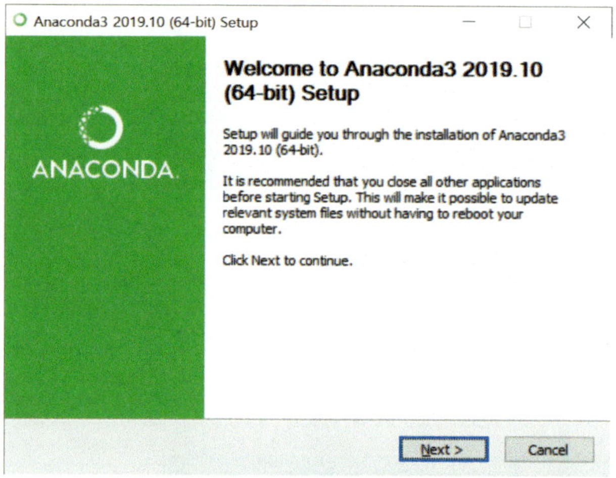


옵션을 선택하는 다음과 같은 화면에서 환경변수 설정에 모두 클릭해서 포함시킨다.

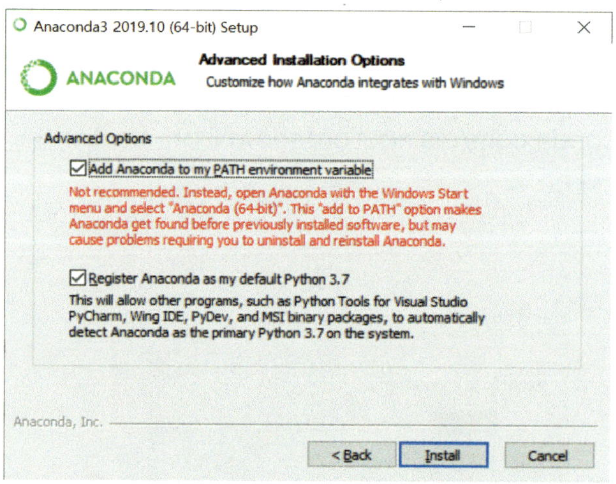

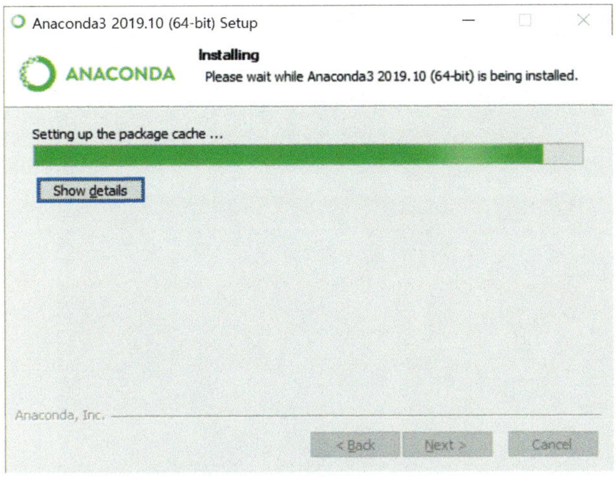


여기까지 잘 마쳤다면 다시 next 버튼을 눌러서 설치를 완료한 후, 다음 그림과 같이 명령프롬프트를 실행하여 파이썬과 pip가 잘 설치되었는지 확인한다.

C:₩Users₩user>python

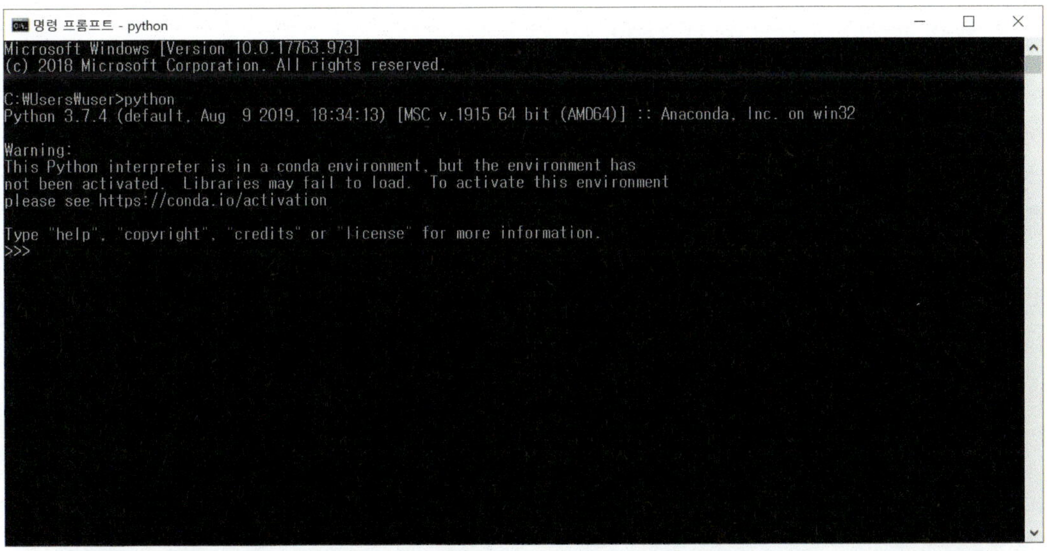

## C:₩Users₩user〉pip

```
명령 프롬프트
Microsoft Windows [Version 10.0.17763.973]
(c) 2018 Microsoft Corporation. All rights reserved.

C:₩Users₩user>pip

Usage:
  pip <command> [options]

Commands:
  install                     Install packages.
  download                    Download packages.
  uninstall                   Uninstall packages.
  freeze                      Output installed packages in requirements format.
  list                        List installed packages.
  show                        Show information about installed packages.
  check                       Verify installed packages have compatible dependencies.
  config                      Manage local and global configuration.
  search                      Search PyPI for packages.
  wheel                       Build wheels from your requirements.
  hash                        Compute hashes of package archives.
  completion                  A helper command used for command completion.
  debug                       Show information useful for debugging.
  help                        Show help for commands.

General Options:
  -h, --help                  Show help.
  --isolated                  Run pip in an isolated mode, ignoring environment variables and user configuration.
  -v, --verbose               Give more output. Option is additive, and can be used up to 3 times.
  -V, --version               Show version and exit.
  -q, --quiet                 Give less output. Option is additive, and can be used up to 3 times (corresponding to
```

아나콘다 pip 실행 화면1

위의 그림과 같이 나왔다면, 쥬피터 노트북을 설치할 수 있는 환경이 잘 갖추어진 것이므로, 다음과 같이 쥬피터 노트북을 설치한다.

## pip를 이용한 쥬피터 설치 실행: C:₩〉pip install jupyter

```
명령 프롬프트
Requirement already satisfied: ipywidgets in c:₩users₩user₩anaconda3₩lib₩site-packages (from jupyter) (7.5.1)
Requirement already satisfied: qtconsole in c:₩users₩user₩anaconda3₩lib₩site-packages (from jupyter) (4.5.5)
Requirement already satisfied: ipykernel in c:₩users₩user₩anaconda3₩lib₩site-packages (from jupyter) (5.1.2)
Requirement already satisfied: nbconvert in c:₩users₩user₩anaconda3₩lib₩site-packages (from jupyter) (5.6.0)
Requirement already satisfied: jupyter_client in c:₩users₩user₩anaconda3₩lib₩site-packages (from jupyter-console->jupyte
r) (5.3.3)
Requirement already satisfied: ipython in c:₩users₩user₩anaconda3₩lib₩site-packages (from jupyter-console->jupyter) (7.8
.0)
Requirement already satisfied: prompt_toolkit<2.1.0,>=2.0.0 in c:₩users₩user₩anaconda3₩lib₩site-packages (from jupyter-c
onsole->jupyter) (2.0.10)
Requirement already satisfied: pygments in c:₩users₩user₩anaconda3₩lib₩site-packages (from jupyter-console->jupyter) (2.
4.2)
Requirement already satisfied: jupyter-core>=4.4.0 in c:₩users₩user₩anaconda3₩lib₩site-packages (from notebook->jupyter)
 (4.5.0)
Requirement already satisfied: terminado>=0.8.1 in c:₩users₩user₩anaconda3₩lib₩site-packages (from notebook->jupyter) (0
.8.2)
Requirement already satisfied: nbformat in c:₩users₩user₩anaconda3₩lib₩site-packages (from notebook->jupyter) (4.4.0)
Requirement already satisfied: pyzmq>=17 in c:₩users₩user₩anaconda3₩lib₩site-packages (from notebook->jupyter) (18.1.0)
Requirement already satisfied: prometheus-client in c:₩users₩user₩anaconda3₩lib₩site-packages (from notebook->jupyter) (
0.7.1)
Requirement already satisfied: ipython-genutils in c:₩users₩user₩anaconda3₩lib₩site-packages (from notebook->jupyter) (0
.2.0)
Requirement already satisfied: jinja2 in c:₩users₩user₩anaconda3₩lib₩site-packages (from notebook->jupyter) (2.10.3)
Requirement already satisfied: Send2Trash in c:₩users₩user₩anaconda3₩lib₩site-packages (from notebook->jupyter) (1.5.0)
Requirement already satisfied: traitlets>=4.2.1 in c:₩users₩user₩anaconda3₩lib₩site-packages (from notebook->jupyter) (4
.3.3)
Requirement already satisfied: tornado>=5.0 in c:₩users₩user₩anaconda3₩lib₩site-packages (from notebook->jupyter) (6.0.3
)
Requirement already satisfied: widgetsnbextension~=3.5.0 in c:₩users₩user₩anaconda3₩lib₩site-packages (from ipywidgets->
jupyter) (3.5.1)
```

**주의)** 쥬피터 노트북은 아직 Anaconda에서 최신의 파이썬 3.8.1버전이 탑재되지 않은 관계로 윈도우에서 아직까진 실행되지 않고 있으나, 곧 업데이트가 완료되면 쥬피터 노트북 사용에 문제는 없을 것으로 보인다.

윈도우 시작화면 하단에 돋보기 아이콘 을 클릭해서 cmd(또는 CMD)라고 입력하면 다음과 같은 Anaconda Prompt와 명령 프롬프트 또한 볼 수 있다. 기본적으로 Anaconda Prompt가 선택되므로 둘 중 하나를 선택해서 실행시키도록 한다.

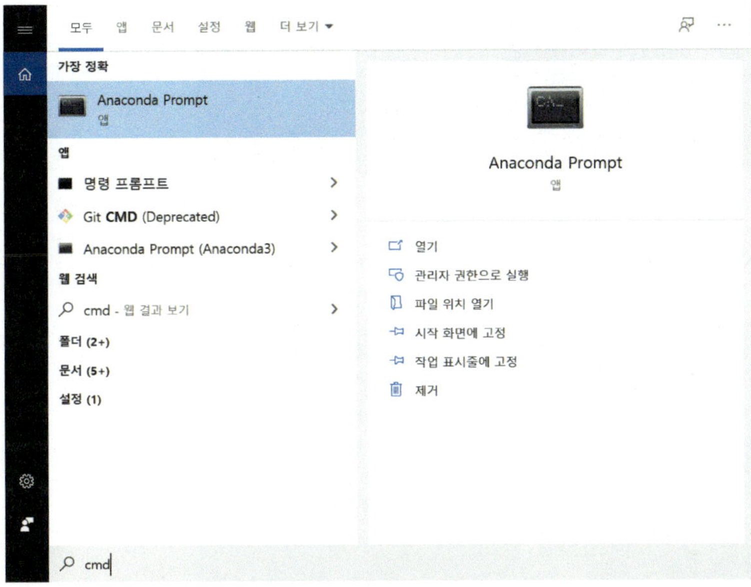


그러면 다음과 같은 윈도우 창이 실행된다.

## Anaconda Prompt 선택시 화면

## 윈도우의 명령 프롬프트 선택시 화면

## 쥬피터 노트북 환경 설치 및 설치 완료

여기서 나타나는 Warning은 무시해도 상관없다. 설치가 마무리되면 다시 명령프롬프트 창에서 쥬피터 노트북을 실행시켜 보도록 하자.

**쥬피터 노트북 실행 명령: C:\\>jupyter notebook**

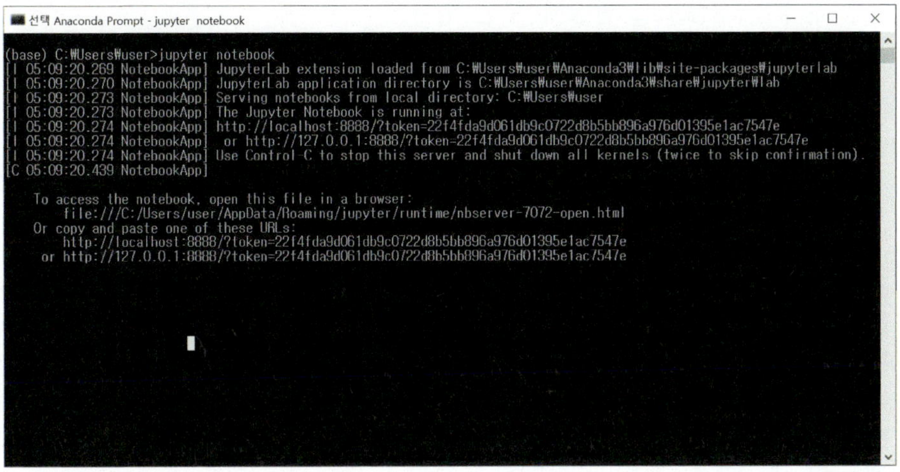


그러면 다음과 같은 웹 브라우저에서 파이썬 프로그램을 작성할 수 있는 환경이 실행된다. 이때 선호하는 웹브라우저를 선택하는 창이 나타나는데, 필자는 윈도우 익스플로러보다 구글 크롬을 선택하였다. 브라우저의 종류는 상관없으나 크롬으로 기본 환경을 설정하는 것을 추천한다.

쥬피터 노트북을 실행시키는 또다른 방법은 Anaconda가 설치된 Anaconda3 디렉토리에서 Jupyter Notebook을 선택하면 된다.

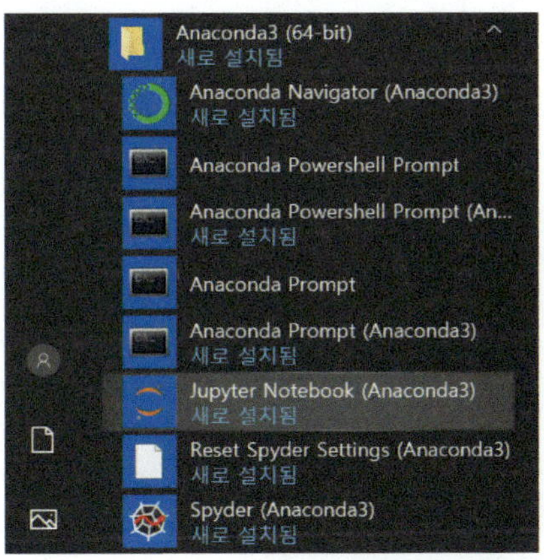


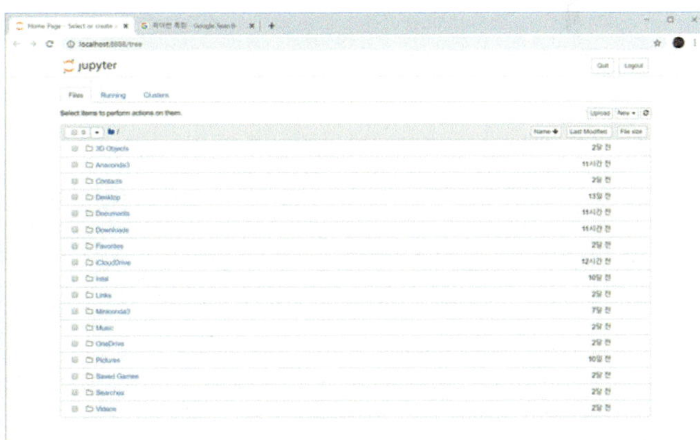


모든 설치가 완료되었다면 정상적으로 주피터 노트북이 설치되었는지 확인하기 위해서, 다음과 같이 파이썬과 인사하는 간단한 프로그램을 작성해서 성공적으로 실행되는지 테스트해 보자.

만약 주피터 노트북이 크롬이 아닌 익스플로러에서 실행이 되도록 설정되어 있다면, 다음과 같은 방법으로 실행 환경을 크롬으로 변경해 주면 된다.

윈도우 아이콘-설정-기본앱-파일 형식별 기본앱 설정으로 들어가서 html의 실행 프로그램을 크롬으로 변경한다.

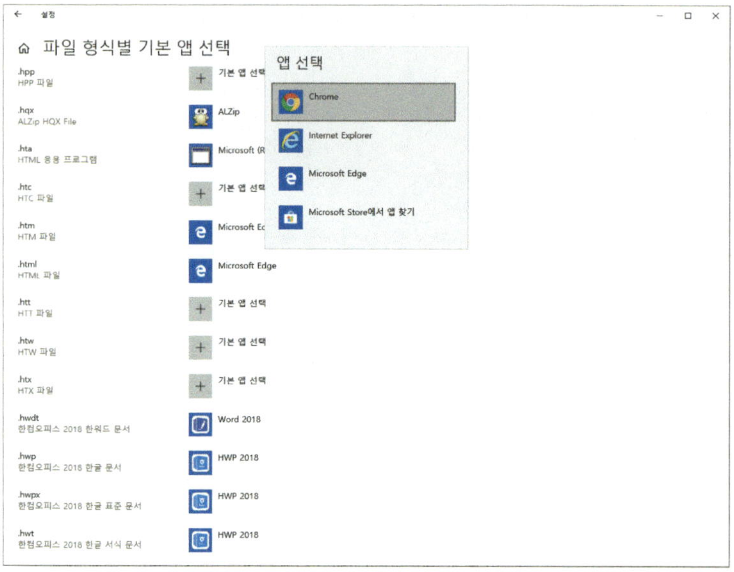

파이썬 IDLE에서 작성되고 실행되는 모습과 주피터 노트북에서 실행되는 모습을 비교해 보는 것도 흥미롭다. 파이썬 IDLE 실행을 위해선 다음과 같이 명령 프롬프트 상에서 python이라고 입력한다.

그러면 파이썬 프로그램을 작성할 수 있는 편집기 모드로 전환되어 사용자가 파이썬 프로그램을 작성할 수 있는 프롬프트(〉〉〉)가 나타난다.

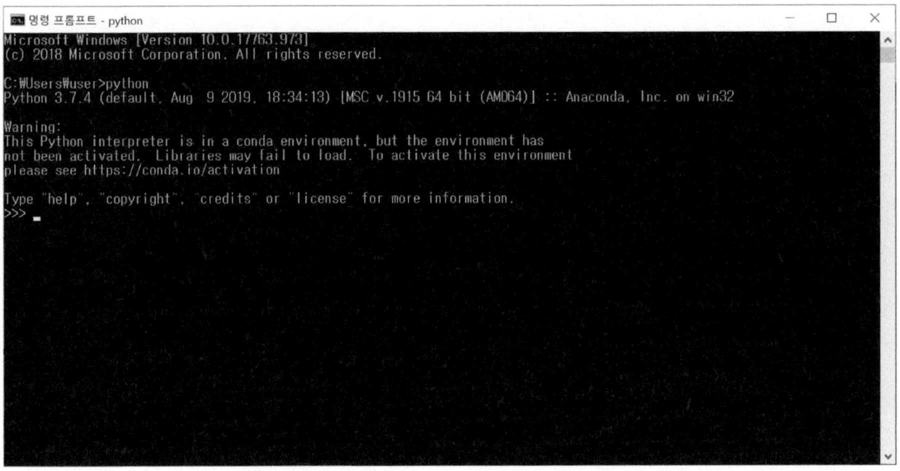


다음과 같은 코드를 작성하고 Enter키를 누르면 다음 그림과 같이 파이썬이 코드를 실행해서 결과를 보여준다. 다음 장부터 구체적인 파이썬 프로그래밍 방법이 설명되니, 일단 입력하고 실행시켜보자.

〉〉〉 print( “Hello, Python!” )

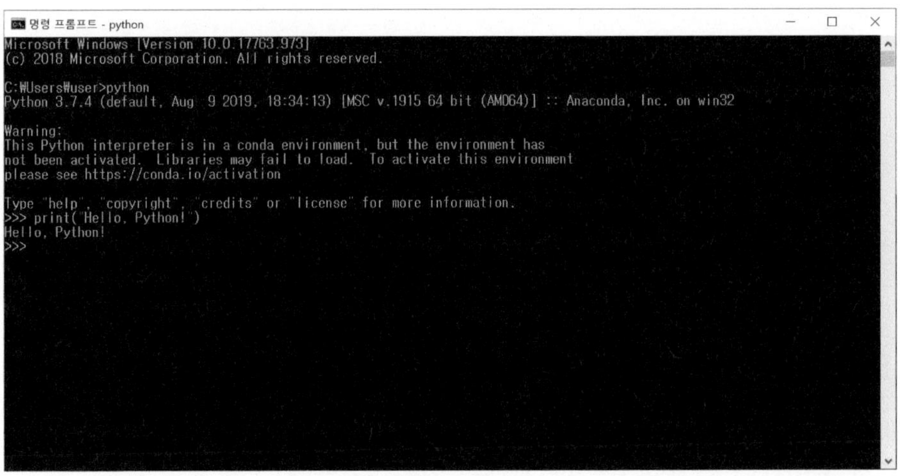


쥬피터 노트북에서 프로그램을 작성하기 위해서, 다음 그림과 같이 우측 상단의 new 버튼을 클릭한다.

여기에서 Python3을 선택해서 다음 그림과 같은 편집 환경을 실행시킨다.

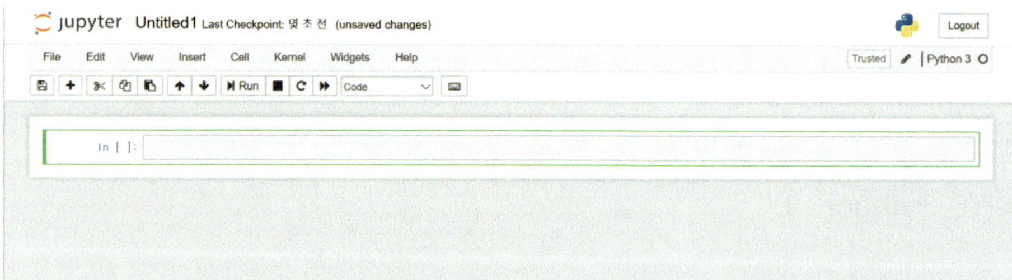


그리고 In [ ]: 에 앞에서 작성했던 것과 똑같이 입력하고 위쪽 버튼에서 Run 버튼을 클릭하여 작성한 코드를 실행시킨다.

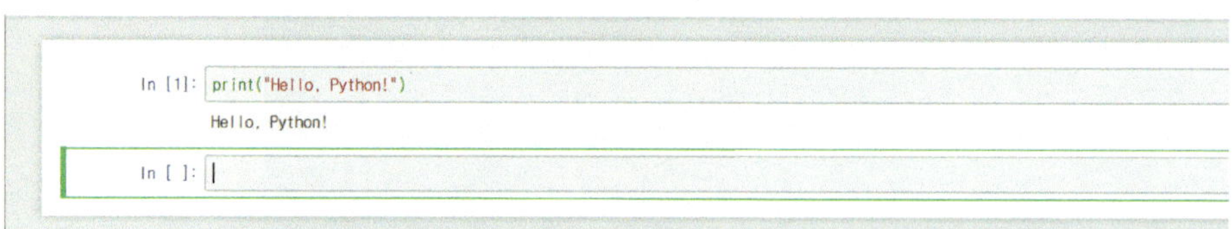


IDLE에서 작성해서 확인했던 결과와 동일한 결과를 얻을 수 있다.
이제 파이썬을 이용해서 프로그램을 작성할 수 있는 모든 준비가 되었다. 다음 장에서는 쥬피터 노트북을 사용하는 방법에 대해 설명한다.

## 2.5 Jupyter Notebook 사용법

쥬피터 노트북의 화면의 구성은 크게 메뉴, 셀 아이콘, 그리고 편집단위인 셀(cell)로 구성된다.

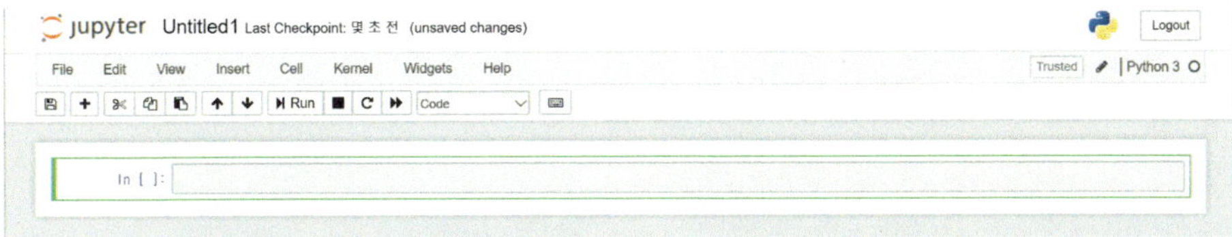


쥬피터 노트북의 메뉴는 File, Edit, View, Insert, Cell, Kernel, Widgets, Help로 구성되어 있는데 이 책에서는 메뉴 상의 상세한 설명은 독자에게 맡기도록 하며, 파이썬 프로그램 작성 및 실행에 관련된 사항이 나올 때, 해당 부분에 대해 다시 설명하도록 한다.
우선은 셀(Cell)을 중심으로 파이썬 프로그램 작성방법에 대해서 알아본다.

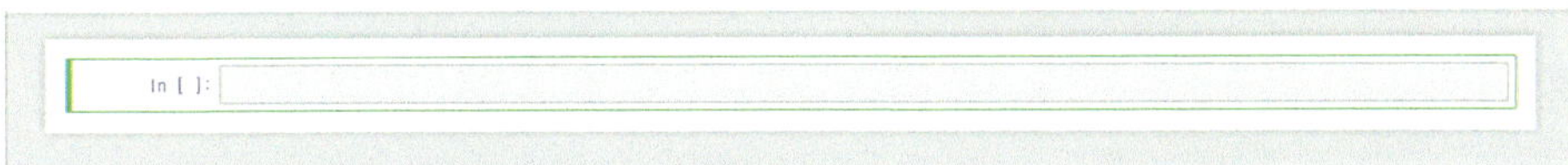


쥬피터 노트북에서 모든 파이썬 프로그램은 셀에서 작성되어져야 한다.
하나의 셀에는 많은 프로그램 코드가 들어갈 수 있으며, 여러 셀을 이용해서 프로그램을 구조화 시키고 단계별로 작성하면서 실행 결과를 필요할 때마다 확인할 수 있다. 따라서 셀을 잘 다루는 연습도 중요하고, 단축키를 통해서 매우 효과적인 편집과 운용을 할 수 있다. Help 메뉴에서 Keyboard Shortcuts을 클릭하면 다음과 같은 팝업 창으로 쥬피터 노트북의 활용성을 높여주는 단축키 모음을 볼 수 있다.

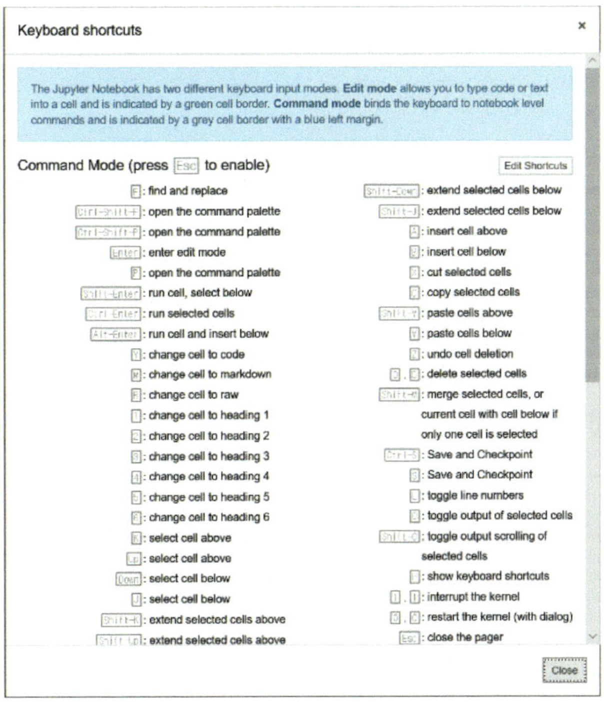

쥬피터 노트북 환경에서 셀의 상태는 셀 왼쪽의 바의 2가지 색으로 쉽게 확인할 수 있다. 왼쪽의 녹색 바는 셀 안에 파이썬 프로그램을 입력할 수 있는 입력 모드이며, 파란색 바는 파이썬의 명령(실행, 셀 추가, 셀 삭제 등)에 관한 명령 모드이다. 셀에 대한 조작은 파란색 바가 나타났을 때 할 수 있다.

### 파이썬 프로그램 코드 입력 모드

입력모드는 일반적인 워드프로세서나 리눅스에 익숙한 독자들이면 쉽게 이용할 수 있는 입력 편집 단축키들이 구성되어 있다.

### 셀 조작 명령 모드

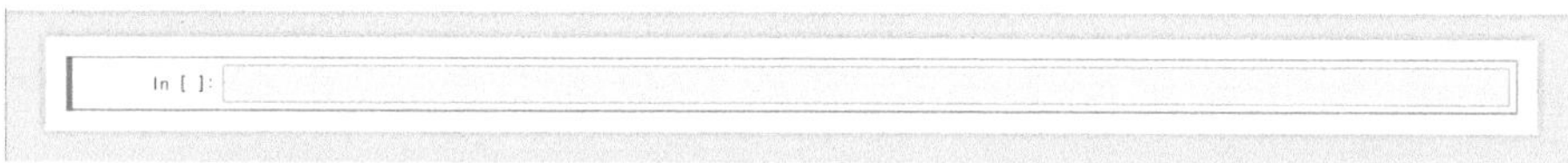


필자가 가장 많이 사용하는 단축키는 셀 추가(A) 및 삭제(DD), 실행(Shift+Enter, Ctrl+Enter)이다.

다음 화면은 명령모드에서 키보드의 A를 연속적으로 클릭해서 셀을 추가한 모습이다.

많은 프로그래밍 언어는 프로그램 코드의 가독성과 정보 제공성을 향상시키기 위해서 주석이나 도움말을 포함하고 있다. 특별히, 쥬피터 노트북에서는 Markdown이라는 방식으로 웹페이지를 만드는 방식과 유사하게 주석과 도움말을 작성할 수 있도록 지원하고 있다. 다음의 예를 살펴보자.

Widgets 메뉴 아래에 보면 셀 모드를 지정할 수 있는 풀다운 메뉴가 있다. 디폴트로는 Code이고 이 풀다운 메뉴를 클릭하면 Markdown이라는 하위 메뉴가 나타난다.

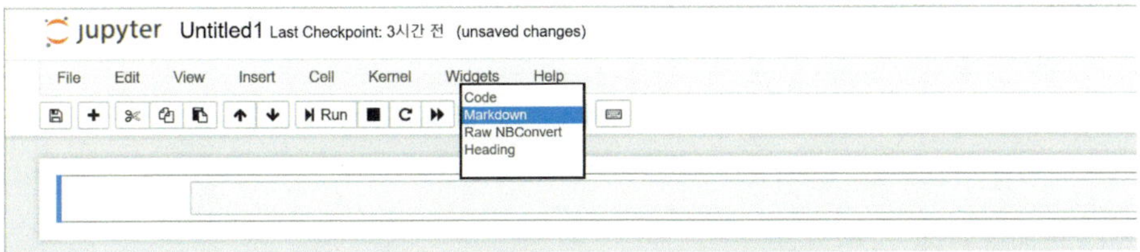


Markdown 모드일 때는 앞의 셀 상태에서 보여지던 In [ ] : 이 사라진다. 그리고 셀 안에 입력되는 것은 모두 일반 텍스트로 처리된다. 셀 입력 모드에서 Test라고 입력하고 Run 버튼을 클릭하면 다음 화면과 같은 결과를 볼 수 있다.

다음의 Markdown 코드를 입력해보자.

```
# Text : 폰트 크기
** Text ** : 강조체(bold)
* Text * : 기울임체(이탤릭체)
- Text : 들여쓰기 (예제에서와 같이 들여쓰기는 들여쓰는 칸에 유의해야 한다)
1, 2, 3…Text : 리스트 나열
> 텍스트 처리
$ Text $ : 수식 표현
```python
Text1
Text2
```
```

**블록안의 코드를 파이썬 코드로 인식**

위의 코드의 실행결과화면을 확인해보자.

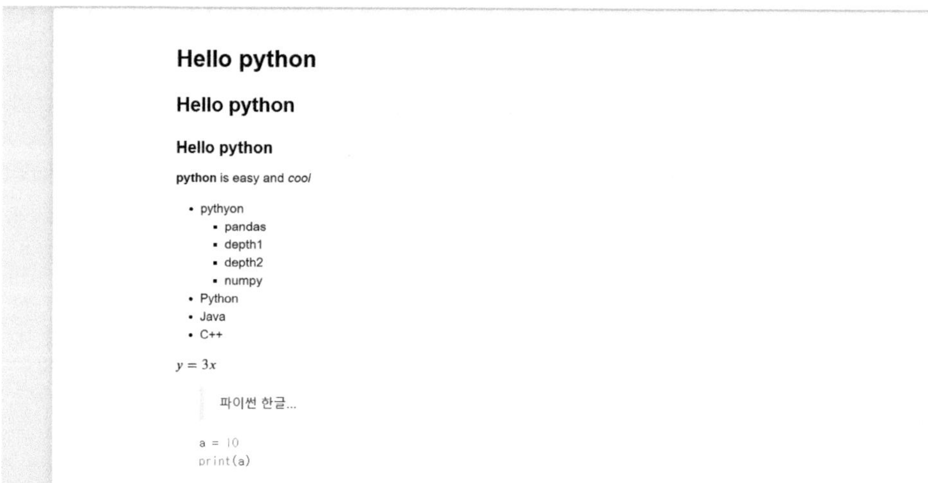

CHAPTER

# 3 파이썬 프로그래밍을 위한 첫걸음

컴퓨터 프로그램이란 '컴퓨터가 어떤 일을 할 수 있도록 만들어진 컴퓨터에 대해서 내리는 명령의 모임'이라고 할 수 있다. 그리고 그런 명령을 체계적으로 수립해서 컴퓨터가 실행해서 결과를 만들어 낼 수 있도록 하는 과정을 프로그래밍이라고 할 수 있다. 즉, 컴퓨터가 사용자의 목적에 맞게 움직일 수 있도록 지시하는 과정이라고 해도 과언이 아니다. 그리고 그런 과정을 수립하는 일련의 행위는 '프로그램을 짠다' 또는 '프로그램 개발'이라고 표현하기도 한다.

컴퓨터 프로그래밍은 요리를 하는 것과 비슷한 원리를 가지고 있다. 다음 그림을 보고 어떤 생각이 떠오르는가?

출처: https://www.ucsf.edu/

맛있는 음식을 만들기 위해서는 왼쪽의 그림처럼 각종 재료가 잘 준비가 되어 있어야 하고, 각각의 재료는 만들고자 하는 레시피에 따라서 적당한 순서와 방법으로 조합되고 요리되어져야 한다.

어떤 음식을 요리하기 위해 첫 번째 해야 할 사항은 요리 재료를 담을 수 있는 그릇을 준비하고, 음식에 들어갈 재료들을 잘 손질해서 그릇에 담은 후 일목요연하게 테이블에 비치하는 일이라고 할 수 있다.

컴퓨터 프로그래밍에서 이러한 준비과정은 저장공간(Memories)와 변수(Variables)라는 개념을 이해하는 것에서부터 출발한다.

## 3.1 저장공간(Memories)

컴퓨터에 설치되어 있는 메모리 카드는 다음 그림과 같은 형태를 가지고 있다.

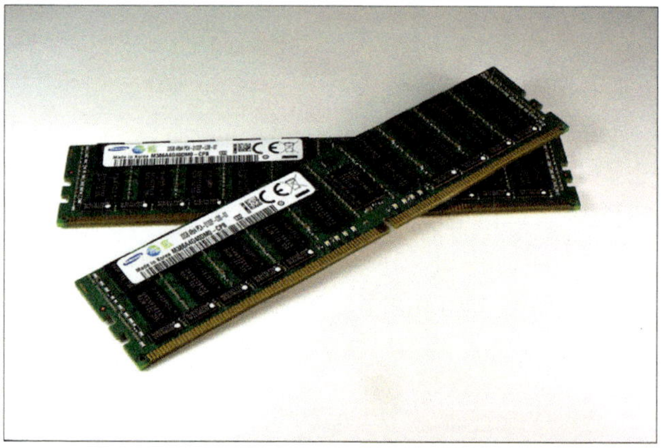

출처: http://www.samsung.com

검정색 반도체는 데이터를 저장할 수 있는 공간을 의미하며, 그 내부를 들여다보면 다음과 같은 구조를 가지고 있다.

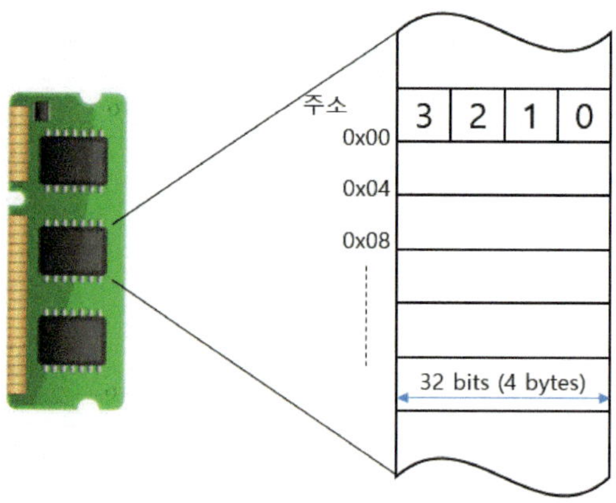


예를 들어, 32 bits 기반의 운영체제에서 메모리의 기본 단위는 4 bytes(32 bits)로 구성된다. 4 bytes 하나의 묶음이 하나의 행을 이루고 각 시작하는 위치에 주소(Address)를 가지고 있다.

1 byte는 8 bits로 구성되며, 1 bit는 0 또는 1의 2가지 정보를 전기적인 방식을 통해서 저장할 수 있다. 즉, 해당 비트에 전원이 공급되면 1, 그렇지 않으면 0의 값을 갖는다. 따라서 1 byte는 $2^8 = 256$ 종류의 정보를 나타낼 수 있다.

위의 그림에서 메모리 즉, 저장공간은 4 bytes를 하나의 블록처럼 간주하여, 16진수법을 이용해서 고유한 주소값을 가지도록 만들어져 있다. 예를 들어, 첫 번째 블록은 0x00로 시작하여 4개의 bytes(0~3)를 가지고, 두 번째 블록은 첫 번째 블록에서 이어진 4~7번의 bytes를 가지면서 0x04로 시작하는 주소를 갖는다. 참고로, 1MB의 주소는 0x100000, 2MB는 0x200000의 16진수 주소값을 갖는다. 32bits 운영체제에서는 기본적으로 4GB의 저장공간을 가지게 되며, 총 232개의 주소가 있게 되고, 16진수로 0x00000000~0xFFFFFFFF까지의 주소값을 가지게 된다.

## 3.2 컴퓨터의 데이터 표현 - 진수와 진법

컴퓨터에 기록되는 모든 데이터는 2진수를 바탕으로 처리된다. 그러나 기술의 발전과 데이터의 크기 및 다양성 등의 이유로 최근의 컴퓨터는 2진수에서 확장된 16진수 체계로 데이터를 처리하도록 발전되었다. 따라서, 컴퓨터가 데이터를 처리하는 방식에 대한 이해가 필요하며, 이를 통해서 기본적인 데이터 분석 및 표현에 필요한 기술적인 프로그래밍의 기본을 갖출 수 있게 된다. 진수 및 진법에 대한 이해는 컴퓨팅적 사고력을 향상시킬 수 있는 매우 핵심적인 역할을 한다.

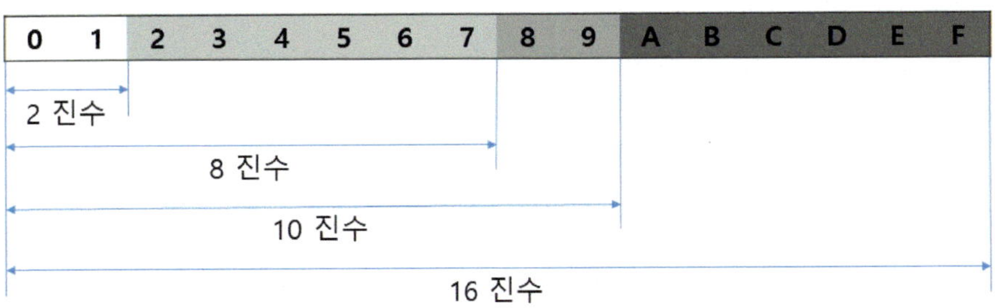


n진수라는 것은 한마디로 n개의 문자나 숫자를 이용해서 데이터를 표현한 것을 의미한다. 즉, 10진수는 0~9까지 10개의 숫자를 이용해서 데이터를 표현하는 방식이며, 2진수는 0~1까지 2개의 숫자를 이용해서 데이터를 표현하는 방식이다. 8진수는 0~7까지 8개의 숫자로, 16진수는 0~9 10개의 숫자와 A~F까지의 6개의 문자로 데이터를 표현하는 방식이다.

| 진수 | 표현가능한 수 | 가지수 |
|---|---|---|
| 10 | 0~9 | 10 |
| 2 | 0~1 | 2 |
| 8 | 0~7 | 8 |
| 16 | 0~9 10 11 12 13 14 15<br>A B C D E F<br>두자릿수 이상은 알파벳으로 표현 | 16 |

진수 표현에서 각 숫자는 모두 한자리 단위로 표현하기 때문에 16진수의 10부터 15까지는 알파벳 A~F가 16진수에서 10~15까지의 숫자를 나타낸다.

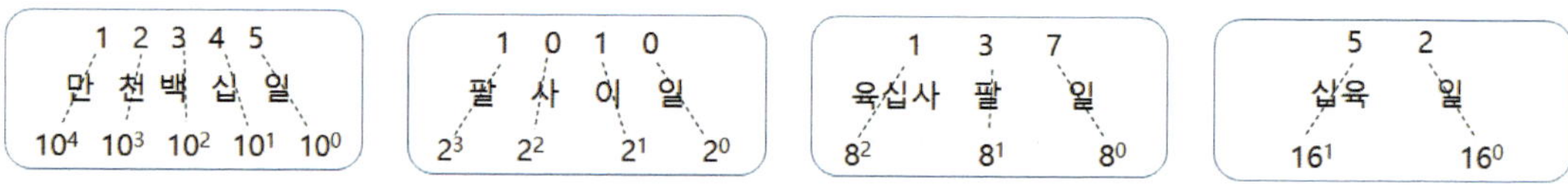


십진수 자릿값 / 이진수 자릿값 / 팔진수 자릿값 / 십육진수 자릿값

각 진수별 자릿값

일상적으로 사용하고 우리에게 익숙한 10진법은 일, 십, 백, 천, 만, … 등으로 자릿값을 매겨서 숫자에 의미를 부여하는 방식이며 10진수라고 한다.

10진수는 오른쪽 끝부터 10의 0승, 10의 1승, 10의 2승, 10의 3승 등의 자릿값으로 증가한다. 2진수, 8진수, 16진수 모두 오른쪽 끝부터 0승에서 좌측으로 각 자리마다 1승씩 증가된다.

## 3.3 진수 변환

10진수를 2진수로 변환하는 방법은 다음과 같다.

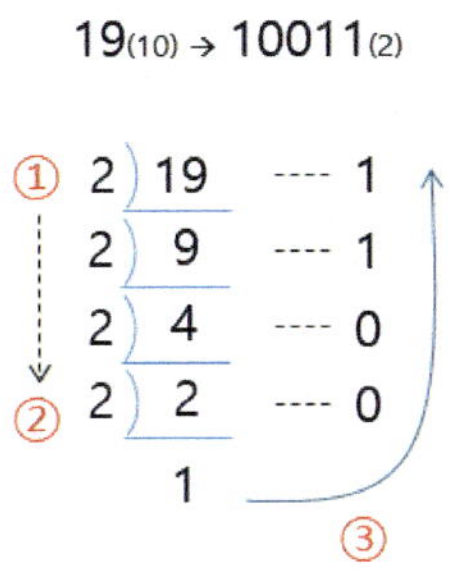


10진수 ⇒ 2진수 변환

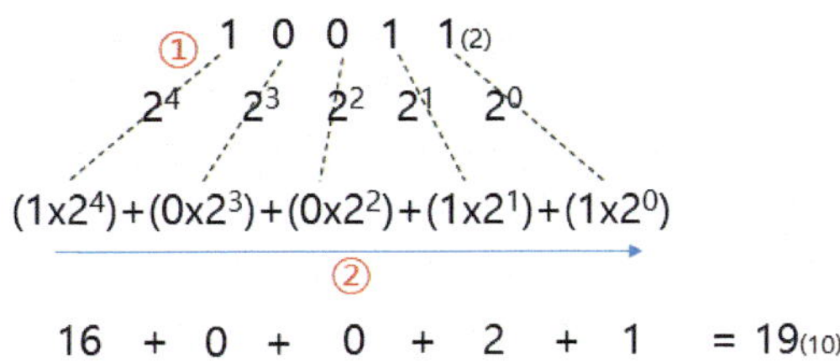


2진수 ⇒ 10진수 변환

**[10진수 ⇒ 2진수 변환방법]**

① 몫을 2로 나누고 나머지를 오른쪽에 기록한다.
② 몫이 1이 되어 더 이상 나누어지지 않을 때까지 진행한다.
③ 아래에서부터 순서대로 읽는다.

**[2진수 ⇒ 10진수 변환방법]**

① 2진법으로 변환된 숫자의 자릿값과 해당 숫자를 각각 곱한다.
② 곱해진 모든 수를 더한다.

10진수를 8진수로 변환하는 방법은 다음과 같다.

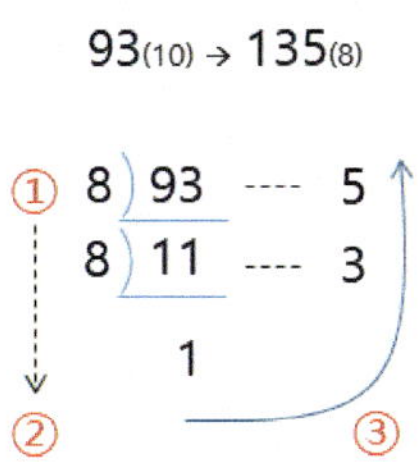


10진수 ⇒ 8진수 변환

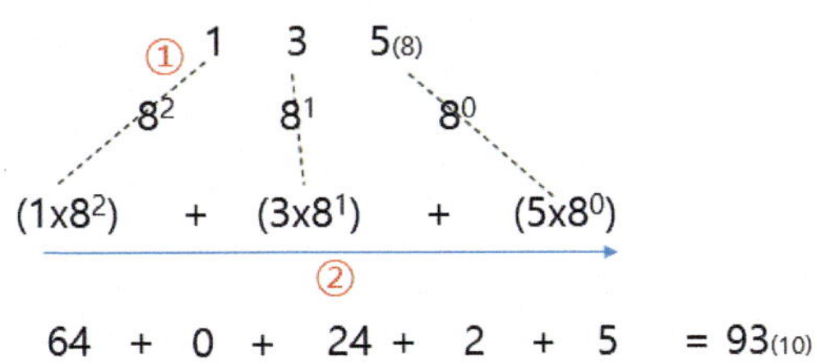


8진수 ⇒ 10진수 변환

**[10진수 ⇒ 8진수 변환방법]**

① 몫을 8로 나누고 나머지를 오른쪽에 기록한다.
② 몫이 1이 되어 더 이상 나누어지지 않을 때까지 진행한다.
③ 아래에서부터 순서대로 읽는다.

**[8진수 ⇒ 10진수 변환방법]**

① 8진법으로 변환된 숫자의 자릿값과 해당 숫자를 각각 곱한다.
② 곱해진 모든 수를 더한다.

10진수를 16진수로 변환하는 방법은 다음과 같다.

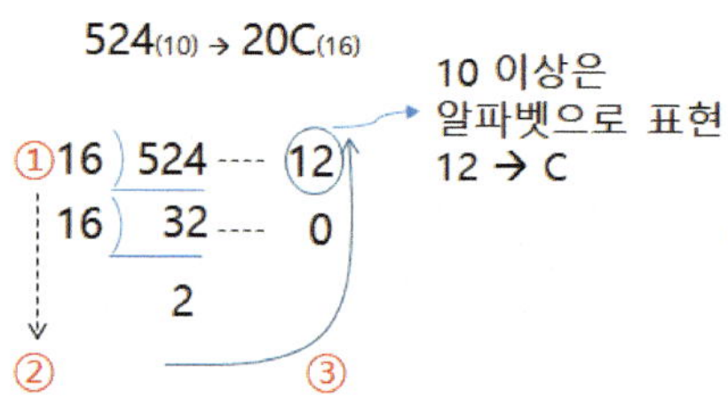


10진수 ⇒ 16진수 변환

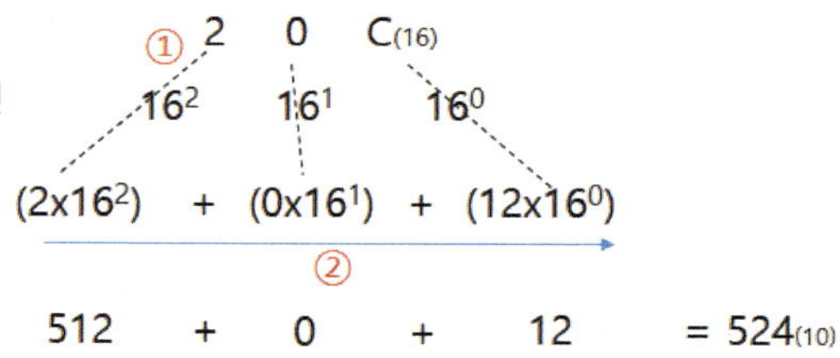


16진수 ⇒ 10진수 변환

**[10진수 ⇒ 16진수 변환방법]**

① 몫을 16로 나누고 나머지를 오른쪽에 기록한다.
② 몫이 1이 되어 더 이상 나누어지지 않을 때까지 진행한다.
③ 나머지가 10이상일 때, 알파벳으로 해당 값으로 치환한다.
④ 아래에서부터 순서대로 읽는다.

**[16진수 ⇒ 10진수 변환방법]**

① 16진법으로 변환된 숫자의 자릿값과 해당 숫자를 각각 곱한다.
② 알파벳으로 표현된 값은 계산의 편의상 숫자로 치환해서 계산한다.
③ 곱해진 모든 수를 더한다.

다음의 예제는 10진수 28을 각 진수로 변환해서 출력하는 프로그램이다. 직접 코드를 작성해서 실행 결과를 확인해 보도록 하자.

코드 설명:
num_10 = 28 : 정수형 데이터 28을 정수형 변수 num_10에 입력
hex(num_10) : 정수형 데이터를 16진수로 변환하여 0x 형태의 데이터로 표현
oct(num_10) : 정수형 데이터를 8진수로 변환하여 0o 형태의 데이터로 표현
bin(num_10) : 정수형 데이터를 2진수로 변환하여 0b 형태의 데이터로 표현

```
In [3]: num_10 = 28

        print('16의 10진수 : ', num_10)
        print('16의 2진수 : ', bin(num_10))
        print('16의 8진수 : ', oct(num_10))
        print('16의 16진수 : ', hex(num_10))
```

```
16의 10진수 :  28
16의 2진수 :  0b11100
16의 8진수 :  0o34
16의 16진수 :  0x1c
```

## 3.4 변수(Variables)와 데이터 타입(Type type)

변수는 저장공간에 어떤 값을 저장하고 그 저장공간을 쉽게 기억할 수 있도록 이름을 붙인 것이라고 할 수 있다. 좀더 쉽게 표현하면, 어떤 값을 저장할 수 있는 상자 또는 그릇이라고 할 수 있다. 4장의 서두에서 요리를 위한 여러 식재료가 가지런히 서로 다른 그릇에 놓여져 있는 그림을 떠올려보자. 각 재료들은 섞이지 않고 어떤 그릇에 무슨 재료가 들어 있는지 한눈에 파악할 수 있도록 잘 정리되어 있다. 그렇지 않으면, 요리를 하는 중에 이 재료 저 재료를 찾느라 애를 먹을 것이다. 이삿짐 포장을 할 때 어떻게 하는지 잘 생각해 보자. 보통은 같은 종류나 용도가 비슷한 것들을 함께 묶어서 박스에 담고, 헷갈리지 않도록 또는 파손을 예방하기 위해서 표시를 하는 것이 일반적이다.

다음 그림은 바나나를 구매한 후에 적당한 박스나 봉투에 담아서 옮기려고 하는 상황을 가정해 보았다. 바나나를 담으려면 무엇을 해야 하는가? 아마 대부분의 사람들은 적당한 크기의 박스를 먼저 만들려고 할 것이다. 그러면, 우선 바나나 크기 또는 부피에 맞는 상자를 찾아서 만들어야 한다. 그리고 쉽게 구별할 수 있는 표시나 이름을 붙이면 다른 재료들과 혼돈할 여지가 없다.

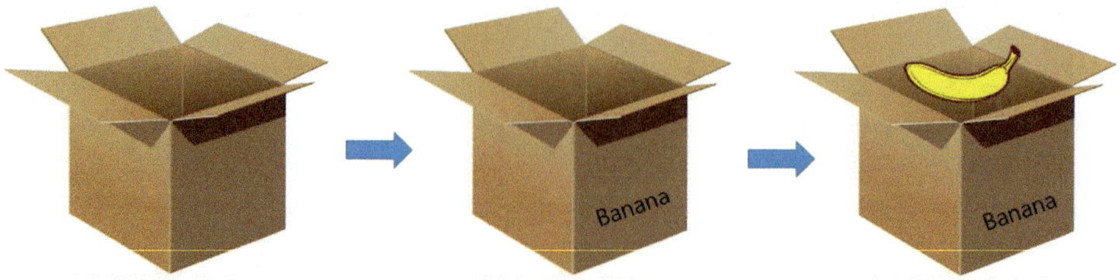


바나나를 한 송이나 두 송이를 작은 상자에 넣는 것은 큰 문제가 되지 않을 수 있지만, 보통 8개 정도가 있는 바나나 한 묶음을 넣으려면 어떻게 해야 하는가? 당연히, 8개짜리 한 묶음을 넣을 수 있는 박스가 필요할 것이다. 만약, 처음 만들었던 박스가 이미 충분히 크다면, 8개짜리 한 묶음을 넣는 것은 큰 고민거리는 아닐 것이다.

컴퓨터 프로그래밍에서 변수는 박스와 같은 성질을 가지고 있다. 변수는 데이터를 담을 수 있는 저장공간으로, 담을 수 있는 데이터의 크기가 제한되어 있다. 그리고 앞의 요리 재료 그림에서처럼 각 재료는 용도에 맞는 그릇에 담아두는 것처럼, 변수 또한 사용하고자 하는 데이터에 따라서 적절한 형태로 준비되어야 한다. 이러한 변수의 크기와 형태를 데이터 타입(Data type)이라고 한다. 다시 말하면, 데이터를 담을 변수를 준비할 때, 변수는 데이터를 담을 수 있는 최대 크기와 쓰일 용도가 이미 정해져 있다고 생각하면 된다.
파이썬에서 사용되는 데이터 타입은 크게 다음과 같이 분류할 수 있다.

- **인터프리터 내장 데이터 타입(Built-in types)**

파이썬에서 사용되는 데이터 타입은 숫자, 시퀀스, 맵핑, 클래스, 인스턴스 등 5가지의 내장형 데이터 타입을 가지고 있다. 이에 대한 설명은 해당하는 각 장에서 다시 하기로 한다.

- **동적 타이핑 (Dynamic typing)**

파이썬은 C/C++/Java 등의 언어와는 다르게, 데이터 타입을 인터프리터가 자동으로 할당하는 동적 타이핑 방식을 적용하고 있다. C/C++/Java 등의 언어에서는 정적 타이핑 방식의 변수를 사용한다. 정적 타이핑 방식이란, 사용할 변수를 준비하는 과정에서 해당 변수의 데이터 타입을 직접적으로 결정해 주는 것을 의미한다.

- **가변형 및 불변형 데이터 타입 (Mutable/Immutable types)**

가변형은 변경이 가능한 데이터 타입을 의미하며 데이터의 추가, 삭제, 변경이 가능한 데이터 타입을 의미하고 list, dict, set 등의 데이터 타입이 있다. 불변형은 변경이 불가능한 데이터 타입을 의미하고, str과 tuple 형이 이에 속한다.

- **리터럴 (Literal types)**

리터럴이란 변수에 저장된 변하지 않는 값 그 자체를 의미한다. 일반적으로 숫자 리터럴, 문자열 리터럴, 논리값 리터럴, 컬렉션 리터럴, 특수 리터럴 등이 있다.

- **불리언 (Boolean types)**

참(True)와 거짓(False)으로 이루어진 데이터 타입으로 if나 while 문에서 사용된다.

- **시퀀스 (Sequence types)**

시퀀스 타입이란 단어 그대로 순서적이라는 의미를 가지고 있는 데이터 타입이다. 대표적인 유형은 List, Tuple, Range가 있다. 이 외에 다른 시퀀스에 대한 설명은 차후에 하기로 한다.
이상의 데이터 타입은 각 장에서 상세히 다루어진다.

CHAPTER

# 변수의 선언과 정의하기 4

변수의 선언이란, 어떠한 변수에 데이터를 저장하기 위해 필요로 하는 저장공간을 확보하는 것이다. 그리고 변수를 정의한다는 것은 선언된 변수에 데이터를 할당(바인딩)하는 것을 의미한다.
다음의 코드를 주피터 노트북 상에서 작성해 보자.

```
In [1]: my_integer

---------------------------------------------------------------------------
NameError                                 Traceback (most recent call last)
<ipython-input-1-e66e44908aad> in <module>
----> 1 my_integer

NameError: name 'my_integer' is not defined

In [2]: my_integer = 1

In [3]: print(my_integer)

1

In [4]: print("my integer: ", my_integer)

my integer:  1
```

In [1]을 단독으로 실행하면, 에러가 나타나는 것을 확인할 수 있다. 파이썬에서는 동적 타이핑 방식으로 인터프리터가 자동으로 데이터 타입을 결정하기 때문에, 기존의 C/C++/Java에서 사용하던 것과 같이, 변수 단독 선언을 하게 되면 에러가 발생한다. 반드시 In [2]에서와 같이 '변수명 = 데이터' 형태로 사용하도록 한다.

## 4.1 변수 선언 및 초기화 방법(정수형 변수)

| C/C++/Java | Python |
|---|---|
| int x; (정수형 변수 x 선언)<br>int x = 3; (정수형 변수 x 선언 및 초기화)<br>int x; (정수형 변수 x 선언)<br>x= 3; (정수형 변수 x 초기화)<br>문장이 끝날 때마다 세미콜론(;)으로 명시 | my_integer = 3 (정수형 변수 my_integer 선언 및 초기화)<br>파이썬 인터프리터가 바인딩 되는 값에 따라서 동적으로 데이터 타입을 결정<br>세미콜론(;)이 없다는 것에 유의 |

여기에서 꼭 알고 넘어가야 할 것이 하나 있다. 변수의 선언과 데이터 타입은 추후에 사용되어질 많은 데이터 간의 연산에 필요한 기본적인 연산 정보를 제공한다. 예를 들어, 숫자로 입력한 3 과 문자로 입력한 3은 같아 보이지만 완전히 다른 종류의 데이터가 되기 때문이다. 혹은 숫자를 기반으로 입력한 2020-01-03과 문자를 기반으로 입력한 2020-01-03의 결과는 과연 어떻게 되겠는가? 앞의 예는 2020-(01)-(03)이 되어서 2016이라는 값이 최종 결과로 나타나게 되고, 뒤의 예는 2020-01-03 그대로 문자열로 출력이 될 것이다.

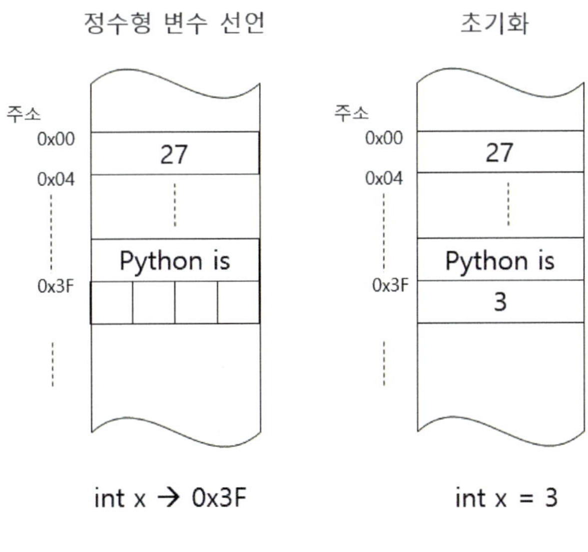


변수가 선언되고 초기화 되어질 때, 컴퓨터 내부에서는 어떤 일이 발생하는지 확인해 보도록 하자. 정수형 변수 my_integer = 3이라는 코드를 파이썬 인터프리터가 만났을 때 (int x = 3;과 동일한 의미), 메모리에서 어떠한 일이 일어나는지 간단하게 살펴보면 다음과 같다. 좀더 이해가 쉽도록 전통적인 프로그래밍 언어에서 발생하는 것으로 설명한다.

먼저, 컴파일러나 인터프리터에서 int라고 하는 데이터 타입을 만나게 된다. int 데이터 타입은 정수형 데이터 타입을 의미하며, 일상적으로 사용하는 정수형 숫자를 저장하는 기본 데이터 타입으로 4 bytes 크기를 갖는다. 32 bits 운영체제의 컴퓨터는 int 데이터 타입의 크기에 맞는 비어있는 4 bytes 메모리 공간을 찾아 점유해 둔다. 이어서 int x라고 선언된 변수 x는 int에서 점유된, 4 bytes 메모리의 시작주소값을 참고하도록 설정된다. 따라서 int x라고 선언된 변수는 0x3F라는 주소를 가리키게 된다. 다음으로 int x = 3; 으로 초기화가 이루어지면, 메모리에서는 먼저 기억된 0x3F로 시작하는 4 bytes 메모리 공간에 3이라는 숫자값을 기록하게 된다.

즉, 컴퓨터 프로그램에서 어떤 변수를 선언하게 되면, 메모리 공간에서는 선언된 변수의 데이터 타입에 맞는 크기를 갖는 메모리 상의 빈 공간을 찾아서 확보하고, 그 확보된 공간의 시작 주소를 사용자들이 알기 쉽게 고유한 별칭(변수)을 사용해서 붙여두게 한다.

따라서 메모리의 주소는 유일하고, 별칭은 유일한 주소를 가리키기 때문에 중복을 허용하지 않게 된다. 다시 말하면, 컴퓨터 프로그래밍에서는 서로 다른 값을 저장하기 위해서는 다른 공간에 각각 저장해야 하므로, 변수의 이름도 다른 이름을 부여해야 한다.

다음의 예제 코드는 파이썬에서 변수에 값이 저장되고 해당 주소가 부여된 것을 확인해 볼 수 있다. 그리고, sys.getsizeof(변수)는 변수의 데이터형에 따른 메모리의 크기를 보여주고 있다.

```
코드 설명:
a = 1 : 정수형 데이터 1을 정수형 변수 a에 저장
id(a) ; 정수형 변수 a가 할당된 메모리상의 주소
import sys
print('정수형 변수 a의 크기 : ', sys.getsizeof(a), 'bytes') : 정수형 변수 a의 메모리
할당 크기
```

```
In [25]: a = 1
         id(a)

Out[25]: 140728351498640

In [26]: import sys
         print('정수형 변수 a의 크기 : ', sys.getsizeof(a), 'bytes')
         b=2
         id(b)

         정수형 변수 a의 크기 :  28 bytes
Out[26]: 140728351498672

In [28]: c = 3
         id(c)
Out[28]: 140728351498704
```

실행된 결과는 사용자의 컴퓨터에 따라서 조금 다른 결과를 나타낸다(12 bytes, 24 bytes 등). 자세히 살펴보면, 정수 데이터 1을 저장하기 위해 메모리가 사용되는 크기는 28 바이트이다. C/C++/Java 프로그래밍 언어와 달리, 4 바이트 또는 8 바이트 내에서 가능한 정수형 데이터에 20 바이트 이상을 추가로 확보하고 있다. 다소 복잡한 내용이 설명되어져야 하지만, 독자들은 이렇게 큰 데이터 공간을 필요로 하는 이유가 파이썬은 '정수형 객체 풀'의 PyIntObject를 이용하기 때문인 것이므로 알아두자. 다음의 코드를 입력하고 결과를 확인해 보자.

변수 x에 3이 저장되어진 후, 다시 변수 x에 5가 저장되었다. 따라서 앞에 저장되어 있던 변수 x의 값은 3이었으나, 뒤의 코드에서 변수 x에는 3이 사라지고, 새롭게 5가 저장됨을 알 수 있다.

```
In [8]: x = 3
        x = 5

        print(x)
        5
```

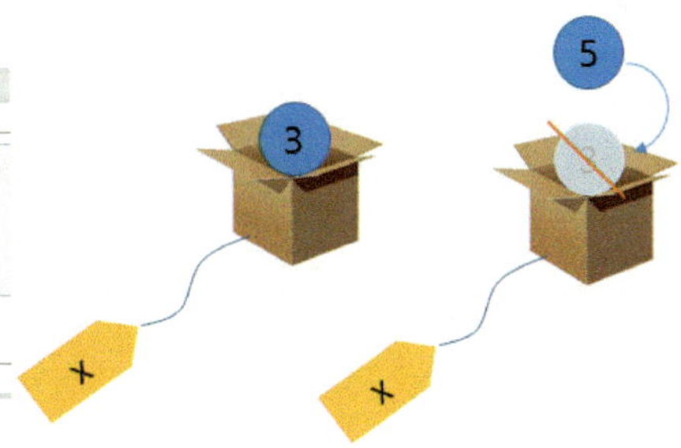


변수는 필요할 때마다 자유롭게 만들 수 있다. 정수 3과 5를 저장하는 변수를 만들고, 이 둘의 합을 구하는 프로그램을 작성해 보자.

```
In [7]: x = 3
        y = 5
        sum = x + y
        print(sum)

8
```

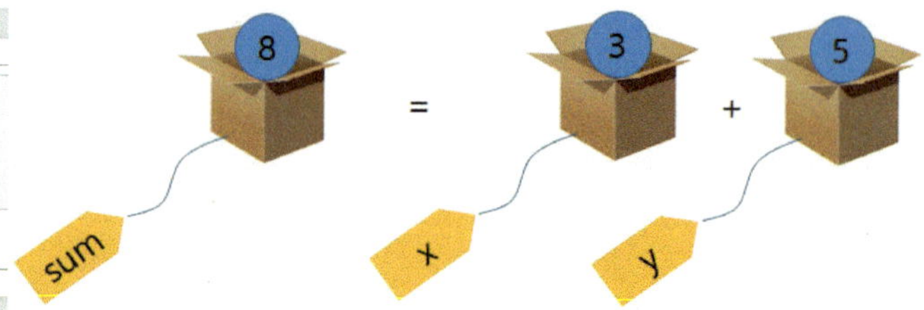


이 프로그램은 먼저 변수 x에 3을 저장하고, 다음으로 변수 y에 5를 저장한다. 그리고 두 변수에 저장되어 있는 값 3과 5를 더해서 새로운 sum이라는 변수에 저장을 한다.

주의할 것은 우리는 좌측에서 우측으로 읽고 쓰는 것에 익숙하지만, 컴퓨터에서는 메모리를 확보한 후, 데이터 즉 값을 그 메모리에 넣어주는 방식을 취하기 때문에 값을 저장할 때, 좌측에서 우측으로 바인딩 한다. 모든 연산의 과정도 바인딩 과정으로 생각해서 등호의 우측에서 좌측으로 연산이 순서대로 이루어진다는 것을 기억하도록 하자.

변수는 앞에서 설명되었던 모든 형태의 데이터를 저장할 수 있다. 간단하게 '홍길동' 또는 '서울특별시' 등과 같은 문자열을 저장하기 위한 방법은 무엇인지 다음 코드를 실행해서 살펴보자. 파이썬에서 문자열은 『변수명 = "문자열"』 형태로 큰 따옴표(" ") 또는 작은 따옴표(' ')를 이용해서 저장할 수 있다.

```
In [10]: name = "홍길동"
         address = '서울특별시'
         print(name)
         print(address)

홍길동
서울특별시
```

## 4.2 변수의 이름 짓는 법

파이썬에서 변수의 이름은 다른 프로그래밍 언어와 유사하다.

- 영문 알파벳 문자로 시작 ( sum, x, y, name, address 등)
- 밑줄 문자로 시작 (_sum, _x, _y, _name, _address 등)
- 중간에 밑줄로 공백없이 연결 (name_of_school, number_of_house 등)

· 첫 시작을 제외한 숫자 포함 (sum1, sum2, sum_3, x1, x_1 등)

다음과 같은 변수명은 유효하지 않다.

· 특수문자를 포함하는 경우 (#x1, x$1 등)
· 숫자가 변수명 맨 앞에 오는 경우 (1x, 1_x 등)

변수명은 가급적 프로그램 코드 내에서 변수의 목적이나 용도가 어떤 것인지 쉽게 이해할 수 있는 이름으로 하는 것이 일반적이다. 예를 들어, 출생일을 저장하는 변수를 만든다면, year, month, date 등으로 변수명을 만들면 추후에 프로그램 코드에서 어떤 데이터와 연결되는지, 어떤 역할을 하는 변수인지 등의 파악이 용이해진다.

## 4.3 변수 더 잘 이해하기

다음 예제 프로그램을 통해서 변수와 메모리의 개념을 좀 더 잘 이해할 수 있도록 해보자. 필자는 처음 프로그래밍이라는 교과목을 배울 때, 이 두 변수의 값을 서로 바꾸는 방법을 원리적으로 충분히 이해하지 못했기 때문에 계속해서 이어지는 모든 프로그래밍 관련 교과에서 한동안 힘들어하기도 했다.

앞에서 배운 대로 각 변수에는 오직 하나의 값만 들어갈 수 있고, 값에 따라서 변수가 차지하는 메모리상의 공간은 많이 비어 있을 수도 있고 빽빽하게 찰 수도 있다. 어떤 경우라도 하나의 변수에는 오직 하나의 값만 저장할 수 있다는 것을 기억하자.

다음 그림과 같이 두 개의 변수 x, y에 각각 3, 5의 값이 저장되어 있다. 이 두 개의 변수에 들어있는 값을 서로 바꾸려면 어떻게 해야 오류없이 바꿀 수 있을지 생각해 볼 필요가 있다. 박스 x에 있는 3번 공을 꺼내고, 다시 박스 y에 있는 5번 공을 꺼낸 후에, 각 공을 반대편 박스에 넣기만 하면 간단하게 해결할 수 있다. 여기에서 우리는 컴퓨팅적인 사고방식이 필요하다. 박스 x에서 공을 꺼내서 반대편 박스 y에 공을 넣으려면 먼저 박스 y를 비워야만 하고, 박스 y에 있던 공은 버리지 않고 다시 박스 x에 넣어야 하기 때문에 '어딘가'에 잠시 보관해야만 한다. 그냥 무턱대고 3번 공을 꺼내서 5번 공이 있는 박스 y에 넣을 수 없기 때문에, 박스 y가 비워질 때까지 기다려야 하는 것이다. 그 '어딘가'는 공을 잡은 '손'일 수도 있고, 제 3의 박스일 수도 있고, 혹은 다른 무언가 잠시 보관할 만한 그 어떤 것이 될 수도 있다.

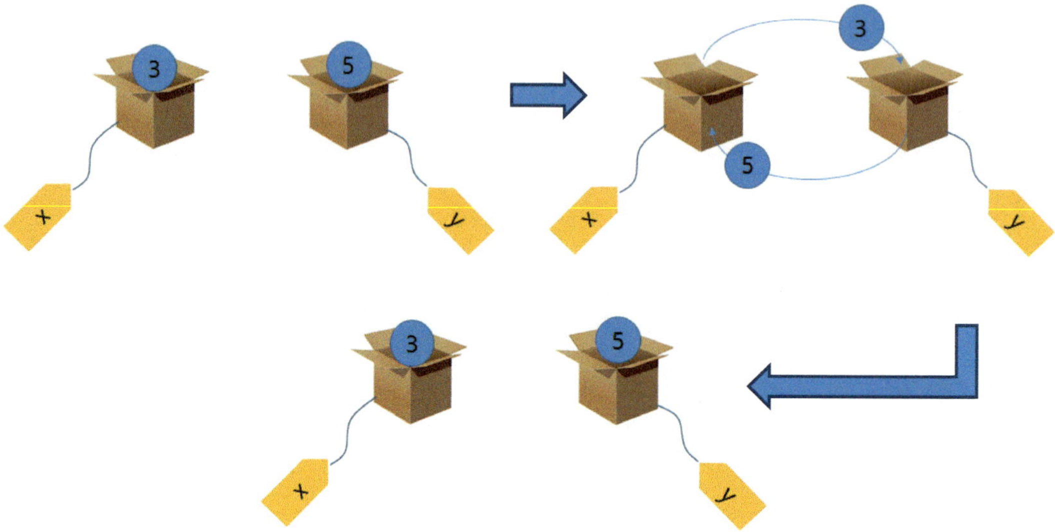


이제 이 과정을 프로그램을 작성해서 확인해 보도록 하자. 다음 프로그램은 우선 컴퓨터에서 어떤 현상이 일어나는지를 알아보기 위해, '손'을 생각하지 않고 우리가 보통 바꾸기를 하려고 할 때, 여기에서 저기로 바로 맞바꾸는 행동과 같이 작동하는 프로그램이다.

```
In [7]: int_x = 3
        int_y = 5

        print('바꾸기 전 --> x:', int_x, 'y:', int_y)
        print('-------x와 y값 서로 바꾸기---------')
        print('1단계: y값을 x변수에 할당')
        int_x=int_y
        print('2단계: x값을 y변수에 할당')
        int_y=int_x
        print('------------------------------------')
        print('바꾼후 --> x:', int_x, 'y:', int_y)

        바꾸기 전 --> x: 3 y: 5
        -------x와 y값 서로 바꾸기---------
        1단계: y값을 x변수에 할당
        2단계: x값을 y변수에 할당
        ------------------------------------
        바꾼후 --> x: 5 y: 5
```

코드를 보면, 첫 번째 단계에서 변수 int_y를 변수 int_x에 그대로 대입했기 때문에, int_x에는 int_y에 있는 값 5가 저장된다. 따라서 이전에 저장되어 있던 값은 지워지고 더 이상 존재하지 않는다. 따라서 두 번째 단계에서 변수 int_x에 있는 값을 int_y에 대입하면 int_x에는 5라는 값이 들어있기 때문에 int_y에는 5가 저장이 된다. 그렇기 때문에 최종 출력결과는 x에도 5, y에도 5라는 값만 있을 뿐이다. 다음 그림을 보면서 생각해보자.

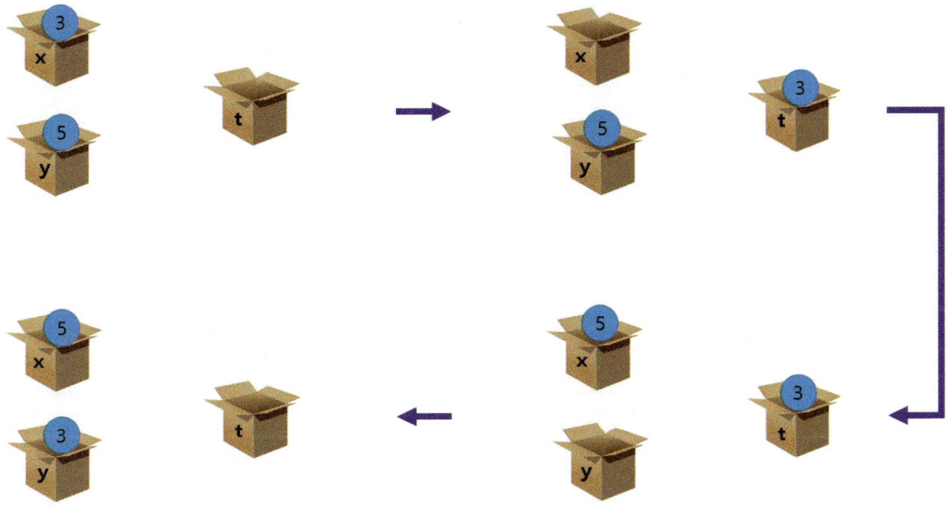


앞에서도 설명된 것처럼, 먼저 박스를 비워야 하고 박스 안에 있던 공은 어딘가에 잠시 보관을 해야한다는 것을 다시 한 번 상기해보자. 그러면, 일단 박스(x)에서 공을 꺼내 임시 박스(t)에 보관하면, 다른 박스(y)에 있던 공은 빈 박스(x)에 담을 수 있고 그 박스(x)는 채워진다. 그리고 임시박스(t)에 잠시 보관하고 있던 공을 비어있는 박스(y)에 담으면 두 박스에 담겨있던 공은 서로 바뀐 상태가 된다. 이제 이 과정을 프로그램으로 옮길 수만 있으면 문제는 해결된다. 다음 프로그램을 작성해서 실행해 보자.

```
In [10]: int_x = 3
         int_y = 5
         int_t = 0

         print('바꾸기 전 --> x:', int_x, 'y:', int_y)
         print('-------x와 y값 서로 바꾸기---------')
         print('1단계: x값을 변수 t에 저장')
         int_t=int_x
         print('2단계: y값을 x변수에 저장')
         int_x=int_y
         print('3단계: t에 저장되어 있는 값을 y변수에 저장')
         int_y=int_t
         print('-----------------------------------')
         print('바꾼후 --> x:', int_x, 'y:', int_y)

         바꾸기 전 --> x: 3 y: 5
         -------x와 y값 서로 바꾸기---------
         1단계: x값을 변수 t에 저장
         2단계: y값을 x변수에 저장
         3단계: t에 저장되어 있는 값을 y변수에 저장
         -----------------------------------
         바꾼후 --> x: 5 y: 3
```

우리가 박스에 있는 공을 옮기는 일은 하나의 고유한 물리적 물체를 옮기기 때문에, 임시로 보관하고 있던 박스에서 공을 꺼내서 다른 박스에 넣으면 임시 보관 박스에는 더 이상 공이 남아있지 않게 된다. 하지만, 컴퓨터 프로그래밍에서는 임시로 저장하던 장소 t에 저장되어 있던 값을 장소 y에 저장하더라도 옮겨지거나 지워지는 것은 아니다. 이는 변수에 있는 값을 다른 변수에 복사한 것과 같기 때문에 변수 t에 있던 값은 새로운 값이 들어오기 전까지 유지된다.

```
In [13]: int_x = 3
         int_y = 5
         int_t = 0

         print('바꾸기 전 --> x:', int_x, 'y:', int_y)
         print('-------x와 y값 서로 바꾸기---------')
         print('1단계: x값을 변수 t에 저장')
         int_t=int_x
         print('임시 변수 t:', int_t)
         print('2단계: y값을 x변수에 저장')
         int_x=int_y
         print('3단계: t에 저장되어 있는 값을 y변수에 저장')
         int_y=int_t
         print('-----------------------------------')
         print('바꾼후 --> x:', int_x, 'y:', int_y)
         print('임시 변수 t:',int_t)

         바꾸기 전 --> x: 3 y: 5
         -------x와 y값 서로 바꾸기---------
         1단계: x값을 변수 t에 저장
         임시 변수 t: 3
         2단계: y값을 x변수에 저장
         3단계: t에 저장되어 있는 값을 y변수에 저장
         -----------------------------------
         바꾼후 --> x: 5 y: 3
         임시 변수 t: 3
```

CHAPTER 5

# 연산자 (Operators)

데이터를 처리하기 위해서는 다양한 산술 연산이 필요할 뿐만 아니라, 데이터가 가지고 있는 특성이나 설명을 부수적으로 추가하거나 출력할 수 있어야 한다. 파이썬에서도 다른 프로그래밍 언어와 마찬가지로, 가장 기본적인 계산은 산술 연산자를 이용한다.

## 5.1 산술 연산자

**산술연산자의 종류 (a = 3, b = 9)**

| 연산자 | 설명 | 사용예 |
|---|---|---|
| = | 대입 | a = 3, b = 9 |
| + | 더하기 | a + b = 12 |
| - | 빼기 | a - b = -6 |
| * | 곱하기 | a * b = 27 |
| / | 나누기 | b / a = 6.0 |
| % | 나머지 | b % a = 0 |
| ** | 제곱 | b ** a = 729 |
| // | 나누기(몫) | b // a = 3 |

대부분 상식적인 수준의 연산이지만 나누기 연산자에 몫과 나머지를 구하는 2가지 연산자가 있다.

```
In [14]: a=3;b=9
         print(a+b, a-b, a*b, b/a, b%a, b**a, b//a)

12 -6 27 3.0 0 729 3
```

## 5.2 산술 연산자 우선순위

다음의 표는 가장 높은 우선순위에서 가장 낮은 연산자를 설명하고 있다.

| 연산자 | 설명 |
|---|---|
| ** | 지수 |
| ~, +, - | Ccomplement, 단항 플러스, 단항 마이너스 |
| *, /, %, // | 곱하기, 나누기, 나머지, 몫 |
| +, - | 덧셈, 뺄셈 |

## 5.3 비교 연산자

비교 연산자 (또는 관계 연산자)는 어떤 것이 크거나 작거나 같은지 비교하는 것으로, 연산의 결과는 참(true)이나 거짓(false)이 된다. 주로 조건문(if)이나 반복문(while)에서 사용된다. a=1, b=2일 때, 다음과 같은 비교 연산 및 결과를 얻을 수 있다.

| 연산자 | 설명 | 사용예 |
|---|---|---|
| == | 두 값이 같다 | (a == b) → false |
| != | 두 값이 같지 않다 | (a != b) → true |
| > | 왼쪽 값이 오른쪽 값보다 크다 | (a > b) → false |
| < | 왼쪽 값이 오른쪽 값보다 작다 | (a < b) → true |
| >= | 왼쪽 값이 오른쪽 값보다 크거나 같다 | (a >= b) → false |
| <= | 왼쪽 값이 오른쪽 값보다 작거나 같다 | (a <= b) → true |

## 5.4 할당 연산자

a=1, b=2일 때, 다음과 같은 비교 연산 및 결과를 얻을 수 있다.

| 연산자 | 설명 | 사용예 |
|---|---|---|
| = | 왼쪽 변수에 오른쪽 값을 할당한다 | c = a + b |
| += | 왼쪽 변수에 오른쪽 값을 더하고 결과를 왼쪽 변수에 할당 | a += 1 ⇒ a = a + 1 |
| -= | 왼쪽 변수에서 오른쪽 값을 빼고 결과를 왼쪽 변수에 할당 | b -= 1 ⇒ b = b-1 |
| *= | 왼쪽 변수에 오른쪽 값을 곱하고 결과를 왼쪽 변수에 할당 | a *= 2 ⇒ a = a * 2 |
| /= | 왼쪽 값을 오른쪽 값으로 나누고 결과를 왼쪽 변수에 할당 | b /= a ⇒ b = b / a |
| %= | 왼쪽 값을 오른쪽 값으로 나누고 나머지를 왼쪽 변수에 할당 | b %= a ⇒ b = b % a |
| **= | 왼쪽 값을 오른쪽 값만큼 제곱을 하고 결과를 왼쪽 변수에 할당 | b **= a ⇒ b = b ** a |
| //= | 왼쪽 값을 오른쪽 값으로 나눈 몫의 결과를 왼쪽 변수에 할당 | b //= a ⇒ b = b // a |

```
In [43]: a=1
         b=2
         a=a+1; print('a = a+1', a)
         a+=1; print('a += 1', a)
         a=a-1;print('a = a-1', a)
         a-=1; print('a -= 1', a)
         a=a*2; print('a = a * 2', a)
         a=a/2; print('a = a/2', a)
         b=b/a; print('b = b/a', b)
         b/=a; print('b /= a ',b)
         a+=2
         b=b%a; print('b = b%a',b)
         b%=a; print('b %= a', b)
         b=b**2; print('b = b**2', b)
         b=b**(1/2); print('b **= (1/2)', b)
         a-=2
         b=b//a; print('b = b//a', b)
         b//=a; print('b //= a', b)

         a = a+1 2
         a += 1 3
         a = a-1 2
         a -= 1 1
         a = a * 2 2
         a = a/2 1.0
         b = b/a 2.0
         b /= a  2.0
         b = b%a 2.0
         b %= a 2.0
         b = b**2 4.0
         b **= (1/2) 2.0
         b = b//a 2.0
         b //= a 2.0
```

## 5.5 비트 연산자

a = 30, b = 13 이라 가정하면, a, b의 이진수 값은 각각 a = 0001 1110, b = 0000 1101이다. 파이썬에서 이진수의 표현은 0b로 시작된다.

| 연산자 | 설명 | 사용예 |
|---|---|---|
| & | 둘 모두 참일 때 만 참(AND 연산) | (a & b) → 0000 1100 |
| \| | 둘 중 하나라도 참일 때 참(OR 연산) | (a \| b) → 0001 1111 |
| ^ | 둘 중 하나만 참일 때 참(XOR 연산) | (a ^ b) → 0011 0011 |
| ~ | 보수 연산 | (~a) → 1001 1111 |
| 〈〈 | 변수의 값을 왼쪽으로 지정된 비트 수 만큼 이동 (왼쪽 시프트 연산자) | a 〈〈 2 → 0111 1000 |
| 〉〉 | 변수의 값을 오른쪽으로 지정된 비트 수 만큼 이동 (오른쪽 시프트 연산자) | b 〉〉 2 → 0000 0011 |

```
In [22]: a =30
         b=13
         print(bin(a), bin(b))
         print('a&b = ', bin(a&b))
         print('a|b = ', bin(a|b))
         print('a^b = ', bin(a^b))
         print('~a = ', bin(~a))
         print('a<<2 = ', bin(a<<2))
         print('b>>2 = ', bin(b>>2))

         0b11110 0b1101
         a&b =  0b1100
         a|b =  0b11111
         a^b =  0b10011
         ~a =  -0b11111
         a<<2 =  0b1111000
         b>>2 =  0b11
```

## 5.6 논리 연산자

논리 연산자는 비교연산자와 같이 참 또는 거짓에 대한 결과를 연산할 때 사용되며, and, or, not 3가지의 연산자를 사용할 수 있다. 단, 주의할 것은 True, False는 파이썬 시스템의 예약어이므로 논리값을 갖는 변수는 반드시 True, False로 초기화 되어야 한다.

a = True, b = False

| 연산자 | 설명 | 사용예 |
|---|---|---|
| and | 논리 AND 연산, a, b 동시에 참이면 참 | (a and b) = False |
| or | 논리 OR 연산, a, b 둘 중 하나만 참이면 참 | (a or b) = True |
| not | 논리 NOT 연산. 변수의 논리 상태를 반전 | not(a and b) = True |

## 5.7 식별 연산자

식별 연산자는 비교연산자의 ==와 !=과 같은 기능을 하는 비교 연산자로 파이썬의 변수가 같은 값을 가지고 있는지를 판단할 때 자주 사용한다.

a = 1, b = 1

| 연산자 | 설명 | 사용예 |
|---|---|---|
| is | 변수의 값이 같으면 참 | (a is b) = True |
| is not | 변수의 값이 같지 않으면 참 | (a is not b) = False |

## 5.8 멤버 연산자

멤버 연산자는 어떤 변수 또는 값이 LIST로 구성되어 있는 데이터 블록에 존재하면 True를 아니면 False의 결과를 반환하는 연산자이다.

a = 1, b = 10, c = 5, list = [1,2,3,4,5,6,7,8,9]

| 연산자 | 설명 | 사용예 |
|---|---|---|
| in | list 내에 포함되어 있으면 True | (a in list) = True |
| not in | list 내에 포함되어 있지 않으면 True | (b not in list) = True |
| not in | list 내에 포함되어 있으면 False | (c not in list) = False |

```
In [49]: a = 1; b=10; c=5;list=[1,2,3,4,5,6,7,8,9]
         print(a in list)
         print(b not in list)
         print(c not in list)

True
True
False
```

CHAPTER

# 문자열 6

파이썬 프로그램에서 사용할 수 있는 데이터의 종류를 데이터 타입(Data type) 또는 자료형이라고 하는 것은 4장에서 설명되었다. 파이썬에서는 1이나 2와 같은 숫자를 저장하는 정수형(integer), 3.2 등과 같은 숫자를 저장하는 실수형(float), 그리고 '안녕 Python' 등과 같은 문자를 저장하는 문자열(string)이 가장 많이 사용되는 기본 데이터 타입이다.

어떠한 데이터를 분석하기 위해서 자료를 받았을 때, 일차적으로 해야할 일은 해당 데이터를 항목별, 요목별로 목적에 맞게 잘 정리해서 컴퓨터에 저장해 두어야 데이터 분석 프로그램을 이용해서 필요한 목적을 달성할 수 있다. 데이터를 항목별로 혹은 요목별로 구분해서 분류 및 정리하는 과정을 파싱(Parsing)이라고 한다. 파싱 작업은 데이터 분석에서 첫 번째로 수행되는 준비 작업일 뿐만 아니라, 분석에 필요한 기초 데이터를 만드는 과정이다.

우리가 기억해야 할 것은 일상적으로 사용하는 워드프로세서, 스프레드시트 등에 저장하는 데이터는 기본적으로 문자 데이터 타입으로 기록된다는 것이다. MS-Word나 아래한글에 숫자 3을 입력하더라도 그것은 보이기엔 숫자지만 저장 형태는 문자라는 것이다. 엑셀이나 엑세스처럼 특수한 기능을 갖는 스프레드시트나 데이터베이스는 내부적으로 숫자형을 지정해서 저장할 수 있으나, 다른 프로그램에서 해당 데이터 파일을 사용하기 위해서는 텍스트로 읽은 후 숫자로 변환하는 파싱 과정을 거치게 된다.

파이썬에서는 파싱 과정을 쉽게 수행할 수 있도록 다양한 문자열 조작 기능을 지원하고 있다.

## 6.1 문자열 데이터 저장과 표현

파이썬에서 문자열은 큰 따옴표("문자"), 작은 따옴표('문자')를 이용해서 사용할 수 있다. 문자열 데이터를 저장하기 위해서는 반드시 앞뒤를 쌍으로 맞춰야만 프로그램 코드에 오류가 발생하지 않는다. 그리고 복합적으로 큰 따옴표 안에 작은 따옴표를 함께 사용할 수도 있다.

특별히 문자열 데이터를 변수에 저장하지 않더라도, 독립적으로 사용하는 경우에는 파이썬에서는 다양한 문자열 관련 연산을 수행할 수 있다.

```
In [38]: strMessage = 'Hello pythone string message'
         strmsg = "Hello pythone string msg"
         print(strMessage)
         print(strmsg)

         Hello pythone string message
         Hello pythone string msg
```

문자열 데이터는 직접적으로 필요한 데이터를 변수에 저장해서 사용될 수도 있지만, print 함수나 input 함수와 함께 사용되면서 프로그램이 현재 어떤 것을 수행하고 있는지, 어떤 결과를 나타내는지, 사용자에게 입력을 요구하는 지시문 출력 등과 같은 다양한 사용자 인터페이스로 사용되어지는 경우가 매우 많다.

```
In [30]: x = 3
         y = 5

         print("두 수 'x'와 'y'의 합 : ", x+y)

         두 수 'x'와 'y'의 합 :  8
```

위의 프로그램을 다음과 같이 사용자로부터 2개의 숫자를 입력받아서 프로그램내에 저장하고 합을 구하는 프로그램으로 바꿔보자. 코드 작성 후에 실행 버튼( ⏯ Run )을 클릭하면 다음 그림과 같이 사용자의 입력을 요구하는 인터페이스가 나타난다.

```
In [*]: strInput = input("변수 x 에 저장할 값을 입력 하시오.")
        int_x = int(strInput)
        strInput = input("변수 y 에 저장할 값을 입력 하시오.")
        int_y = int(strInput)

        int_Sum = int_x + int_y

        print("두 수 'x'와 'y'의 합 : ", int_Sum)

        변수 x 에 저장할 값을 입력 하시오.
```

사용자의 입력과 동시에 입력 데이터를 받아 들일 수 있는 함수는 input('사용자 입력')에 의해서 이루어진다. 파이썬의 input() 함수는 입력 창에 입력된 값을 저장할 수 있는 변수에 할당하기 위해서 다음과 같은 방식으로 사용된다.

| 저장할 변수 = input() |
|---|

파이썬의 input() 함수는 사용자의 입력값을 문자열로 인식해서 저장한다. 따라서 사용자가 빈 칸에 3이라고 입력 후 엔터키를 치면, 해당 값은 strInput='3'과 같은 숫자 3이 아닌 문자 3이 저장된다. 숫자가 아닌 문자열로 입력되기 때문에 정수 연산을 위해서는 문자열을 정수형 데이터 타입으로 변환을 해서 다시 저장한다. 이러한 과정을 형 변환 또는 데이터 타입 변환(casting) 이라고 한다. 정수형 데이터 타입으로의 변환은 int(변환할 변수) 함수를 이용해서 간단하게 처리할 수 있다.

첫 번째 데이터 저장이 완료되면 파이썬은 다시 두 번째 사용자 입력을 받아서 변수 int_y에 저장할 값을 입력하라고 화면에 사용자 인터페이스를 표시하게 된다. 이는 다시 형 변환은 거쳐 정수형으로 int_y에 5라는 정수 값으로 저장이 된다.

```
In [*]: strInput = input("변수 x 에 저장할 값을 입력 하시오.")
        int_x = int(strInput)
        strInput = input("변수 y 에 저장할 값을 입력 하시오.")
        int_y = int(strInput)

        int_Sum = int_x + int_y

        print("두 수 'x'와 'y'의 합 : ", int_Sum)

        변수 x 에 저장할 값을 입력 하시오.3

        변수 y 에 저장할 값을 입력 하시오.
```

```
In [33]: strInput = input("변수 x 에 저장할 값을 입력 하시오.")
         int_x = int(strInput)
         strInput = input("변수 y 에 저장할 값을 입력 하시오.")
         int_y = int(strInput)

         int_Sum = int_x + int_y

         print("두 수 'x'와 'y'의 합 : ", int_Sum)

         변수 x 에 저장할 값을 입력 하시오.3
         변수 y 에 저장할 값을 입력 하시오.5
         두 수 'x'와 'y'의 합 :  8
```

만약, 정수형으로 변환이 되지 않았다면 어떤 결과가 나타나는지 확인해 보자.

앞의 예와 달리, 형변환 없이 strInput에 입력된 3은 더 이상 정수가 아닌 알파벳 A, B, C, D와 같은 문자 '3'이기 때문에 두 번째 입력 값인 5와 덧셈을 할 수 없게 된다. 실행결과를 보면 TypeError은 파이썬이 먼저 입력된 int_x를 문자로 인식했기 때문에 int_Sum = int_x + int_y 구문에서 문자열과 문자열을 합치는 즉, 문자열 붙이기 연산으로 판단한다. 문자열 연결을 시도하는 과정 중에 뒤의 int_y 변수가 문자열이 아닌 정수형 데이터임을 확인하고 문자열 연산을 할 수 없음을 알리는 오류(또는 에러)를 나타낸 것이다. type(strIput)는 strInput의 데이터 타입을 알려주는 함수이다.

```
In [36]: strInput = input("변수 x 에 저장할 값을 입력 하시오.")
         int_x = strInput
         print(type(strInput))
         strInput = input("변수 y 에 저장할 값을 입력 하시오.")
         int_y = int(strInput)

         int_Sum = int_x + int_y

         print("두 수 'x'와 'y'의 합 : ", int_Sum)

         변수 x 에 저장할 값을 입력 하시오.3
         <class 'str'>
         변수 y 에 저장할 값을 입력 하시오.5

         ---------------------------------------------------------------------------
         TypeError                                 Traceback (most recent call last)
         <ipython-input-36-a6258c4028e1> in <module>
               5 int_y = int(strInput)
               6
         ----> 7 int_Sum = int_x + int_y
               8
               9 print("두 수 'x'와 'y'의 합 : ", int_Sum)

         TypeError: can only concatenate str (not "int") to str
```

## 6.2 문자열 붙이기

파이썬에서는 매우 유용한 몇 가지 문자열 활용 방법을 제공한다. 첫 번째, 파이썬의 문자열은 '+' 연산자를 이용하여 쉽게 서로 이어 붙이기를 할 수 있다.

```
In [55]: print('Hello' + "python!")
         print('Hello' + ' ' + 'python!!')
         print("Hello " + "python!!!")

         str1 = "Hello"
         str2 = " python!!!!"
         str3 = str1 + str2
         print(str3)

Hellopython!
Hello python!!
Hello python!!!
Hello python!!!!
```

## 6.3 문자열 추출하기

텍스트 데이터 또는 문자열 데이터를 처리하다 보면, 때때로 특정한 문자 혹은 개별 단어를 추출해야할 때가 있다. 워드 프로세서에서는 단어의 개수, 문자 수, 찾기, 바꾸기 등의 다양한 문자관련 기능을 제공한다. 파이썬은 이러한 문자 또는 텍스트 관련 데이터 처리를 쉽게 할 수 있는 매우 강력한 기능을 가지고 있다.

우선, 다음과 같이 문자열을 입력하고 그 길이를 구해보자. 문자열의 길이는 len(문자열) 함수를 이용하여 구할 수 있다.

```
In [57]: str = "Hello, world!"
         print('문자열 길이: ', len(str))

문자열 길이:  13
```

문자열 변수 str에 저장된 "Hello, world!"는 총 13개의 문자로 구성되어 있다. str 변수는 문자열이 들어왔을 때, 다음 그림처럼 하나의 바이트에 한 개의 문자를 저장하고 각 문자를 식별할 수 있도록 저장된 위치에 인덱스를 부여한다.

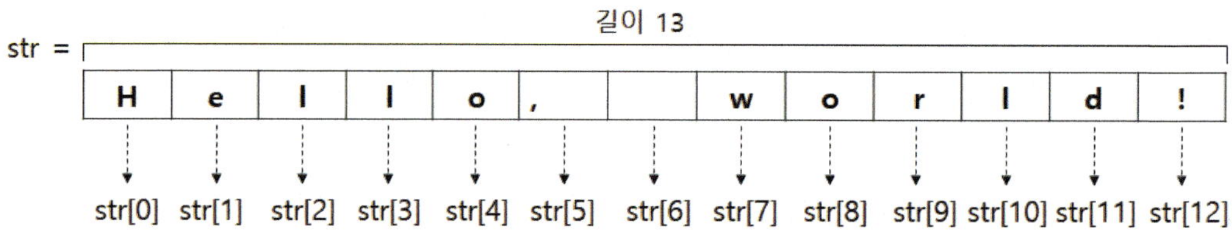


이렇게 데이터가 저장되는 방식을 배열이라고 한다. 배열은 같은 데이터 타입의 데이터가 하나 이상이 모여서 저장되는 형태이다. 여기서 주의할 것은 모든 프로그래밍 언어에서 배열 형태로 저장된 데이터는 배열의 인덱스가 0번부터 시작한다는 것이다. 이러한 배열 형태의 데이터는 각 셀(그림에서 보이는 각각의 칸)에 str[0], str[1], str[2], …와 같은 인덱스가 부여된다. 따라서 'Hello, world!'의 'H'는 str 변수의 0번에 저장되고, 프로그래밍 문법적으로는 str[0] = 'H' 와 같은 결과를 갖는다. 만약, 특정 부분의 문자 또는 문자열을 확인하고자 할 땐 다음과 같은 방법으로 원하는 결과를 얻을 수 있다. 예를 들어, 'world'라는 5개의 단어만 출력하려면, 시작단어 'w'이 있는 인덱스 7번부터 마지막 단어 'd'까지 필요한 인덱스를 x-7=5와 같은 방법으로 계산한다.

```
In [61]: str = "Hello, world!"
         print(str[7:12])

         world
```

## 6.4 문자열 바꾸기

replace('바꿀 문자열', '새 문자열')은 문자열 안의 문자열을 다른 문자열로 바꿀 수 있는 함수이다. 다음 프로그램은 문자열 'Hello, world!'에서 'world'를 'Python'으로 바꾸는 코드이다.

```
In [64]: str = "Hello, world!"
         print(str)
         str.replace('world', 'python')

         Hello, world!

Out[64]: 'Hello, python!'
```

## 6.5 문자 바꾸기

maketrans('바꿀 문자', '새 문자')와 translate(변환된 문자 테이블)는 문자열 안의 문자(또는 문자들)를 다른 문자(또는 문자들)로 바꿀 때 사용할 수 있는 함수이다. 다음의 예제에서 먼저 maketrans('er', 'xt')는 Hello, world!의 문자열에서 문자 e 와 r을 찾아 x와 t로 각각 변환하기 위해 대응을 시키는 함수이다. 이 함수는 파이썬의 테이블형으로 저장된다. 테이블에 저장된 값을 출력해보면 각 문자의 아스키코드(ASCII) 값이 {바꿀 문자:새 문자, 바꿀 문자:새 문자,…}로 각각 대응되어 있는 것을 알 수 있다. 참고로, 각각의 문자는 e(101), r(114), x(120), t(116)의 아스키코드 값을 갖는다. 즉, e:x와 r:t이 서로 대응되어 테이블에 저장된다. 대응된 결과는 translate 함수에서 변환이 이루어진 결과를 출력한다.

```
In [68]: str = "Hello, world!"
         print(str)
         rep_string = str.maketrans('er', 'xt')
         str.translate(rep_string)

         Hello, world!

Out[68]: 'Hxllo, wotld!'
```

## 6.6 문자열 분리하기

문자열을 분리하기 위해서는 문자열을 구분할 수 있는 일정한 규칙을 설정하거나 사용해야 한다. 가장 대표적으로 문자열 구분에 사용되는 것은 일정 간격의 공백, 탭, 구분자 등이다. 파이썬에서는 split() 함수를 이용해서 간단하게 처리할 수 있다. 다음 프로그램을 작성해서 실행해 보자.

```
In [70]: strOrg = 'appple pear pineapple orange banana tomato'
         strSplited = strOrg.split()
         print(strSplited)

['appple', 'pear', 'pineapple', 'orange', 'banana', 'tomato']
```

split() 함수는 기본적으로 공백을 기준으로 문자열을 분리해 준다. 하지만, split('구분자')처럼 문자열 구분에 사용될 문자를 지정하면 해당 문자를 기준으로 문자열을 분리해낼 수 있다.

```
In [72]: strOrg1 = 'appple, pear, pineapple, orange, banana, tomato'
         strOrg2 = 'appple; pear; pineapple; orange; banana; tomato'

         strSplited1 = strOrg1.split(',')
         print("구분자 ',' 이용 ", strSplited1)

         strSplited2 = strOrg2.split(';')
         print("구분자 ';' 이용 ", strSplited2)

구분자 ',' 이용  ['appple', ' pear', ' pineapple', ' orange', ' banana', ' tomato']
구분자 ';' 이용  ['appple', ' pear', ' pineapple', ' orange', ' banana', ' tomato']
```

## 6.7 문자열 합치기

파이썬에서는 분리되어 있는 문자열은 앞에서 분리한 것처럼 공백이나 기타 구분자를 이용하여 연결할 수 있도록 join() 함수를 지원하고 있다.

```
In [77]: strOrg1 = 'appple, pear, pineapple, orange, banana, tomato'
         strOrg2 = 'appple; pear; pineapple; orange; banana; tomato'

         strSplited1 = strOrg1.split(',')
         print("구분자 ',' 이용 ", strSplited1)

         strSplited2 = strOrg2.split(';')
         print("구분자 ';' 이용 ", strSplited2)

         joinedStr1 = ''.join(strSplited1)
         print("공백 기준으로 합쳐진 문자열 ", joinedStr1)
         joinedStr2 = '-'.join(strSplited1)
         print("'-' 기준으로 합쳐진 문자열 ", joinedStr2)

구분자 ',' 이용  ['appple', ' pear', ' pineapple', ' orange', ' banana', ' tomato']
구분자 ';' 이용  ['appple', ' pear', ' pineapple', ' orange', ' banana', ' tomato']
공백 기준으로 합쳐진 문자열  appple pear pineapple orange banana tomato
'-' 기준으로 합쳐진 문자열  appple- pear- pineapple- orange- banana- tomato
```

## 6.8 대소문자 바꾸기

파이썬에서 문자열의 대소문자 변경은 upper(), lower() 함수를 이용한다. 다음 예제의 프로그램을 보면, 앞의 경우와 다르게 문자열 저장을 위한 별도의 변수를 만들지 않고 '문자열'.함수() 형태로 사용하고 있다. 파이썬에서는 다른 프로그래밍 언어와 달리, 변수에 문자열을 저장하지 않고 독립적으로 사용할 수 있도록 되어있다.

```
In [78]: 'PYTHON'.lower()
Out[78]: 'python'

In [79]: 'python'.upper()
Out[79]: 'PYTHON'
```

## 6.9 공백 및 특정 문자 삭제하기

문자열에 필요없는 공백이나 특정 문자를 삭제하는 방법은 strip 계열의 함수를 사용하면 된다. strip()은 좌우, lstrip()은 왼쪽, rstrip()은 오른쪽 제거에 사용되는 함수이다.

```
In [91]: strSpace = ' python! '
         strSpace.strip()
Out[91]: 'python!'

In [92]: strSpace.lstrip()
Out[92]: 'python! '

In [93]: strSpace.rstrip()
Out[93]: ' python!'

In [127]: 'python!,.'.rstrip('!,.')
Out[127]: 'python'

In [128]: 'python!,.'.lstrip('py')
Out[128]: 'thon!,.'

In [129]: 'python!,.'.strip('pyt!,.')
Out[129]: 'hon'
```

## 6.10 문자열 왼쪽에 0 채우기

파싱을 하다보면 숫자 데이터의 길이를 맞추거나 일관성을 위해서 종종 왼쪽에 0을 삽입하는 경우가 있다. 이러한 경우 zfill(길이)함수를 이용해서 지정된 길이에 맞춰서 문자열 앞쪽에 0을 채우면 간단히 해결된다.

```
In [130]: '34'.zfill(4)
Out[130]: '0034'
```

## 6.11 문자열 위치 찾기

문자열 위치 찾기는 find() 또는 index() 함수를 이용해서 수행할 수 있다. find() 함수에서 찾고자 하는 문자열이 텍스트 내에 없을 때는 -1 값으로 해당 문자가 없음을 알려주지만, index()는 에러를 출력한다.

```
In [133]: 'apple pizza'.find('e')
Out[133]: 4

In [134]: 'apple pizza'.find('pi')
Out[134]: 6

In [135]: 'apple pizza'.find('t')
Out[135]: -1

In [136]: 'apple pizza'.index('e')
Out[136]: 4

In [137]: 'apple pizza'.index('t')

---------------------------------------------------------------------------
ValueError                                Traceback (most recent call last)
<ipython-input-137-acc0f2ec53a9> in <module>
----> 1 'apple pizza'.index('t')

ValueError: substring not found
```

## 6.12 문자열 개수 세기

count() 함수는 텍스트 내에서 특정 문자열이 몇 번 반복되어 나오는지를 알아내고 싶을 때 사용할 수 있다. 예를 들어 apple pineapple이라는 구문에서 apple이라는 문자열의 수를 세고 싶으면 count('apple') 함수로 2회 반복된다는 결과를 얻을 수 있다.

```
In [138]: 'apple pineapple'.count('apple')
Out[138]: 2
```

CHAPTER 7

# 리스트와 튜플 사용하기

변수는 한 번에 하나의 값만 저장할 수 있다. 하지만, 한두 개의 데이터를 저장할 때는 문제가 되지 않지만, 만약 수십~수천 개의 데이터를 저장하려면 매우 번거로운 문제가 생긴다.

## 7.1 리스트 사용하기

30여개만 입력하더라도 변수를 하나하나 선언하고 데이터를 저장하는 과정은 매우 번거로운 일이 된다. 이런 때는 변수 하나로 데이터만 저장할 수 있는 리스트를 사용하면 매우 편리하게 데이터를 정리할 수 있다.

**리스트 = [데이터, 데이터, 데이터,….]**

```
In [ ]: a1 = 10
        a2 = 20
        a3 = 30
        # ... (생략)
        a29 = 290
        a30 = 300
```

리스트는 데이터를 일렬로 늘어놓는 목록 또는 배열과 같고 다음과 같이 콤마(,)로 데이터를 구분하여 사용한다.

리스트에 저장되어 있는 원소는 엘리먼트(element)라고 한다.

```
In [141]: list = [10, 20, 30, 40, 50]
          print('리스트에 저장된 데이터', list)
          print('list[0]:', list[0])
          print('list[1]:', list[1])
          print('list[2]:', list[2])
          print('list[3]:', list[3])
          print('list[4]:', list[4])

          리스트에 저장된 데이터 [10, 20, 30, 40, 50]
          list[0]: 10
          list[1]: 20
          list[2]: 30
          list[3]: 40
          list[4]: 50
```

리스트는 문자열, 정수, 실수, 부울 등 모든 유형의 데이터를 저장할 수 있고, 1개 이상의 데이터 타입을 섞어서 저장할 수 있다.

```
In [2]: person = ['홍길동', 20, 180.2, True]
        print('복합데이터 리스트 :', person)

        복합데이터 리스트 : ['홍길동', 20, 180.2, True]
```

이와 같이, 다양한 유형으로 만들어져 있는 데이터를 한 번에 처리하고자 할 때, 파이썬의 리스트는 간단하고 편리한 데이터 타입이다.

빈 리스트는 처음 데이터가 주어지지 않고, 사용자의 입력이나 외부로부터 데이터를 읽어와서 저장할 때 유용하게 사용된다. 사용법은 다음 예제와 같이 2가지 방법이 있다.

**A = [ ] 또는 A = list( )**

리스트는 range라는 함수를 이용하면 리스트가 생성될 때, 내부의 엘리먼트를 지정된 범위 내에서 자동으로 데이터를 채울 수 있다.

```
In [4]: a = list(range(10))
        print('자동으로 리스트 채우기', a)
        b = list(range(1,8))
        print('범위 지정 리스트 채우기', b)

        자동으로 리스트 채우기 [0, 1, 2, 3, 4, 5, 6, 7, 8, 9]
        범위 지정 리스트 채우기 [1, 2, 3, 4, 5, 6, 7]
```

또한, 범위를 지정하고 증감폭을 옵션으로 설정하면, 해당 증감폭씩 데이터가 자동으로 채워져서 리스트가 생성된다. 증감옵션이 양수이면 증가, 음수이면 감소하면 데이터가 생성된다.

```
In [7]: c = list(range(-4, 10, 2))
        print('증감옵션 사용 리스트 - (range(시작, 끝, 증가): )', c)
        c = list(range(10, 0, -3))
        print('증감옵션 사용 리스트 - (range(시작, 끝, 감소): )', c)

        증감옵션 사용 리스트 - (range(시작, 끝, 증가): ) [-4, -2, 0, 2, 4, 6, 8]
        증감옵션 사용 리스트 - (range(시작, 끝, 감소): ) [10, 7, 4, 1]
```

## 7.2 튜플 사용하기

파이썬에서 튜플은 리스트처럼 데이터를 저장하지만, 리스트와 달리 데이터의 추가, 삭제를 할 수 없다. 다시 말해, 읽기 전용 데이터 리스트라고 할 수 있다.

변수에 값을 저장할 때 ( )로 묶으면 자동적으로 튜플형 데이터 타입이 되며, 각 데이터는 콤마(,)로 구분한다. 사용하는 방법은 다음과 같다.

- **튜플 = (데이터, 데이터, 데이터,….)**
- **튜플 = 데이터, 데이터, 데이터,….**

리스트와 마찬가지로, 튜플에서도 서로 다른 유형의 데이터를 한 번에 저장할 수 있다.

```
In [13]: a = (10, 20, 30, 40, 50)
         b = 60, 70, 80, 90, 100
         print('튜플 데이터 a:', a)
         print('튜플 데이터 b:', b)
         person = ('홍길동', 20, 180.3, False)
         print('튜플 데이터 person:', person)

         튜플 데이터 a: (10, 20, 30, 40, 50)
         튜플 데이터 b: (60, 70, 80, 90, 100)
         튜플 데이터 person: ('홍길동', 20, 180.3, False)
```

리스트는 데이터 조작이 자유롭지만, 튜플은 데이터를 변경하지 않도록 되어 있기 때문에 고정 데이터나 기준 데이터 등을 이용해서 자료를 다루어야 하는 경우에 유용하게 활용된다. 실무적인 관점에서 보험료 산정 기준, 의료 숫가 등은 기준 데이터가 되기 때문에 계산상의 오류 방지를 위해서 튜플로 지정하고, 각 개인별 적용되는 각종 의료 데이터나 진료 데이터, 보험료 산출에 관한 데이터는 리스트로 관리하는 것이 편리하다고 할 수 있다.

다음의 프로그램 코드처럼 튜플도 range함수를 사용해서 데이터를 자동으로 채울 수 있고, 증감옵션을 사용해서 일정한 간격의 데이터를 생성할 수도 있다.

```
In [15]: a = tuple(range(10))
         print('자동 채움 튜플 - tuple(range(숫자))', a)
         b = tuple(range(1, 5))
         print('범위한정 자동 채움 튜플 - tuple(range(시작, 끝))', b)
         c = tuple(range(1, 10, 2))
         print('범위한정, 증가옵션 자동 채움 튜플 - tuple(range(시작, 끝, 증가))', c)
         d = tuple(range(10, 1, -3))
         print('범위한정, 감소옵션 자동 채움 튜플 - tuple(range(시작, 끝, 감소))', d)

         자동 채움 튜플 - tuple(range(숫자)) (0, 1, 2, 3, 4, 5, 6, 7, 8, 9)
         범위한정 자동 채움 튜플 - tuple(range(시작, 끝)) (1, 2, 3, 4)
         범위한정, 증가옵션 자동 채움 튜플 - tuple(range(시작, 끝, 증가)) (1, 3, 5, 7, 9)
         범위한정, 감소옵션 자동 채움 튜플 - tuple(range(시작, 끝, 감소)) (10, 7, 4)
```

## 7.3 튜플과 리스트 자유롭게 변환하기

튜플과 리스트는 요소를 변경, 추가, 삭제할 수 있는지 없는지만 다를 뿐 기능과 형태는 동일하다. 따라서 튜플을 리스트로 만들거나 리스트를 튜플로 만들 수도 있다.

```
In [17]: a = [1, 2, 3]
         b = tuple(a)
         print('리스트를 튜플로 변환 :', b)
         c = (4, 5, 6)
         d = list(c)
         print('튜플을 리스트로 변환 :', d)

         리스트를 튜플로 변환 : (1, 2, 3)
         튜플을 리스트로 변환 : [4, 5, 6]
```

## 7.4 리스트와 튜플을 이용한 문자열 처리하기

다음 예제와 같이 리스트와 튜플을 이용해서 문자열을 저장하면 각 요소에 하나의 데이터가 저장된다.

```
In [18]: a = list('Hello')
         b = tuple('World')
         print('리스트 문자열 데이터 :', a)
         print('튜플 문자열 데이터 :', b)

         리스트 문자열 데이터 : ['H', 'e', 'l', 'l', 'o']
         튜플 문자열 데이터 : ('W', 'o', 'r', 'l', 'd')
```

## 7.5 리스트와 튜플로 복수개 변수 및 데이터 처리하기

리스트와 튜플을 사용하면 변수 여러 개를 한 번에 만들 수 있다. 이때 변수의 개수와 리스트(튜플)의 요소의 개수는 같아야 한다. 반대로, 변수 여러 개를 리스트나 튜플 데이터를 이용해서 만들 수도 있다.

```
In [21]: test_1 = [1, 2, 3]
         a, b, c =  test
         print('변수 a=', a, '변수 b=', b, '변수 c=', c)
         d,e,f = (4, 5, 6)
         print('변수 d=', d, '변수 e=', e, '변수 f=', f)

         변수 a= 1 변수 b= 2 변수 c= 3
         변수 d= 4 변수 e= 5 변수 f= 6
```

## 7.6 리스트와 튜플의 구성요소 개수 구하기

리스트나 튜플 변수에 저장된 데이터(즉, 구성 요소) 개수를 구할 때는 길이를 뜻하는 length에서 따온 len(변수) 함수를 사용한다. 다음의 예제를 통해서 확인해 보자.

```
In [22]: list = [0, 1, 2, 3, 4, 5, 6, 7, 8, 9, 10]
         print('입력된 리스트 :', list)
         print('리스트 list 엘리먼트 개수: ', len(list))

입력된 리스트 : [0, 1, 2, 3, 4, 5, 6, 7, 8, 9, 10]
리스트 list 엘리먼트 개수:  11
```

프로그램을 작성하다 보면, 때때로 리스트나 튜플을 이용해서 필요한 데이터를 저장시키고, 전체 저장된 데이터의 개수를 이용해서 반복적인 기능을 수행하는데 활용하는 경우가 매우 빈번히 발생한다. 예를 들어, range 함수를 이용해서 0부터 237까지의 숫자 중 3씩 증가하는 데이터를 만든 후에, 만들어진 데이터에 순번을 매겨서 차례대로 출력하려면 해당 변수에 저장된 데이터의 개수만큼 반복해서 작업 명령을 내려야 한다. 이런 경우, 리스트나 튜플에 데이터를 생성해서 총 몇 개 데이터가 저장되어 있는지 알고 싶을 때, 다음과 같은 방법으로 쉽게 전체 개수를 알아낼 수 있다.

### len(range(시작, 끝, 증감옵션))

```
In [29]: a = tuple(range(1, 50, 3))
         print('튜플 a :', a)
         total_number = len(a)
         print('튜플 a의 데이터 개수', total_number)

         total_number = len(range(1, 50, 3))
         print('생성된 튜플의 데이터 수', total_number)

튜플 a : (1, 4, 7, 10, 13, 16, 19, 22, 25, 28, 31, 34, 37, 40, 43, 46, 49)
튜플 a의 데이터 개수 17
생성된 튜플의 데이터 수 17
```

문자열 변수는 리스트나 튜플과 유사한 데이터 타입이고 사용법이 매우 비슷하다. 문자열에서도 len()함수를 사용할 수 있다.

```
In [33]: str = 'Hello, world!'
         print('저장된 문자열 : ', str)
         print('문자열 길이 : ', len(str))

저장된 문자열 :  Hello, world!
문자열 길이 :  13
```

흔히 사용하는 인터넷 브라우저나 워드 프로세서 등은 최근 유니코드 UTF-8이라는 방법을 적용하고 있다. UTF-8 체계에서 영어는 1바이트, 한글은 3바이트(기존 아스키코드에서는 2바이트)를 사용한다. 가끔 바이트 수 계산을 해야 하는 경우에는 다음과 같은 방법으로 총 바이트 수를 계산할 수 있다.

```
In [35]: strEng = 'Hello'
         strKor = '안녕'
         print('영어 문자열: Hello 바이트 수 : ', len(strEng.encode('utf-8')))
         print('한글 문자열: 안녕 바이트 수 : ', len(strKor.encode('utf-8')))

         영어 문자열: Hello 바이트 수 :  5
         한글 문자열: 안녕 바이트 수 :  6
```

CHAPTER 8

# 딕셔너리 사용하기

앞 장에서 살펴봤던 리스트, 튜플, 문자열은 값 같은 유형 또는 서로 다른 유형의 여러 데이터를 일렬로 저장해서 다양한 데이터 처리가 가능한 강력한 기능을 지원한다. 이러한 데이터 타입을 파이썬에서는 특별히 시퀀스 데이터 타입이라고 한다. 하지만, 이러한 데이터 타입은 오직 데이터만 저장할 수 있기 때문에, 복합적인 설명이 필요한 데이터를 처리할 때는 다소 불편함을 감수해야 한다. 파이썬에서는 이러한 단점을 딕셔너리(Dictionary, 사전)라는 데이터 타입을 이용해서 연관성 있는 값을 일목요연하게 하나의 데이터 변수에서 관리할 수 있도록 지원하고 있다.

## 8.1 딕셔너리 만들기

만약, list=[22, 29, 55, 174.9]라는 데이터가 아무런 부가적인 설명이 없다면 이 데이터는 어떤 의미를 갖는 데이터인지, 어떤 리스트 변수인지 쉽게 이해하기 어렵다. 그런데, list 데이터가 다음과 같이 연관된 값을 묶어서 만든 데이터라면 쉽게 이해할 수 있다.

```
dic = { 'bmi' :22,  'age' :29,  'weight' :55,  'height' :174.9}
```

이러한 데이터 타입을 딕셔너리라고 하며, 마치 사전을 찾듯이 단어를 찾으면 해당 값을 쉽게 가져올 수 있다. 딕셔너리는 다음과 같이 중괄호{ }안에 키:데이터 형식으로 키와 값을 한 쌍씩 저장하고, 콤마(,)로 구분한다.

```
dic = {key1:data1, key2:data2, …}
```

```
In [36]: dic = {'bmi':22, 'age':29, 'weight':55, 'height':174.9}
         print('딕셔너리 데이터: ',dic)

         딕셔너리 데이터:  {'bmi': 22, 'age': 29, 'weight': 55, 'height': 174.9}
```

유의할 것은 중복되는 키는 만들지 않는 것을 추천하며, 중복된 키는 마지막에 사용된 키에 해당한 값만 사용된다.

```
In [39]: dic = {'bmi':22, 'age':29, 'bmi':26, 'weight':55, 'height':174.9}
         print('딕셔너리 중복키 데이터: ',dic)

         딕셔너리 중복키 데이터:  {'bmi': 26, 'age': 29, 'weight': 55, 'height': 174.9}
```

딕셔너리의 키는 문자열, 정수, 실수, 부울 데이터 타입을 자유롭게 섞어서 사용할 수 있으나, 리스트는 사용할 수 없다. 하지만 데이터에는 리스트, 딕셔너리를 포함하여 모든 데이터 타입의 데이터를 저장할 수 있다.

```
In [41]: x = {100: '나이', False: 0, '리스트': [3.5, 3.5]}
         print('복합 데이터 유형 딕셔너리: ', x)

         복합 데이터 유형 딕셔너리:  {100: '나이', False: 0, '리스트': [3.5, 3.5]}
```

리스트나 튜플과 마찬가지로, 프로그램을 개발할 때 종종 빈 딕셔너리를 만들어두고 파일이나 외부 프로그램으로부터 데이터를 받아서 처리할 때가 발생한다. 사용방법은 리스트, 튜플과 동일하다.

- **딕셔너리 = { }**
- **딕셔너리 = dict( )**

딕셔너리는 dict 함수를 이용해서 다음과 같은 네 가지 방법으로 만들 수 있다.

· 딕셔너리 = dict(key1=data1, key2=data2, … )
· 딕셔너리 = dict(zip([key1, kye2, …], [data1, data2, …]))
· 딕셔너리 = dict([(key1, kye2, …), (data1, data2, …)])
· 딕셔너리 = dict({key1:data1, key2:data2, …})

```
In [42]: dic1 = dict(a=40, b=34, c=50, d=15.7)
         dic2 = dict(zip(['a', 'b', 'c', 'd'], [40, 34, 50, 15.7]))
         dic3 = dict([('a', 40), ('b', 34), ('c', 50), ('d', 15.7)])
         dic4 = dict({'a': 40, 'b': 34, 'c': 50, 'd': 15.7})

         print('딕셔너리를 dict()함수로 만들기_1', dic1)
         print('딕셔너리를 dict()함수로 만들기_2', dic2)
         print('딕셔너리를 dict()함수로 만들기_3', dic3)
         print('딕셔너리를 dict()함수로 만들기_4', dic4)

         딕셔너리를 dict()함수로 만들기_1 {'a': 40, 'b': 34, 'c': 50, 'd': 15.7}
         딕셔너리를 dict()함수로 만들기_2 {'a': 40, 'b': 34, 'c': 50, 'd': 15.7}
         딕셔너리를 dict()함수로 만들기_3 {'a': 40, 'b': 34, 'c': 50, 'd': 15.7}
         딕셔너리를 dict()함수로 만들기_4 {'a': 40, 'b': 34, 'c': 50, 'd': 15.7}
```

## 8.2 딕셔너리 키에 값 할당하기

딕셔너리의 키에 접근할 때는 딕셔너리 뒤에 대괄호([ ])를 사용하며, [ ]안에 키를 지정하면 해당 키 값을 받아올 수 있다.

· 딕셔너리 [key] = 데이터

```
In [46]: dic =  {'a': 40, 'b': 34, 'c': 50, 'd': 15.7}
         print('딕셔너리 :', dic)
         print('딕셔너리 키 a 값  :', dic['a'])
         print('딕셔너리 키 d 값  :', dic['d'])

         딕셔너리 : {'a': 40, 'b': 34, 'c': 50, 'd': 15.7}
         딕셔너리 키 a 값  : 40
         딕셔너리 키 d 값  : 15.7
```

위의 프로그램에서 키의 값을 바꾸고 새로운 키 값을 추가해보도록 하자.

```
In [47]: dic =  {'a': 40, 'b': 34, 'c': 50, 'd': 15.7}
         print('딕셔너리 :', dic)
         print('딕셔너리 키 a 값  :', dic['a'])
         print('딕셔너리 키 d 값  :', dic['d'])
         dic['a'] = 140
         dic['e'] = '추가키값'
         print('변경된 딕셔너리 :', dic)

         딕셔너리 : {'a': 40, 'b': 34, 'c': 50, 'd': 15.7}
         딕셔너리 키 a 값  : 40
         딕셔너리 키 d 값  : 15.7
         변경된 딕셔너리 : {'a': 140, 'b': 34, 'c': 50, 'd': 15.7, 'e': '추가키값'}
```

## 8.3 딕셔너리 키가 있는지 확인하기

때로는 딕셔너리에 수많은 데이터가 있을 수 있고, 모든 키 값을 기억할 수 없는 경우가 있을 수 있다. 이런 경우, 어렴풋한 기억으로 찾고자 하는 키 값을 넣어서 해당 키 값이 존재하는지 확인할 수 있는데, 6장에서 배운 멤버 연산자(in, not in)를 사용하면 간단하게 해결할 수 있다.

```
In [51]: dic =  {'a': 40, 'b': 34, 'c': 50, 'd': 15.7}
         print('딕셔너리 :', dic)

         print('키 e 가 있다 :', 'e' in dic)
         print('키 a 가 없다 :', 'a' not in dic)

         딕셔너리 : {'a': 40, 'b': 34, 'c': 50, 'd': 15.7}
         키 e 가 있다 : False
         키 a 가 없다 : False
```

## 8.4 딕셔너리의 키에 개수 구하기

리스트 튜플과 마찬가지로 딕셔너리에서도 키의 개수를 구해야할 필요가 종종 발생한다. 딕셔너리에서도 리스트와 튜플의 요소 개수를 구할 때 사용하는 len()함수를 이용하면 키의 개수를 쉽게 알 수 있다.

```
In [52]: dic =  {'a': 40, 'b': 34, 'c': 50, 'd': 15.7}
         print('딕셔너리 :', dic)

         print('딕셔너리 dic의 키 개수:', len(dic))

         딕셔너리 : {'a': 40, 'b': 34, 'c': 50, 'd': 15.7}
         딕셔너리 dic의 키 개수: 4
```

CHAPTER 9

# 조건문 사용하기

조건문은 특정 조건일 때 해당 프로그램을 진행하도록 제어한다. 프로그램을 개발하다보면 여러 가지 상황을 처리해야 하는 경우가 있는데, 이때 조건문은 다양한 상황이나 옵션을 이용해서 적당한 기능을 수행하게 한다. 일상생활의 예로, '비가 오면 우산을 쓴다', '날씨가 추우면 코트를 입는다'와 같은 조건에 따른 행동이나 절차를 수행하도록 한다.

## 9.1 if 조건문 사용하기

if 조건문 사용을 위한 규칙은 다음과 같다.

```
if 조건식:
    실행코드
```

조건식은 비교 연산자인 ==, !=, 〉=, 〈=, 〈, 〉를 사용하여 비교구문 형태로 사용하며, 조건문의 실행 결과는 참(True) 또는 거짓(False)이 되고, 참 또는 거짓에 따라서 해당 프로그램을 선택적으로 분기시켜 코드를 진행시킬 수 있다. 주의할 것은 다른 프로그래밍 언어와 달리 if 조건식은 콜론(:)으로 끝맺음을 하게 되며, 그 다음 줄에 실행할 코드가 온다. if 문 이하의 실행 코드는 반드시 들여쓰기를 해야 한다. 만약 들여쓰기를 하지 않으면 프로그램 실행시 오류가 발생한다. 다음의 프로그램을 작성하고 실행해 보자.

```
In [55]: x = 10
         if  x == 10:
             print('x =', x)

         x = 10
```

다음은 앞에서 배웠던 사용자의 입력을 통해서 입력된 값이 5이면 출력을 하고, 그렇지 않으면 프로그램을 종료하는 프로그램이다.

```
In [*]: strIn = input('값을 입력하세요 : ')
        int_x = int(strIn)
        if int_x == 5:
            print('입력된 값은 ', x)
        print('종료')

        값을 입력하세요 :
```

```
In [*]: strIn = input('값을 입력하세요 : ')
        int_x = int(strIn)
        if int_x == 5:
            print('입력된 값은 ', x)
        print('종료')

        값을 입력하세요 : 5
```

```
In [59]: strIn = input('값을 입력하세요 : ')
         int_x = int(strIn)
         if int_x == 5:
             print('입력된 값은 ', x)
         print('종료')

         값을 입력하세요 : 5
         입력된 값은  10
         종료
```

```
In [*]: strIn = input('값을 입력하세요 : ')
        int_x = int(strIn)
        if int_x == 5:
            print('입력된 값은 ', x)
        print('종료')

        값을 입력하세요 :
```

```
In [*]: strIn = input('값을 입력하세요 : ')
        int_x = int(strIn)
        if int_x == 5:
            print('입력된 값은 ', x)
        print('종료')

        값을 입력하세요 : 4
```

```
In [60]: strIn = input('값을 입력하세요 : ')
         int_x = int(strIn)
         if int_x == 5:
             print('입력된 값은 ', x)
         print('종료')

         값을 입력하세요 : 4
         종료
```

if 조건문이 실행되는 흐름은 다음과 분기된다.

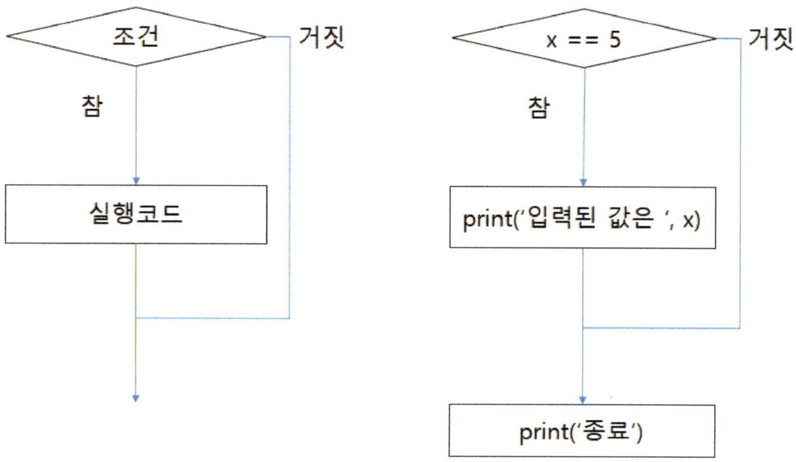


## 9.2 병렬 및 중첩 if 조건문 사용하기

프로그래밍을 하다 보면 다양한 조건식을 포함할 뿐만 아니라, 조건하의 조건 분기를 해야 하는 경우가 빈번히 발생한다. 즉, if 조건문을 병렬로 여러 번 사용하는 구조뿐만 아니라, if 조건문 속에 또 다른 if 조건문이 포함되는 형태가 자주 사용된다. 병렬의 조건인 경우, '날씨가 좋은가? 날씨가 좋으면 걷는다. 날씨가 흐린가? 날씨가 흐리면 버스를 탄다'라는 예는 조건이 병렬로 구성되는 형태라고 할 수 있다. 또한, '세탁기 전원이 켜졌는가? 세탁기 전원이 켜졌으면 세탁모드를 선택한다. 세탁모드가 일반이면 30분 빨래를 한다'라는 예는 앞의 조건에 따라서 뒤의 행동이 다시 결정되는 종속적인 형태를 가지고 있다. 이런 병렬 및 중첩 if 조건문을 이해하기 위해 다음의 예를 작성해서 수행해 보자.

```
In [64]: x = 15

         if x >= 10:
             print('x는 10 이상입니다.')

             if x <= 20:
                 print('x는 20 이하입니다.')

             if x == 15:
                 print('x는 15입니다.')

x는 10 이상입니다.
x는 20 이하입니다.
x는 15입니다.
```

예제 코드는 변수 x에 입력된 값이 10보다 크면, 'x는 10 이상입니다'를 실행한다. 그리고 그 하위의 종속 조건문인 if문이 연속적으로 실행되면서 x가 20보다 작거나 같은지 비교한 후 하위 실행코드를 실행한 후에, 다시 x의 값이 15와 같으면 'x는 15입니다'를 출력하게 된다. 다음 프로그램을 실행해 보자.

```
In [74]: x = 12

         if x >= 10:
             print('x는 10 이상입니다.')

             if x <= 20:
                 print('x는 20 이하입니다.')

                 if x <= 15:
                     print('x는 15 이하입니다.')

                     if x>= 12:
                         print('x는 12보다 크거나 같습니다.')

x는 10 이상입니다.
x는 20 이하입니다.
x는 15 이하입니다.
x는 12보다 크거나 같습니다.
```

변수 x에는 12가 저장되어 있고, 중첩 종속 조건문을 이용해서 x의 값이 10보다 크거나 같은지를 판단하고, 그 판단 결과는 10보다 큰 값이기 때문에 아래 종속 조건문인 20보다 크거나 같은지를 다시 판단한다. 그 결과는 다시 20보다 작은 값이 참(True)이기 때문에, 그 하위 종속 조건문이 실행되어서 x의 값이 15보다 큰지 작은지를 판단한다. 그리고 x의 값이 15보다 작기 때문에 그 아래 종속 조건문이 실행되어서 x가 12보다 크거나 같다라고 출력한다. 하지만, 종종 생각과 달리 프로그램의 조건문의 구성을 다르게 하면, 프로그램을 작성한 사람의 의도와 달리 예상치 못한 엉뚱한 결과가 돌아올 때가 있다. 다음의 예를 실행해 보자.

```
In [75]: x = 12

         if x >= 10:
             print('x는 10 이상입니다.')

             if x <= 20:
                 print('x는 20 이하입니다.')

                 if x >= 15:
                     print('x는 15 이하입니다.')

                     if x>= 12:
                         print('x는 12보다 크거나 같습니다.')

x는 10 이상입니다.
x는 20 이하입니다.
```

앞의 예와 같은 프로그램이지만, 박스 부분의 조건문 if x〉=15가 참이 아니기 때문에 그 하위 실행코드와 종속 조건문 if x〉=12은 더 이상 유효하지 않게 된다. 따라서 이 프로그램의 최종 출력은 'x는 20 이하입니다.' 에서 끝이 나게 된다.

## 9.3 if-else로 조건문 분기하기

if 조건문이 참(True)이면 그 하위 실행 코드가 실행되고, 거짓이면 실행되지 않는 것을 알았다. 이제, if 조건문이 거짓(False)일 때, 하위의 실행코드 및 종속 중첩 조건문이 실행될 수 있는 방법을 살펴본다.

else는 if 조건문의 결과가 거짓(False)일 때 분기되어서 별도의 프로그램이나 기능을 수행할 수 있도록 하기 위해 사용된다. if 문과 같이, else 조건문도 콜론(:)으로 끝나야 하고, 하위 실행코드는 들여쓰기가 되어야 한다.

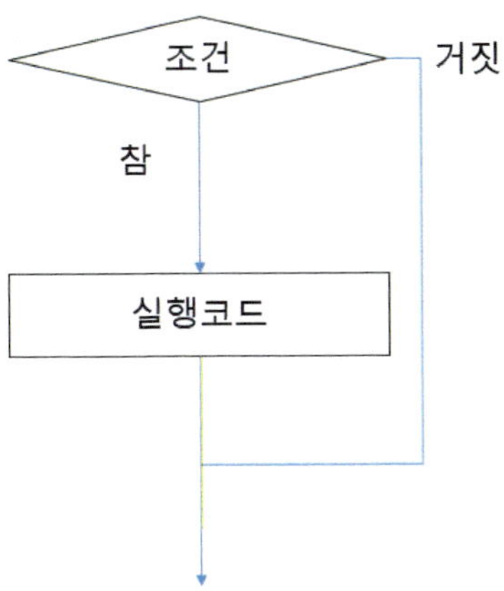


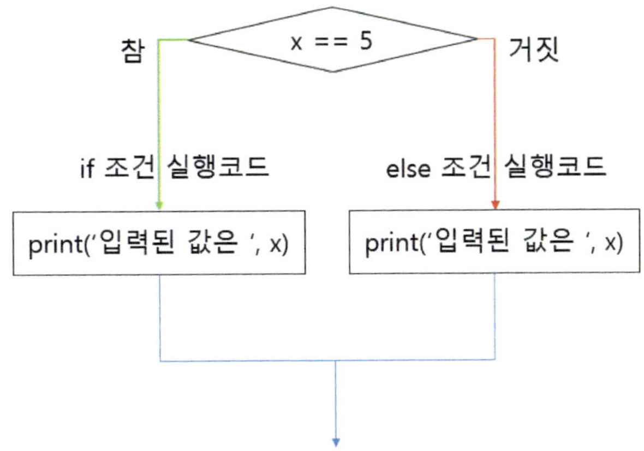


다음 프로그램 예제를 실행해 보자.

```
In [79]: strIn = input('값을 입력하세요: ')
         int_x = int(strIn)

         if int_x > 5:
             print('입력값은 5보다 큽니다.')

         else :
             print('입력값은 5보다 작습니다.')

         값을 입력하세요: 3
         입력값은 5보다 작습니다.
```

입력 인터페이스를 통해서 사용자의 입력을 받아서 해당 값을 변수 strIn에 저장하고, 문자열 형태의 데이터를 int() 함수를 통해서 정수형으로 변환한 후, 입력값이 5보다 큰 참(True)이면 if의 실행코드 출력 '입력값은 5보다 큽니다'를, 조건문이 거짓(False)이면 else의 실행코드 출력 '입력값은 5보다 작습니다'로 분기되서 출력한다.

## 9.4 여러 조건을 포함하는 if 조건문 사용하기

if 조건문 안에는 하나 이상의 조건식이 들어가서 다양한 조건을 충족시켜야만 그 다음 절차를 진행할 수 있도록 할 수 있다. 예를 들어, '날씨가 흐리고 바람이 불면 우산을 가져간다'와 같은 구문은 날씨와 바람의 두 가지 조건을 만족해야 우산을 가져가는 것이다. 이와 같이, 하나 이상의 조건식은 논리 연산자(or, and, | |, &&)를 이용해서 조건문을 구성하고, 논리연산의 결과인 논리값이 참(True)이면 if 실행 코드를 처리한다.

```
if 조건식 or/and 조건식:
    실행코드1
else:
    실행코드2
```

```
In [80]: strIn = input('값을 입력하세요: ')
         int_x = int(strIn)

         if int_x >= 1 and  int_x <= 5:
             print('입력값은 1보다 크고 5보다 작다.')

값을 입력하세요: 3
입력값은 1보다 크고 5보다 작다.
```

```
In [84]: strIn = input('값을 입력하세요: ')
         int_x = int(strIn)

         if int_x <= 3 or int_x >= 5:
             print('입력값은 3보다 작거나 5보다 작다.')
         else:
             print('입력값은 판단하기 어렵다')

값을 입력하세요: 2
입력값은 3보다 작거나 5보다 작다.
```

## 9.5 if-elif-else 조건문 사용하기

파이썬은 다른 프로그래밍 언어에서 적용하는 else if 구문을 elif로 사용한다.

```
if 조건식1:
    실행코드1
elif 조건식2:
    실행코드2
elif 조건식3:
    실행코드3
elif 조건식4:
    실행코드4
```

```
if 조건식1:
    실행코드1
elif 조건식2:
    실행코드2
elif 조건식3:
    실행코드3
else:
실행코드4
```

프로그램을 개발하다 보면, 참 또는 거짓으로만 분기를 해서 처리하지 못하고 다양한 경우, 즉 두 가지 이상의 분기가 나타나는 경우가 많이 발생한다.

대표적인 예가 자판기이다. 자판기 안에는 각각 다른 종류의 음료수가 들어있고, 버튼을 누르면 해당 버튼에 등록되어 있는 음료수가 나오게 된다. If-else 문의 2개의 분기가 아닌, else 이후에 다시 if를 생각하고, 그 이후에 다시 else-if가 반복되는 구조라고 생각할 수 있다.

```
if      생수 버튼을 눌렀다면:
        생수를 내보냄
elif    콜라 버튼을 눌렀다면:
        콜라를 내보냄
elif    사이다 버튼을 눌렀다면:
        사이다를 내보냄
elif    스프라이트 버튼을 눌렀다면:
        스프라이트를 내보냄
else:
        환불함
```

이러한 구문은 스무고개와 같이 계속적이고 연역적인 방법으로 어떤 결론에 도달해야 하는 경우에 매우 자주 사용된다. 다음 프로그램의 실행 과정을 살펴보자.

```
In [89]: strIn = input('1부터 5사이의 값을 입력하세요: ')
         int_x = int(strIn)

         if int_x < 5 and int_x >= 4:
             print('입력값은 4이다.')
         elif int_x < 4 and int_x >= 3:
             print('입력값은 3이다.')
         elif int_x < 3 and int_x >= 2:
             print('입력값은 2이다.')
         elif int_x < 2 and int_x >= 1:
             print('입력값은 1이다.')
         else:
             print('입력값은 5이다.')

         1부터 5사이의 값을 입력하세요: 1
         입력값은 1이다.
```

사용자가 1을 입력했을 때, 첫 번째 if문에서 입력된 값이 4와 5사이에 있는지 판단한다. 해당 구간에 값이 없기 때문에, else-if 문인 첫 번째 elif 구문에서 다시 3과 4 사이에 있는 값인지 비교한다. 여기에서도 해당 구간에 값이 없기 때문에 다시, 그 다음 구문으로 내려가서 2와 3사이에 있는지 비교하고, 마찬가지로 해당 구간에 값이 없기 때문에 다음 구문으로 내려가서 1과 2사이에 있는지 비교한다.

위의 프로그램 예제는 좀 더 간단하게 고칠 수 있다. 어떻게 수정하면 같은 결과를 찾아줄 수 있는지 생각해 본 후에 다음 프로그램처럼 수정해서 실행해 보자. 사용가 1을 입력했을 때, 맨 위의 if 조건문을 만족하지 않기 때문에, 그 다음 조건문 elif로 내려가서 다시 조건을 비교하고 마찬가지로 참(True)가 나오지 않기 때문에 다시 그 이하 종속된 조건문 중에 만족하는 elif를 만날 때까지 하위 구문이 실행된다. 마지막까지 elif 조건을 만족하지 못했기 때문에, else 조건문을 만나서 해당되는 실행 코드를 실행하고 프로그램은 종료된다.

```
In [95]: strIn = input('1부터 5사이의 값을 입력하세요: ')
         int_x = int(strIn)

         if int_x >= 5 :
             print('입력값은 5이다.')
         elif int_x >= 4 :
             print('입력값은 4이다.')
         elif int_x >= 3 :
             print('입력값은 3이다.')
         elif int_x >= 2 :
             print('입력값은 2이다.')
         else:
             print('입력값은 1이다.')

         1부터 5사이의 값을 입력하세요: 1
         입력값은 1이다.
```

위의 프로그램에서 마지막 else: print('입력값은 1이다')가 없으면 어떤 결과가 나오는지 충분히 예상할 수 있다. 사용자가 1을 입력했지만, 최종 판단을 해주는 부분이 없기 때문에 아무런 출력없이 프로그램이 종료된다.

```
In [1]:  strIn = input('1부터 5사이의 값을 입력하세요: ')
         int_x = int(strIn)

         if int_x >= 5 :
             print('입력값은 5이다.')
         elif int_x >= 4 :
             print('입력값은 4이다.')
         elif int_x >= 3 :
             print('입력값은 3이다.')
         elif int_x >= 2 :
             print('입력값은 2이다.')

         1부터 5사이의 값을 입력하세요: 1
```

이런 if-elif-else 조건문은 실생활에 매우 다양하게 활용된다. 다시 자판기의 예로 돌아가서, 다음 그림은 주변에서 흔히 볼 수 있는 무인 자판기이다. 상품별로 분류된 트레이에 번호가 붙어 있고, 사용자는 사고 싶은 상품을 키패드를 통해서 해당 상품번호를 입력하고 '구입'

버튼을 누른 후 결재를 하면 원하는 제품을 살 수 있다. 앞에서 예제로 만들었던 프로그램은 이런 자판기 프로그램을 운영하는 내부 소프트웨어로 활용이 된다. 간단한 자판기 프로그램을 작성해 보자.

자판기 시스템은 사용자가 상품을 선택할 수 있도록 ABC 세 개의 문자와 1부터 3까지 3개의 숫자가 적혀있는 키패드가 있다. 사용자는 원하는 상품번호 2자리를 입력하고 '구입' 버튼을 누르면, 자판기 시스템은 해당 상품의 결재 금액을 작은 LCD 창으로 출력해준다. 사용자가 해당 금액만큼 지불하면, 자판기 시스템은 선택된 상품을 자판기 밑 부분 상품 전달 박스로 떨어뜨린다. 상품별 번호와 가격은 다음과 같다.

| A1: 트윅스(500원), A2: 스니커즈 (600원), A3: 자유시간(400원)<br>B1: 콜라(1,000원), B2: 사이다(800원), B3: 스프라이트(900원)<br>C1: 밀크커피(400원), C2: 블랙커피(400원), C3: 설탕커피(400원) |
|---|

In [1]:

```python
strIn = input('구입하고 싶은 제품 번호를 선택하세요 ')

#상품 선택 키패드 처리
if strIn == 'A1' :
    print('제품: 트윅스, 가격 500원')
elif strIn == 'A2' :
    print('제품: 스니커즈, 가격 600원')
elif strIn == 'A3' :
    print('제품: 자유시간, 가격 400원')
elif strIn == 'B1' :
    print('제품: 콜라, 가격 1,000원')
elif strIn == 'B2' :
    print('제품: 사이다, 가격 800원')
elif strIn == 'B3' :
    print('제품: 스프라이트, 가격 900원')
elif strIn == 'C1' :
    print('제품: 밀크커피, 가격 400원')
elif strIn == 'C2' :
    print('제품: 블랙커피, 가격 400원')
elif strIn == 'C3' :
    print('제품: 설탕커피, 가격 400원')

#선택 상품 가격 처리
strMoney = input('해당 금액을 넣어주세요')
int_Money = int(strMoney)
print(int_Money, '원이 입금되었습니다.')
if strIn == 'A1' and int_Money == 500:
    print('선택하신 제품이 전달 박스에 담겼습니다.')
elif strIn == 'A1' and int_Money < 500:
    print(500-int_Money, '원이 부족합니다.')
```

```
구입하고 싶은 제품 번호를 선택하세요 A1
제품: 트윅스, 가격 500원
해당 금액을 넣어주세요500
500 원이 입금되었습니다.
선택하신 제품이 전달 박스에 담겼습니다.
```

```
In [2]: strIn = input('구입하고 싶은 제품 번호를 선택하세요 ')

        #상품 선택 키패드 처리
        if strIn == 'A1' :
            print('제품: 트윅스, 가격 500원')
        elif strIn == 'A2' :
            print('제품: 스니커즈, 가격 600원')
        elif strIn == 'A3' :
            print('제품: 자유시간, 가격 400원')
        elif strIn == 'B1' :
            print('제품: 콜라, 가격 1,000원')
        elif strIn == 'B2' :
            print('제품: 사이다, 가격 800원')
        elif strIn == 'B3' :
            print('제품: 스프라이트, 가격 900원')
        elif strIn == 'C1' :
            print('제품: 밀크커피, 가격 400원')
        elif strIn == 'C2' :
            print('제품: 블랙커피, 가격 400원')
        elif strIn == 'C3' :
            print('제품: 설탕커피, 가격 400원')

        #선택 상품 가격 처리
        strMoney = input('해당 금액을 넣어주세요')
        int_Money = int(strMoney)
        print(int_Money, '원이 입금되었습니다.')
        if strIn == 'A1' and int_Money == 500:
            print('선택하신 제품이 전달 박스에 담겼습니다.')
        elif strIn == 'A1' and int_Money < 500:
            print(500-int_Money, '원이 부족합니다.')

        구입하고 싶은 제품 번호를 선택하세요 A1
        제품: 트윅스, 가격 500원
        해당 금액을 넣어주세요400
        400 원이 입금되었습니다.
        100 원이 부족합니다.
```

추가적인 부분을 보완해서 논리적으로 잘 작동하는 자판기 제어 프로그램을 작성해 보기 바란다.

CHAPTER 10

# 반복을 위한 for, while 구문 사용하기

앞에서 배운 내용을 이용해서 만약 'Hello, world!' 문자열을 100번 출력하려고 한다면 어떻게 해야 할지 생각해 보자. 가장 쉽고 간단한 방법은 print를 100번 사용해서 출력하는 것이다.

```
In [3]: # print 100번 사용
        print('1. Hello, world!')
        print('2. Hello, world!')
        print('3. Hello, world!')
        print('4. Hello, world!')
        # ... (생략)
        print('97. Hello, world!')
        print('98. Hello, world!')
        print('99. Hello, world!')
        print('100. Hello, world!')

        1. Hello, world!
        2. Hello, world!
        3. Hello, world!
        4. Hello, world!
        97. Hello, world!
        98. Hello, world!
        99. Hello, world!
        100. Hello, world!
```

같은 구문을 100번 정도 넣는 것은 약간의 수고로운 복사+붙여넣기 작업으로 해결 가능하지만, 1,000번이나 10,000번 이상 같은 작업을 해야 한다고 생각하면 매우 번거로운 일이 아닐 수 없다. 그리고 예제에 나와있는 것처럼 매번 시행할 때마다 변화되는 값을 한두 개만 포함하더라도 단순히 복사+붙여넣기 작업으로 쉽게 해결될 문제는 아닐 것이다. 특히, 많은 데이터를 처리하는 최근의 정보 시스템에서는 수백, 수천, 수십만 가지의 데이터를 반복적으로 처리하는 경우가 비일비재하다. 예를 들어, 병원에서 외래 진찰을 받고자 할 때 사용되는 기본정보는 약 15개 정도이다. 하루 외래방문 지료자 100명에 대한 진료 내역을 조사하기 위해서 각 의무기록을 일일히 수작업해서 출력하려면 매우 많은 시간이 걸릴 것이다.

대부분의 프로그래밍 언어에서는 이러한 반복적이고 많은 시간을 필요로 하는 작업을 용이하게 처리할 수 있도록 for, while을 이용하는 방법을 제공하고 있다.

## 10.1 for 반복문 사용하기

파이썬의 for 반복문은 반복제어를 위한 변수를 'in' 앞에 위치시키고 range(반복수)에서 반복 횟수를 지정하고 if-else 구문처럼 콜론(:)을 붙인다. 그리고 바로 다음 줄에 반복할 프로그램 코드를 작성한다.

```
for 반복제어 변수 in range(반복수) :
    반복할 코드
```

반복제어 변수란 일종의 카운트 역할을 하는 변수를 의미한다. 5번 반복을 시키고자 하면 정확히 5번 반복 후에 더 이상 반복이 일어나서는 안된다. 즉, for 문에 의해서 반복이 이루어지는 총 횟수를 카운트 하면서 해당 횟수에 도달하면 더 이상 반복하지 않고 for 문을 빠져나오게 하는 역할을 한다. 앞의 예에서 작성했던 'Hello, world!' 출력 프로그램을 5번 출력하는 프로그램을 작성해 보자.

```
In [4]: for i in range(5):
            print('1. Hello, world!')

1. Hello, world!
1. Hello, world!
1. Hello, world!
1. Hello, world!
1. Hello, world!
```

결과에서 보이듯이, 5번 복사+붙여넣기를 하지 않아도 매우 간단하게 프로그램을 만들 수 있다는 것을 알 수 있다. 앞에서 만들었던 프로그램은 출력할 때마다 번호가 하나씩 증가해서 5회 반복된 것을 출력 결과를 통해서 쉽게 알 수 있었다. 하지만, 위의 프로그램은 '1. Hello, world!' 가 5회 반복해서 출력되었기 때문에, 만약 반복수가 100회만 되더라도 실제 100번이 출력된 것인지를 확인하려면 출력문 하나하나를 직접 세어봐야 한다. 이런 문제를 어떻게 해결할 수 있을지는 앞선 예제 프로그램에서 이미 보이고 있다. 반복 횟수를 인덱스 번호처럼 부여할 수 있으면 된다.

이미 변수 사용법과 print() 함수의 사용법에 익숙해진 사용자라면 눈치 챘을 수도 있다. 바로 반복제어 변수 i를 이용해서 출력문에 반복횟수가 나타날 수 있도록 하는 것이다.

```
In [13]: for i in range(5):
             print(i,'. Hello, world!')

0 . Hello, world!
1 . Hello, world!
2 . Hello, world!
3 . Hello, world!
4 . Hello, world!
```

```
In [12]: for i in range(5):
             print(i+1,'. Hello, world!')

1 . Hello, world!
2 . Hello, world!
3 . Hello, world!
4 . Hello, world!
5 . Hello, world!
```

range에서 만들어지는 값은 리스트와 튜플에서 설명됐듯이, 시퀀스 데이터는 항상 0부터 시작하기 때문에 반복횟수를 1부터 지정하기 위해서는 i+1이 필요하다.

for 반복문의 동작 과정을 살펴보면 다음과 같이 내부적으로는 if-else 구문이 있고, range(횟수)에서 반복수가 남아있는 동안, 즉 참(True)에서 거짓(False)가 될 때까지 for문 하위의 반복할 코드를 실행하는 형태라고 할 수 있다. 이러한 반복 구문을 루프(loop)라고 하고, 보통 for 루프라고 지칭하는 것이 일반적이다.

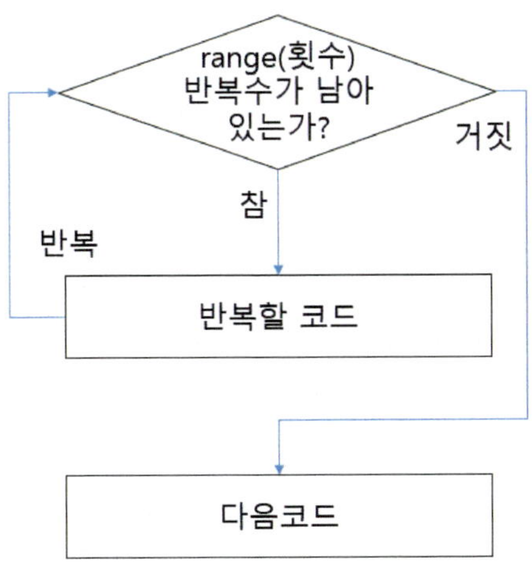

## 10.2 range를 이용한 for 반복문 사용하기

이미 8장에서 range의 사용법에 대해서 다루었기 때문에, 이번 절에서는 range를 이용하여 for 문에서 다양한 반복 조건을 처리하는 방법을 알아본다. 첫 번째로, range의 범위지정 및 증감옵션을 이용해서 for 문의 반복 횟수를 제어할 수 있다.

```
for 반복제어 변수 in range(시작, 끝,증감옵션) :
    반복할 코드
```

```
In [17]: for i in range(0, 10, 2):
         ...     print('Hello, world!', '[',i,']')

Hello, world! [ 0 ]
Hello, world! [ 2 ]
Hello, world! [ 4 ]
Hello, world! [ 6 ]
Hello, world! [ 8 ]
```

```
In [19]: for i in range(10, 0, -3):
         ...     print('Hello, world!', '[',i,']')

Hello, world! [ 10 ]
Hello, world! [ 7 ]
Hello, world! [ 4 ]
Hello, world! [ 1 ]
```

사용자가 지정하는 횟수만큼 반복하는 구문은 앞장에서 배운 것을 이용해서 다음과 같이 간단하게 만들 수 있다.

```
In [1]: int_rep = int(input('반복할 횟수를 입력하세요:'))
        print(int_rep, '번 반복합니다.')
        for i in range(int_rep):
            print('Hello, world!', '[',i+1,']')

반복할 횟수를 입력하세요:5
5 번 반복합니다.
Hello, world! [ 1 ]
Hello, world! [ 2 ]
Hello, world! [ 3 ]
Hello, world! [ 4 ]
Hello, world! [ 5 ]
```

리스트와 튜플, 문자열 등의 시퀀스 데이터들도 for문을 이용해서 다양한 방법으로 제어할 수 있다. 다음의 몇 가지 예제 코드들을 작성하고 실행해보자.

리스트 내의 모든 데이터를 for 문을 이용해서 출력을 하면, 처음에는 다음과 같이 매우 당황스러운 결과를 얻게 된다. 지금까지 i는 0, 1, 2, 3, 4의 값을 가지고 있을 것이라고 생각했기 때문이다.

```
In [5]: #리스트 데이터
        list =[10, 20, 30, 40, 50]
        print('리스트 데이터:', list)
        for i in list:
            print('list[',i,']:', i)

        리스트 데이터: [10, 20, 30, 40, 50]
        list[ 10 ]: 10
        list[ 20 ]: 20
        list[ 30 ]: 30
        list[ 40 ]: 40
        list[ 50 ]: 50
```

파이썬에서는 리스트, 튜플, 문자열 등의 데이터 타입을 일반적인 변수처럼 사용할 수 있지만, 내부적으로는 객체라는 개념을 도입해서 정의하고 있기 때문이다. 위의 예제를 다음과 같이 수정해서 실행해 보자.

```
In [11]: #리스트 데이터
         list_data =[10, 20, 30, 40, 50]
         print('리스트 데이터:', list)

         for data in list_data:
             print(data)

         리스트 데이터: [10, 20, 30, 40, 50]
         10
         20
         30
         40
         50
```

두 프로그램의 결과는 결과적으로 같다. 하지만, 사용하는 방식은 매우 다르게 보인다. 만약, 사용자가 리스트의 몇 번째를 특별히 지정하는 경우에는 위의 방법처럼 사용해야 하고, 일반적으로 모든 데이터를 처리할 때는 아래와 같은 방법이 유용하다.

또한, 프로그램 예제에서 보이듯이 for 뒤에 오는 변수는 단지 반복수를 제어할 수 있는 기능뿐만 아니라, 시퀀스 객체 내부에 있는 데이터 즉, 엘리먼트에 순차적으로 접근할 수 있는 기능을 가지고 있다.

만약, data 변수를 그대로 적용하고 출력문에서 각 리스트 원소에 저장되어 있는 값을 각각 표시하려면 어떻게 프로그램을 작성하면 되겠는가?

```
In [16]: #리스트 데이터
         list_data =[10, 20, 30, 40, 50]
         print('리스트 데이터:', list)

         for i in range(len(list_data)):
             print('list[', i, ']:', list_data[i])

         리스트 데이터: [10, 20, 30, 40, 50]
         list[ 0 ]: 10
         list[ 1 ]: 20
         list[ 2 ]: 30
         list[ 3 ]: 40
         list[ 4 ]: 50
```

반복 제어 변수를 5회로 고정할 수 있는 앞의 예제를 활용하고, 실제 출력문에서는 문자열 내에서 리스트 인덱스를 부여하고, list_data를 직접 출력하면 해결할 수 있다. 즉, 변수 i와 리스트 객체내에 저장되어 있는 데이터 엘리먼트의 접근 변수를 분리하는 것이다.

물론 위의 방법처럼 생각하는 독자도 있을 수 있다. 하지만, 이제 시퀀스 객체 앞의 변수 i가 의미하는 것을 알았기 때문에 다음의 예제의 오류도 이해할 수 있을 것이다.

```
In [17]: #리스트 데이터
         list_data =[10, 20, 30, 40, 50]
         print('리스트 데이터:', list)

         for i in list_data:
             print('list[', i, ']:', list_data[i])

         리스트 데이터: [10, 20, 30, 40, 50]

         ---------------------------------------------------------------------------
         IndexError                                Traceback (most recent call last)
         <ipython-input-17-0eb290c3d973> in <module>
               4
               5 for i in list_data:
         ----> 6     print('list[', i, ']:', list_data[i])

         IndexError: list index out of range
```

같은 원리가 튜플이나 문자열에도 적용된다. 다음의 예제 프로그램은 튜플 데이터를 for-range 반복문을 응용해서 리스트 데이터에 순서대로 저장하는 프로그램이다.

```
In [31]: #튜플 데이터
         fruits = ('apple', 'orange', 'banana', 'tomato', 'strawberry')
         print('튜플(fruits) 데이터:', fruits)

         list_data = [] #빈 리스트 생성
         print('초기 list_data:', list_data)

         for i in range(len(fruits)):
             print('fruit[',i,']:', fruits[i], '-> list_data[',i,']')
             list_data.append(fruits[i])
         print('업데이트된 list_data:', list_data)

         튜플(fruits) 데이터: ('apple', 'orange', 'banana', 'tomato', 'strawberry')
         초기 list_data: []
         fruit[ 0 ]: apple -> list_data[ 0 ]
         fruit[ 1 ]: orange -> list_data[ 1 ]
         fruit[ 2 ]: banana -> list_data[ 2 ]
         fruit[ 3 ]: tomato -> list_data[ 3 ]
         fruit[ 4 ]: strawberry -> list_data[ 4 ]
         업데이트된 list_data: ['apple', 'orange', 'banana', 'tomato', 'strawberry']
```

## 10.3 효율적인 반복문을 위한 변수와 연산자 이해하기

필자는 처음 컴퓨터 프로그래밍을 배울 때, 변수에 대한 이해가 부족했을 뿐만 아니라 반복문에서 처리되는 컴퓨터의 연산 방식을 이해하는데 매우 오랜 시간이 걸렸다. 그런 영향 때문에 프로그래밍에 대한 큰 두려움을 가지게 되었고, 매우 싫어하는 교과목이며 기피하고 싶은 분야였다. 하지만, 이러한 개념이 어느 정도 이해되기 시작하면서, 컴퓨터 프로그래밍이 결코 어려운 것이 아니라는 생각을 하게 됐다. 과거의 필자처럼 이 책을 읽는 프로그래밍 초보 또는 비전공자들이 이 절을 통해서 프로그래밍 원리를 깨닫고 자신감을 얻기를 바란다.

이 책은 컴퓨터 프로그래밍의 초보자 또는 비전공자들이 쉽게 컴퓨터를 이용해서 필요한 프로그램을 작성할 수 있도록 하기 위한 책이라는 점을 감안하여, 1부터 10까지의 합을 구하는 프로그램을 원시적이고 가장 기초적인 방법으로 작성해보고, 이를 컴퓨팅적 사고 방식으로 좀 더 컴퓨터적인 프로그램을 작성할 수 있는 원리를 설명하려고 한다.

먼저, 일반적으로 1부터 10까지의 합을 구하려고 할 때, 사람의 머릿속엔 어떤 방식으로 덧셈을 해 나가는가를 이해하는 것이 중요하다. 머릿속으로 암산할 때 어떤 과정으로 계산하는가?

우선 2개의 값을 먼저 합한 다음에 그 값을 기억하기 위해서 되새기거나 앞의 연산을 반복적으로 몇번 떠올리거나 하는 등의 노력을 한다. 그리고 그 다음 값은 앞에서 기억해 둔 값에 다시 더하기를 한 후, 또 다시 새롭게 더해진 결과를 기억하기 위해서 몇 번이고 되새김질을 한다. 좀 더 구체적으로 들어가 보자.

우선, 첫 번째 숫자 1을 머릿속으로 떠올린다. 맞는가? 자 그러면 우리는 합을 구하려고 하기 때문에 첫 번째로 꺼내 올린 1이란 값은 1개의 값밖에 없기 때문에 합은 1이다. 여기서 중요한 것은 1부터 10까지 합을 구하는 문제를 마주하기 전에 사람의 머릿속엔 아무 값도 생각하지도 더하지 않고 있었다는 것을 인지할 필요가 있다. 다시 말하면, 1이라는 값을 떠올리기 전에는 머릿속 어딘가에 합을 저장하려는 공간속엔 하나의 값도 들어있지 않은 것이다. 처음 1이라는 값을 꺼내 올렸을 때, 1개의 값만 있기 때문에 합산의 의미는 없다. 다음으로 이제 2를 꺼내 올려서 앞서 꺼내 둔 1과 합산을 한다. 그러면 사람의 머릿속은 복잡해지기 시작한다. 1과 2값을 더한 3이라는 값을 저장하고 기억해야만 다음 이어질 3이라는 값을 더해서 다시 기억해야 하기 때문이다. 원점으로 돌아가서, 숫자를 더하는 과정은 이렇게 생각할 수 있다. 우선 최초의 숫자 1을 떠올리기 전까지 숫자의 합은 머릿속에 숫자의 합을 기억하기 위해 예비해 둔 장소 '합' 이라는 장소에는 '합=0'이라는 값을 적어두고 있는 것이다. 그런데, 이 합이라는 값은 값이 더해질 때마다 항상 새로운 합 값이 나타난다는 것을 염두에 두자.

다음으로 최초의 1이라는 숫자를 떠올린 후에는 현재의 '합' 장소에 이전 합 값과 현재 꺼내 올린 숫자를 합한 새로운 합 값을 기억하려고 노력한다. 즉, '합=이전의 합+현재 숫자'로 생각할 수 있고, 이 과정에서 '합=0+1=1'이 되는 것으로 이해할 수 있다. 이제 2번째 숫자 2를 떠올려 보자. 머릿속의 '합'이라는 장소에는 1과 2를 합산한 '합=1(이전 합)+2(현재 숫자)=3'이라는 연산을 한 후, 이 값을 동일한 장소에 기억하기 시작했다. 그리고 다시 꺼내 올린 3을 더해서 이전에 기억해두고 있던 '합=3'을 지우고 6이라는 값을 저장할 것이다. 이 과정을 좀 더 기계적으로 표현하면, 10개의 숫자를 더해서 그 합을 구하기 위해, 처음에는 '합=0'이며, 그 다음 1이라는 숫자를 꺼내 올리면, 우리는 자연스럽게 그 때까지의 합은 1이런 반복을 통해서 최종적으로 10까지의 숫자를 모두 더할 수 있고, 그 합이 55가 나오게 되는 과정을 거치게 된다. 이러한 과정을 그림으로 나타내면 다음과 같다.

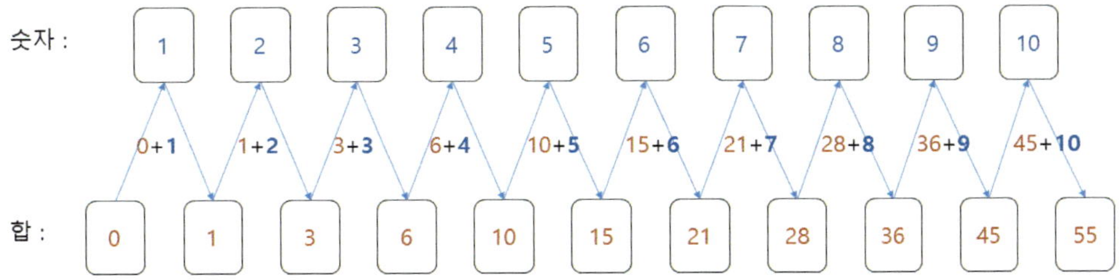


위의 그림에서 각 숫자가 적혀있는 10장의 카드가 있고, 이전 카드의 숫자와 막 꺼내 올린 카드의 숫자 합을 적을 수 있는 '합' 카드 1장이 있다. 우리는 이제 카드를 꺼내서 보고, 적혀 있는 값을 합산해서 '합' 카드에 적은 후에 다음 카드를 꺼내서 값을 보고 그 값을 이전에 적어둔 '합'카드의 값에 더해서 이전 합 값은 지우고 새로 합산된 값을 계속해서 반복적으로 더해 나가면 된다.

이제 이러한 과정을 파이썬 프로그램으로 한 줄 한 줄 작성해 보도록 하자.
우선 10개의 숫자가 적혀 있는 카드가 있기 때문에, 10장의 카드를 준비해서 각 카드에 1부터 10까지 숫자를 적어둬야 한다. 이 과정은 숫자를 적을 카드를 변수로 생각하고, 카드에 숫자를 기록하는 것은 변수에 숫자를 저장하는 것으로 이해했다면, 10개의 변수가 필요하다는 것을 쉽게 눈치 챌 수 있다. 그리고 각 변수에 다시 값을 저장하면 다음과 같은 프로그램을 만들 수 있게 된다.

```
In [39]: int_x_1 = 1
         int_x_2 = 2
         int_x_3 = 3
         int_x_4 = 4
         int_x_5 = 5
         int_x_6 = 6
         int_x_7 = 7
         int_x_8 = 8
         int_x_9 = 9
         int_x_10 = 10
```

다음으로는 카드를 꺼내 올려서 그 값을 합산시킬 '합' 카드를 준비한다.

```
In [ ]: int_Hap = 0
```

여기까지 작성했다면, 10개의 숫자를 하나씩 더해서 저장할 준비 단계를 마무리한 것이다. 이제 가장 중요한 각 숫자의 합을 원시적으로 한번 시도해 보는 것이다.

```
In [44]: Hap = 0 + int_x_1
         print('첫번째 더하기(1) 합:', Hap)

첫번째 더하기(1) 합: 1
```

현재의 '합' 값은 최초의 0에 int_x_1의 1 값을 더해서 1이 된다. 이제 두 번째 숫자 2를 꺼내서 더해보자.

```
In [47]: Hap = 0 + int_x_1
         print('첫번째 더하기(1) 합:', Hap)
         #두번째 더하기 1+2 (합:1+2)
         Hap = Hap + int_x_2
         print('두번째 더하기(1+2) 합:', Hap)

첫번째 더하기(1) 합: 1
두번째 더하기(1+2) 합: 3
```

다음 숫자 3을 꺼내서 더해보자.

```
In [49]: Hap = 0 + int_x_1
         print('첫번째 더하기(1) 합:', Hap)
         #두번째 더하기 1+2 (합:1+2)
         Hap = Hap + int_x_2
         print('두번째 더하기(1+2) 합:', Hap)
         #세번째 더하기 1+2+3 (합:3+3)
         Hap = Hap + int_x_3
         print('세번째 더하기(1+2+3) 합:', Hap)

첫번째 더하기(1) 합: 1
두번째 더하기(1+2) 합: 3
세번째 더하기(1+2+3) 합: 6
```

이쯤 되면 독자들 가운데 의문을 가지는 사람들이 있을 수 있다. 바로 변수 Hap의 작동 방식이 잘 이해가 가지 않을 수 있다. 왜냐하면, 4장에서 변수에는 한 번에 하나의 값만 저장 가능하다고 배웠는데, Hap = Hap + int_x_2를 하면 수식적으로 생각하면 1 = 1 + 2가 되버리고 더하는 값의 의미는 없어지고 변수 Hap에는 1만 존재하는 것처럼 보이기 때문이다. 과거에 필자가 잘 이해하지 못하고 헤맸던 부분이기도 하다. 여기서 컴퓨터의 연산 방법만 이해하면 이런 문제는 쉽게 풀리게 될 것이다.

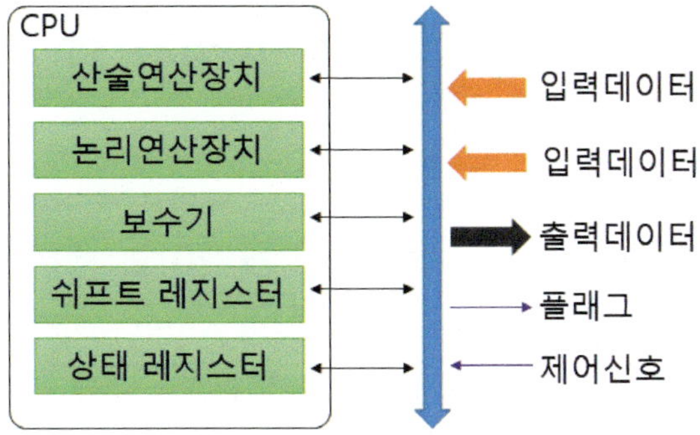


우리가 알고 있는 CPU(중앙처리장치)에는 위의 그림에서와 같이, 다양한 기능을 수행하는 블록들이 있고, 특별히 현재 다루고 있는 파이썬을 이용하는 프로그램의 각종 연산은 바로 이 CPU의 산술, 논리 연산자 등에서 이루어진다. 즉, 데이터가 저장되어 있는 메모리 영역에서 산술연산자(ALU) 블록으로 데이터를 읽어(입력데이터) 와서, ① + 연산을 수행하고 ② 그 결과(출력데이터)를 내보내고, ③ 연산자 '='의 좌측편 Hap이 가리키는 메모리의 데이터를 3으로 업데이트 한다.

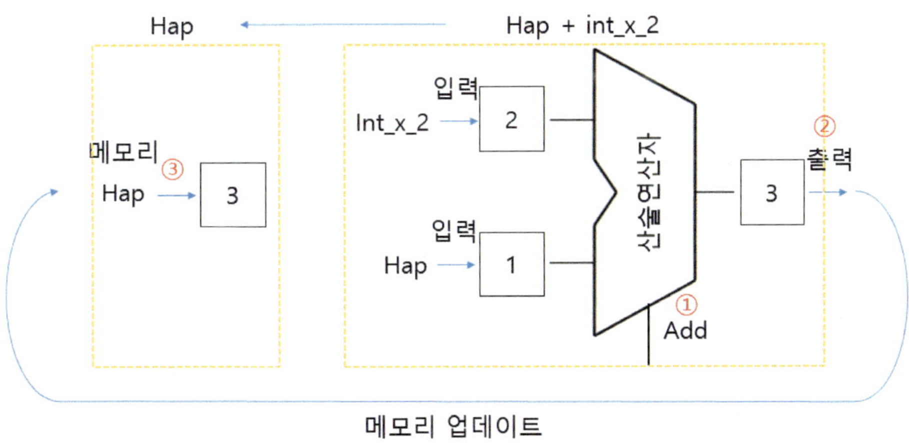


따라서 Hap에 저장되어 있던 값 1은 연산결과가 넘어와서 업데이트 될 때까지 변경되지 않고 유지되고 있다가, 연산 결과가 ALU로부터 Hap 변수로 넘어왔을 때 값이 3으로 변경된다. 이러한 과정을 10회 수행하면 변수 Hap에는 55라는 값이 최종적으로 더해져 있다.

## 10.4 리스트와 for문을 이용한 1~10까지 합 구하기

앞 절에서 Hap 변수에 계속해서 값이 업데이트 되는 원리를 공부했다. 위와 같은 방법으로 프로그램을 작성하면, 원하는 결과는 얻을 수 있지만 컴퓨터 프로그래밍의 장점을 살리지 못할 뿐더러 효율적인 측면에서도 매우 좋지 않다고 할 수 있다. 만약 100까지 합을 구하라고 한다면 굉장한 수고를 해야 하기 때문이다. 이런 문제는 for 반복문을 이용하면 앞 절에서와 같은 방법보다 빠르고 쉽고 간결하게 작동하고 정확한 결과를 얻을 수 있다. 먼저 range(1,11)을 이용해서 for 반복문으로 1부터 10까지 합을 구하는 프로그램을 작성해보자.

```
In [56]: Hap = 0
         for i in range(1,11):
             Hap = Hap + i
             print('Hap[',i,']:', Hap)

         print('1부터 10까지 합: ', Hap)

         Hap[ 1 ]: 1
         Hap[ 2 ]: 3
         Hap[ 3 ]: 6
         Hap[ 4 ]: 10
         Hap[ 5 ]: 15
         Hap[ 6 ]: 21
         Hap[ 7 ]: 28
         Hap[ 8 ]: 36
         Hap[ 9 ]: 45
         Hap[ 10 ]: 55
         1부터 10까지 합:  55
```

예제 프로그램에서 Hap=0과 Hap=Hap+i에 대한 의미가 앞 절에서 설명된 내용과 일맥상통함을 알 수 있다.

다음은 리스트를 이용해서 1부터 10까지의 값을 저장하고, 이를 불러와서 Hap 변수에 하나씩 더해서 최종값을 구하는 프로그램을 작성해보자.

```
In [58]: Hap = 0
         list_int = [1, 2, 3, 4, 5, 6, 7, 8, 9, 10]
         print('1부터 10까지 저장되어 있는 리스트 데이터:', list_int)
         for data in list_int:
             Hap = Hap + data
             print('Hap = ', Hap)

         print('1부터 10까지 합: ', Hap)

         1부터 10까지 저장되어 있는 리스트 데이터: [1, 2, 3, 4, 5, 6, 7, 8, 9, 10]
         Hap =  1
         Hap =  3
         Hap =  6
         Hap =  10
         Hap =  15
         Hap =  21
         Hap =  28
         Hap =  36
         Hap =  45
         Hap =  55
         1부터 10까지 합:  55
```

좀 더 각 덧셈 과정별로 변화를 볼 수 있도록 위의 프로그램을 다음과 같이 수정해보자.

```
In [90]: Hap = 0
         list_int = [1, 2, 3, 4, 5, 6, 7, 8, 9, 10]
         print('1부터 10까지 저장되어 있는 리스트 데이터:', list_int)

         for i in range(len(list_int)):
             Hap = Hap + list_int[i]
             print('Hap[',i+1,']=',Hap)
         print('1부터 10까지 합:', Hap)

         1부터 10까지 저장되어 있는 리스트 데이터: [1, 2, 3, 4, 5, 6, 7, 8, 9, 10]
         Hap[ 1 ]= 1
         Hap[ 2 ]= 3
         Hap[ 3 ]= 6
         Hap[ 4 ]= 10
         Hap[ 5 ]= 15
         Hap[ 6 ]= 21
         Hap[ 7 ]= 28
         Hap[ 8 ]= 36
         Hap[ 9 ]= 45
         Hap[ 10 ]= 55
         1부터 10까지 합: 55
```

위의 프로그램은 덧셈의 결과가 순차적으로 출력되긴 하였지만, 각 리스트의 데이터가 Hap 변수에 더해지는 순차적인 결과를 보여주진 않는다. 다음 프로그램은 2개의 변수를 사용해서 현재의 Hap 변수의 값을 복사해 두고, 새로운 Hap 값이 나오기 전에 이전 Hap값에 리스트 데이터가 더해지는 것을 보여준다. 코드를 유심히 보고 과정을 따라가 보면 이해할 수 있다.

```
In [95]: prev_Hap = 0
         curr_Hap = 0
         list_int = [1, 2, 3, 4, 5, 6, 7, 8, 9, 10]
         print('1부터 10까지 저장되어 있는 리스트 데이터:', list_int)

         for i in range(len(list_int)):
             curr_Hap = prev_Hap + list_int[i]
             print('Hap[',i+1,']=','Hap[',i,']', prev_Hap, '+ list_int[',i,']:',list_int[i])
             prev_Hap = curr_Hap

         print('1부터 10까지 합:', curr_Hap)

         1부터 10까지 저장되어 있는 리스트 데이터: [1, 2, 3, 4, 5, 6, 7, 8, 9, 10]
         Hap[ 1 ]= Hap[ 0 ] 0 + list_int[ 0 ]: 1
         Hap[ 2 ]= Hap[ 1 ] 1 + list_int[ 1 ]: 2
         Hap[ 3 ]= Hap[ 2 ] 3 + list_int[ 2 ]: 3
         Hap[ 4 ]= Hap[ 3 ] 6 + list_int[ 3 ]: 4
         Hap[ 5 ]= Hap[ 4 ] 10 + list_int[ 4 ]: 5
         Hap[ 6 ]= Hap[ 5 ] 15 + list_int[ 5 ]: 6
         Hap[ 7 ]= Hap[ 6 ] 21 + list_int[ 6 ]: 7
         Hap[ 8 ]= Hap[ 7 ] 28 + list_int[ 7 ]: 8
         Hap[ 9 ]= Hap[ 8 ] 36 + list_int[ 8 ]: 9
         Hap[ 10 ]= Hap[ 9 ] 45 + list_int[ 9 ]: 10
         1부터 10까지 합: 55
```

위의 프로그램에서는 prev_Hap, curr_Hap 두 개의 변수를 사용하고 있다. 처음에는 어떤 의미인지 이해가 잘 가지 않을 수도 있으나, 두 변수 사용에 대한 개념은 매우 간단하다. 처음 Hap 값은 0이고, 리스트 첫 번째 원소의 값 1을 꺼내서 더하면, 이때 Hap은 이전의 상태가 아닌 업데이트 즉, 최신화된 상태의 값을 의미한다. 다시 말하면 업데이트 전 상태를 저장하고 있는 합은 이전 합(prev_Hap)이고 리스트의 데이터를 꺼내서 더한 후의 값은 업데이트 후 현재 합(또는 최신 합, curr_Hap)이 된다. 그리고 다시 리스트의 두 번째 값을 더하기 전 상태의 합은 이전 합(prev_Hap)에 저장시키고, 두 번째 값을 더해서 업데이트 한 합은 현재 합(curr_Hap)에 저장하게 된다. 이 과정은 모든 리스트 데이터가 더해질 때까지 반복적으로 적용된다.

## 10.5 while 반복문 사용하기

while 반복문은 for 반복문과 마찬가지로 조건에 의한 프로그램 코드의 반복적인 실행이 필요할 때 사용된다. 다음 예제 프로그램을 통해서 for 문과의 차이점을 살펴보자.

for 문과는 달리, while 문에서는 변수 i가 조건식을 만족시키는지를 판단하기 위해서 사용되고 있다.

```
In [36]: i = 0                    # 초기식
         while i < 5:             # 조건식
             print('[',i+1,'].','Hello, world!')     # 반복할 코드
             i += 1                        # 루프 제어식

[ 1 ]. Hello, world!
[ 2 ]. Hello, world!
[ 3 ]. Hello, world!
[ 4 ]. Hello, world!
[ 5 ]. Hello, world!
```

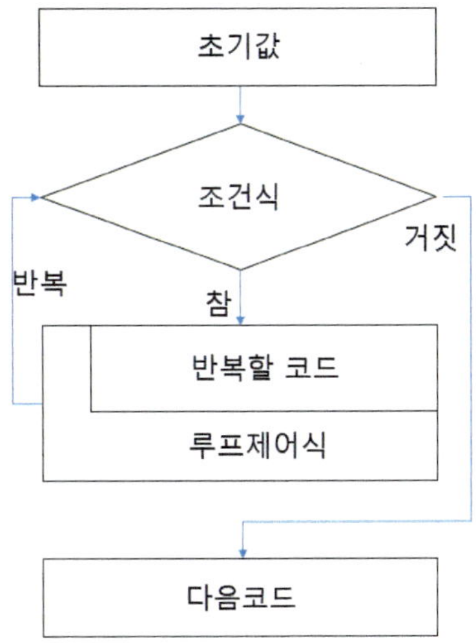


while 반복문의 반복처리 방법은 while 조건식의 초기값을 통해서, 조건식이 참(True)일 동안에 계속해서 반복을 한다. 위의 프로그램은 루프제어식(위의 예에서는 i+1)의 값이 while의 조건식인 i값이 100보다 작을 때까지 계속 반복되는 구조를 가지고 있다.

다시 말해서, 최초 i=0 에서 시작해서 while 조건식 i〈5일 때까지 반복문을 수행하는 것이다. 이는 for i in range(0,5)문과 같은 의미를 가지고 있다.

```
In [38]: i = 0                    # 초기식
         while i < 5:             # 조건식
             print('while문 [',i+1,'].','Hello, world!')     # 반복할 코드
             i += 1                        # 루프 제어식

         for i in range(0,5):
             print('for문 [',i+1,'].','Hello, world!')

while문 [ 1 ]. Hello, world!
while문 [ 2 ]. Hello, world!
while문 [ 3 ]. Hello, world!
while문 [ 4 ]. Hello, world!
while문 [ 5 ]. Hello, world!
for문 [ 1 ]. Hello, world!
for문 [ 2 ]. Hello, world!
for문 [ 3 ]. Hello, world!
for문 [ 4 ]. Hello, world!
for문 [ 5 ]. Hello, world!
```

for 문과 while 문은 사용법이 매우 유사하지만, 특정 조건하에서 계속적인 반복을 하는 경우에 while을 사용하고, 시작과 끝이 명확한 경우에는 for를 사용하는 것이 일반적이다. 특히, 특정된 조건이 참과 거짓으로 나타나는 경우엔 while문을 사용한다.

앞의 예제 프로그램은 초기값을 증가시키면서 while 반복문이 실행되는 구조였다면, 다음 예제는 사용자가 지정한 초기값을 감소시키면서 while 조건식을 만족하는 동안 반복문을 실행시키는 프로그램이다.

```
In [17]: int_rep = int(input('반복할 횟수를 입력하세요: '))

         int_count = 0

         print('\n 반복횟수:', int_rep)

         while int_rep > 0:      # int_count가 0보다 클 때 반복
             print('Hello, world! [', int_count+1, '번째]')
             int_count +=1
             int_rep -= 1        # int_count를 1씩 감소시킴

         반복할 횟수를 입력하세요: 5

          반복횟수: 5
         Hello, world! [ 1 번째]
         Hello, world! [ 2 번째]
         Hello, world! [ 3 번째]
         Hello, world! [ 4 번째]
         Hello, world! [ 5 번째]
```

## 10.6 특수 조건 무한 while 반복문 사용하기

while 반복문은 특정 반복 횟수를 지정하지 않는 상태에서 특수한 조건을 가지고 무한히 반복을 시키는 경우에 매우 많이 사용된다. 예를 들어, 전원(또는 종료) 버튼을 누르지 않는 한 컴퓨터는 계속 켜져 있어야 한다. 또는 컴퓨터 프로그램 윈도우의 × 버튼을 클릭하지 않는 한 프로그램은 계속 작동한다. 혹은 게임을 할 때, ESC 버튼을 클릭하면 게임이 끝난다. 이러한 사례들은 해당 프로그램을 계속해서 사용하다가 특정 조건이나 값을 만족시키면 종료되는 종류의 프로그램이라고 할 수 있다. 다시 말해, 특정 조건이나 값이 들어오기까지는 무한히 계속해서 실행되는 프로그램이다.

다음의 두 가지 예제 프로그램을 통해서 무한 반복 프로그램을 이해해 보자.
첫 번째는 주사위를 던져서 3이 나오면 주사위 게임은 끝이 나고, 그렇지 않으면 계속해서 주사위를 던지는 프로그램이다. 주사위는 6면체에 1부터 6까지의 숫자가 적혀있고, 던질 때마다 나오는 값은 예측할 수 없고 항상 임의의 값이 나온다. 이렇게 매번 시행할 때마다 고정된 규칙이 없이 예측 불가능한 임의의 숫자가 나오는데, 이런 숫자를 '난수', 영어로 random number라고 한다. random은 무작위 즉, 특별한 규칙이나 조작이 없음을 나타낸다. 이 난수를

사용해서 간단한 주사위 게임 프로그램을 작성해보자. 다음 프로그램은 난수의 값(randomNumber)이 3이 나올 때까지 무한 반복하는 프로그램이다.

```
In [22]: import random  # random 모듈 가져오기

         int_randomNumber = 0
         while int_randomNumber != 3:  # 3이 나올 때까지 무한 반복

             # randint를 사용하여 1과 6 사이의 난수를 생성
             int_randomNumber = random.randint(1, 6)

             print('발생된 난수: ', int_randomNumber)

         발생된 난수:  5
         발생된 난수:  2
         발생된 난수:  5
         발생된 난수:  2
         발생된 난수:  5
         발생된 난수:  2
         발생된 난수:  6
         발생된 난수:  3
```

실행되는 결과는 사용자의 컴퓨터마다 모두 다를 수 있으며, 동일한 컴퓨터에서 실행을 시켜도 아래 결과처럼 실행시킬 때마다 결과는 틀려진다. random.randint(1,6)은 1회 실행시 1~6까지의 정수 중에 하나의 값을 무작위로 뽑는 것을 의미한다. 첫 번째 프로그램에서는 8번 시행 후, 두 번째 프로그램에서는 5번 시행 후 반복문이 종료된다.

```
In [23]: import random  # random 모듈 가져오기

         int_randomNumber = 0
         while int_randomNumber != 3:  # 3이 나올 때까지 무한 반복

             # randint를 사용하여 1과 6 사이의 난수를 생성
             int_randomNumber = random.randint(1, 6)

             print('발생된 난수: ', int_randomNumber)

         발생된 난수:  4
         발생된 난수:  1
         발생된 난수:  4
         발생된 난수:  6
         발생된 난수:  3
```

import 키워드는 파이썬에서 미리 만들어져 있는 다양한 프로그램들을 사용하고자 할 때, 해당 라이브러리를 현재 작성하고 있는 프로그램에서 사용할 수 있도록 불러오는 기능을 한다. 예를 들어, 그림을 그려주는 프로그램이 누군가에 의해서 개발되어 있다면, 개발자가 직접 그림을 그려주는 프로그램을 작성하지 않고, 이미 만들어져 있는 그림그리기 프로그램을 가져와서 용법에 맞도록 사용하면 된다. 이와 같은 프로그램을 모아 놓은 것이 패키지이고, 패키지

안에는 다양한 작은 프로그램들이 있을 수 있는데 이들을 모듈이라고 한다. 즉 모듈이 모여서 패키지가 된다. 통상적으로 기존의 프로그래밍 언어에서는 라이브러리라고 통칭하기도 한다. random 모듈에는 다양한 함수가 존재한다. 다음의 몇 가지만 기억해두면 여러 가지 프로그램에서 유용하게 사용할 수 있다.

- random.random()
  -0.0~1.0 미만의 실수(float) 생성
- random.random() + N.0
  -1.0~N.0 미만의 실수(float) 생성
  -원하는 숫자를 더해서 난수의 범위 조절
- random.randint(1,10)
  -1~10 이하의 정수(int)값 하나 생성
- random.randrange(0,10,2)
  -0~10미만 2의 배수 중 하나의 값 생성
- random.choice([1, 2, 3, 4, 5])
  -1,2,3,4,5 값 중 임의의 값 하나를 선택
- random.sample(range(1, 10), 6)
  -1부터 10미만의 값 중 임의의 6개 값 생성
- L = [1, 2, 3, 4, 5, 6, 7, 8, 9, 10]
  random.shuffle(L)
  -리스트 L의 데이터를 임의의 순서대로 섞기
  -리턴값은 없고 리스트데이터 내부 자체 변경(용법 유의)

```
In [37]: import random  # random 모듈 가져오기

         print(random.random())
         print(random.random()+1.0)
         print(random.randint(1,10))
         print(random.randrange(0,10,2))
         print(random.choice([1, 2, 3, 4, 5]))
         print(random.sample(range(1, 10), 6))
         L = [1, 2, 3, 4, 5, 6, 7, 8, 9, 10]
         random.shuffle(L)
         L # print(L)

         0.9539567081364834
         1.795380102213814
         8
         0
         3
         [3, 1, 7, 5, 2, 9]

Out[37]: [8, 5, 1, 9, 4, 3, 10, 6, 2, 7]
```

## 10.7 무한 while 반복문 제어하기

while 반복문은 조건식을 만족시킬 때 즉, 참(True)인 동안에는 무한히 계속해서 반복한다. 따라서 간혹 조건식을 잘못 설정하면 프로그램이 종료되지 않고 무한히 반복되어 프로그램 자체를 종료해야만 끝나는 오류가 발생한다. 간단한 다음 프로그램을 실행해 보라.

```
In [38]: while True:
             print('Hello, world!')

Hello, world!
Hello, world!
Hello, world!
Hello, world!
Hello, world!
Hello, world!
Hello, world!
Hello, world!
Hello, world!
Hello, world!
Hello, world!
Hello, world!
Hello, world!
Hello, world!
Hello, world!
Hello, world!
Hello, world!
Hello, world!
Hello, world!
```

이런 경우를 방지하기 위해서 무한 반복문을 제어할 수 있는 방법은 이미 11.4절에서 특정 조건을 지정해서 반복문 내에서 처리하는 방법을 배웠다. 이번 절에서는 'ESC'라는 문자열이 들어오기 전에는 계속해서 사용자에게 값을 입력 요청하는 프로그램을 작성해보자.

```
In [6]: count = 0
        while True:
            strIn = input('값을 입력하세요: ')
            count += 1
            print('입력된 값: ', strIn, '[' ,count, ']')
            if strIn == 'ESC':
                print('ESC 입력되서 반복문 종료')
                break
        print('총 반복수: ', count)

값을 입력하세요: 1
입력된 값:  1 [ 1 ]
값을 입력하세요: 3
입력된 값:  3 [ 2 ]
값을 입력하세요: test
입력된 값:  test [ 3 ]
값을 입력하세요: ESC
입력된 값:  ESC [ 4 ]
ESC 입력되서 반복문 종료
총 반복수:  4
```

CHAPTER

# 11 함수 사용하기

모든 프로그래밍 언어는 함수(function) 또는 메소드(Method)라는 기능을 제공하는데, 프로그램을 개발하는데 빈번히 사용되거나 특별한 기능을 수행할 수 있도록 블록처럼 만들어 둔 코드를 함수라고 한다. 그래서 함수는 처음 한 번만 작성해 놓으면 프로그램을 개발하면서 필요할 때마다 언제든지 재사용할 수 있다. 이런 함수를 모아둔 것이 라이브러리 또는 패키지가 될 수도 있을 뿐만 아니라, 제3자가 제공하거나 공개 소프트웨어도 될 수 있다. 가장 간단한 예로, 지금까지 계속 사용했던 print, input과 같은 것이 미리 만들어져 있는 함수이다.

## 11.1 함수 의미 이해하기

함수는 다음 그림과 같이 입력(input), 처리(function), 출력(output)의 3가지 요소로 구성되어 있다.

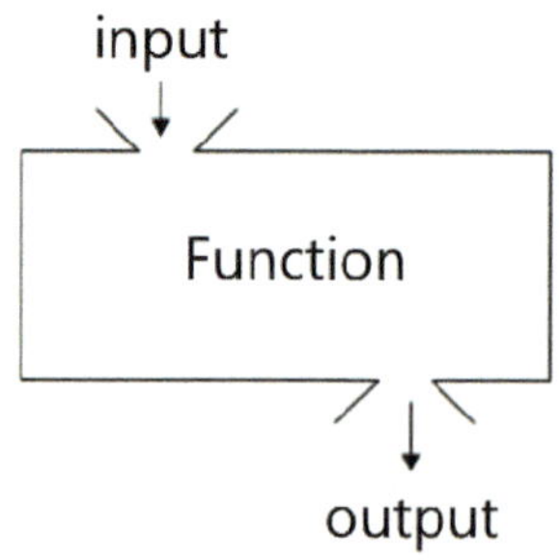


이 함수는 입력 데이터를 받아서 내부에서 정의되어 규칙에 따라서 처리한 후 그 결과를 출력을 내보내는 기능을 한다. 예를 들어서 다음 그림과 같이 들어온 입력값에 +2를 해서 출력으로, 또는 ×3을 해서 출력으로 내보낼 수 있다.

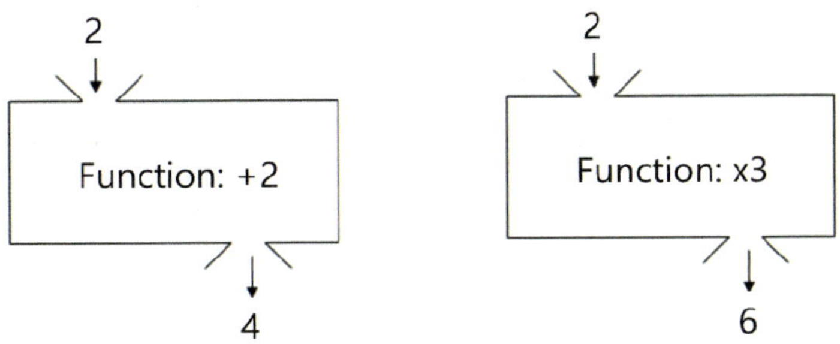


## 11.2 함수 만들기

파이썬에서 함수를 만들기 위해서는 def (definition 또는 define의 약자) 키워드를 이용해서 다음과 같은 방법으로 생성한다.

```
def 함수이름(매개변수1, 매개변수 2, …):
    코드1
    코드2
    코드3
      ⋮
```

함수를 정의할 때, 함수이름 뒤에 괄호는 함수가 입력 데이터로 받을 수 있는 매개변수가 있는 경우에는 해당 매개변수를 함수 내부에서 정의된 방법으로 연산한 결과를 출력할 수 있다. 그리고 괄호 안에 아무런 매개변수를 가지고 있지 않는 경우에는 함수 내부에서 정의된 대로 일정한 순서에 맞춰서 연산이 이루어진 후 결과가 출력되게 된다. 우선, 간단하게 다음과 같이 매개변수가 없는 myHello 함수를 정의하고 실행해보자.

```
In [3]: def myHello():
            print('파이썬 사용자 정의 함수')

In [4]: myHello();

        파이썬 사용자 정의 함수
```

실행 결과는 함수 내부에 print('파이썬 사용자 정의 함수') 구문이 출력되고 있음을 알 수 있다. 주의해야 하는 것은 파이썬은 함수의 코드 블록에 대한 경계가 없기 때문에, for, if, while 등의 구문을 사용할 때와 마찬가지로 들여쓰기를 기준으로 코드 블록을 결정한다. 따라서 함수를 정의할 땐 항상 들여쓰기가 잘 이루어졌는지 확인할 필요가 있다.

## 11.3 함수의 매개변수 이해하기

이번에는 사용자가 두 수를 입력하고, 입력된 데이터를 함수에 전달해서 두 수의 합을 구하는 매개변수가 있는 함수를 작성해 보자.

```
In [15]: def my_add(x1, x2):
             sum = x1 + x2
             print('입력된 첫번째 수:', x1, '---','입력된 두 번째 수:', x2)
             print('두 수의 합: ', sum)

In [16]: my_add(1,3)

         입력된 첫번째 수: 1 --- 입력된 두 번째 수: 3
         두 수의 합:  4
```

사용자가 my_add()함수를 호출하면서 매개변수 위치(x1, x2)에 1과 3의 값을 할당하면 즉, my_add(1,3)으로 함수를 호출한 것과 같아지며, 함수의 매개변수의 값은 각각 x1=1, x2=3의 값이 할당되는 결과를 가져오게 된다. 따라서, 함수 내부의 절차에 따라 두 수는 더해지고 sum 변수에 저장된다. 그리고, 이어지는 print 함수에 의해서 각 변수에 할당된 값을 출력한 후, 두 수를 더한 결과가 저장되어 있는 sum 값을 출력하고 함수는 종료된다.

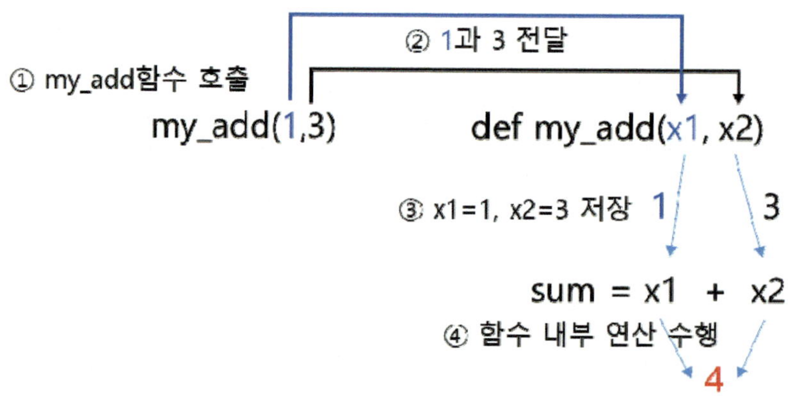


함수의 괄호 안에 들어있는 매개변수는 일종의 장바구니와 같다.

슈퍼마켓이나 마트에서 필요한 물건을 바구니에 담고, 계산대 앞에서 계산을 위해서 물건을 무빙트레이에 올려놓으면 계산 직원이 계산을 하고, 값을 지불하는 과정과 유사하다. 즉, 함수의 매개변수는 이와 같이 데이터를 옮기고 꺼내고 전달하는 등의 기능에 필요한 임시 저장소 역할을 한다고 할 수 있다.

## 11.4 함수 작동 방식 이해하기

파이썬의 함수는 함수를 호출한 호출코드(호출자)에 값을 반환하는지 하지 않는지에 따라 다음과 같이 3가지 함수 유형이 있을 수 있다.

| 경우 | 코드 | 동작 |
|---|---|---|
| return이 있는경우<br>return result | def function(args1, args2, ...):<br>code block1;<br>code block2;<br>⋮<br>return result | 마지막 code block 실행후<br>result를 호출자에게 전달 |
| return이 없는 경우 | def function(args1, args2, ...):<br>code block1;<br>code block2;<br>⋮ | 마지막 code block 실행후<br>None 반환하면서 함수종료 |
| return만 있는경우<br>return | def function(args1, args2, ...):<br>code block1;<br>code block2;<br>⋮<br>return | 마지막 code block 실행후<br>함수 즉시 종료 |

11.2절의 예제 프로그램은 두 번째 함수 유형에 속한다. 첫 번째와 세 번째 유형은 유사하므로 첫 번째 유형의 예제만으로도 충분히 설명이 될 수 있다. 11.2절에서 작성했던 프로그램을 다음과 같이 수정해 보자.

```
In [33]: def my_add(x1, x2):
             sum = x1 + x2
             print('입력된 첫번째 수:', x1, '---','입력된 두 번째 수:', x2)
             result = '두 수의 합: %d'%sum

             return result

In [34]: a = input('첫번째 값 입력')
         b = input('두번째 값 입력')

         print('입력된 두 수:', a, b)

         SUM = my_add(1,3)

         print(SUM)

         첫번째 값 입력1
         두번째 값 입력3
         입력된 두 수: 1 3
         입력된 첫번째 수: 1 --- 입력된 두 번째 수: 3
         두 수의 합: 4
```

result 구문을 보면, f'두 수의 합: {sum}, '두 수의 합%d'%sum과 같이 되어 있는데, 모두 같은 결과를 보여주고 있다. 이 예제는 문자열에서 변수를 직접 처리하고 싶은 경우에 쓸 수 있는 방법이다.

```
In [35]: def my_add(x1, x2):
             sum = x1 + x2
             print('입력된 첫번째 수:', x1, '---','입력된 두 번째 수:', x2)
             result = f'두 수의 합: {sum}'

             return result

In [36]: a = input('첫번째 값 입력')
         b = input('두번째 값 입력')

         print('입력된 두 수:', a, b)

         SUM = my_add(1,3)

         print(SUM)

         첫번째 값 입력1
         두번째 값 입력3
         입력된 두 수: 1 3
         입력된 첫번째 수: 1 --- 입력된 두 번째 수: 3
         두 수의 합: 4
```

함수 코드 블록의 마지막에 return result는 앞에서 저장한 result 변수의 데이터를 그대로 호출자에게 전달해서 그 결과를 확인할 수 있도록 하고 있다. 그렇다면 이러한 함수를 호출해서 사용하는 과정은 어떻게 되는가 살펴보도록 하자. 앞의 예제 프로그램은 다음 블록 다이어그램처럼 분석될 수 있다. 첫 번째, my_add() 함수가 선언된 이후 라이브러리 또는 패키지 또는 파일형태로 저장장치 어디엔가 저장이 되어 있다. 사용자가 두 수의 합을 구하는 프로그램을 작성하기 위해서 저장소 어딘가에 저장되어 있는 my_add(x1, x2) 함수를 떠올리고, 이 함수에 두 수의 합을 구하고자 하는 데이터 1, 3의 두 숫자를 매개변수(인자)로 넣어서 함수를 호출한다. my_add(1, 3)은 사용자 프로그램(호출자)에 의해서 실행이 되고, 파이썬 프로그램은 my_add(x1, x2)에 1, 3을 전달하고 함수 내부에서 연산이 이루어진 후, 그 결과인 result를 사용자의 프로그램 my_add(1,3) 코드에 반환하면서 함수 실행은 종료된다. 그리고 반환된 result는 my_add(1,3)을 대체하게 되어서 SUM = result, 즉 SUM = '두 수의 합: 4' 가 입력된 결과가 된다.

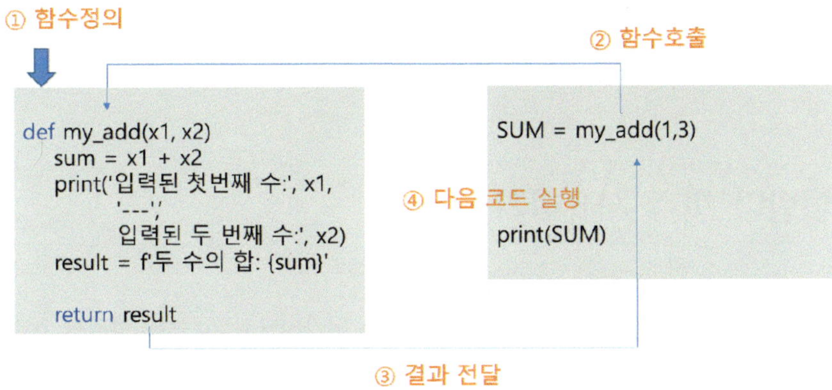


## 11.5 하나의 함수에서 여러 값을 반환하기

파이썬 함수의 return형은 하나의 값만을 반환하는 것이 아니라, 한 번에 여러 개의 값을 반환할 수 있도록 구성되어 있다. 즉, 서로 다른 연산을 수행하고 그 결과를 독립적으로 개별적인 변수에 저장해서 리스트 데이터처럼 동시에 전달할 수 있다. 다음의 간단한 예제 프로그램을 작성하고 실행해 보자.

```
In [38]: def my_multipleOperation(a, b):
             sum = a + b
             sub = a - b
             multi = a * b
             div = a / b

             return sum, sub, multi, div

In [39]: f_sum, f_sub, f_multi, f_div = my_multipleOperation(10,2)

In [41]: print('더하기:', f_sum, ' 빼기:', f_sub, ' 곱하기:', f_multi, ' 나누기:', f_div)
         더하기: 12  빼기: 8  곱하기: 20  나누기: 5.0
```

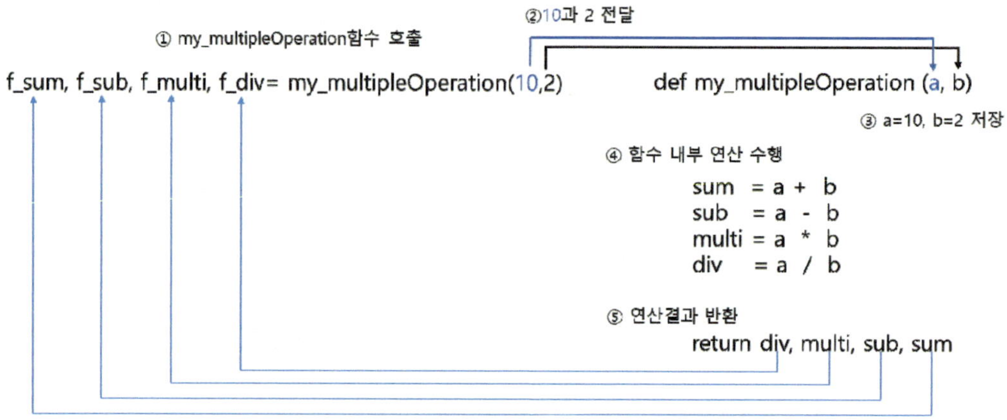


## 11.6 람다 함수 사용하기

파이썬에서 함수를 만들어 사용하기 위해서는 def라는 키워드로 함수를 정의한 후에 그 하위에 원하는 절차를 작성해서 연산을 수행하도록 하는데, 람다(lamda) 함수는 C++의 인라인 함수와 같이, 선언과 동시에 간단한 연산식을 수행할 수 있는 함수의 형태를 가지고 있다. 앞에서 작성했던 my_add함수와 람다 함수를 비교하면 다음과 같다.

```
In [44]: a= 1
         b= 2
         (lambda x1, x2: x1+x2)(a, b)

Out[44]: 3
```

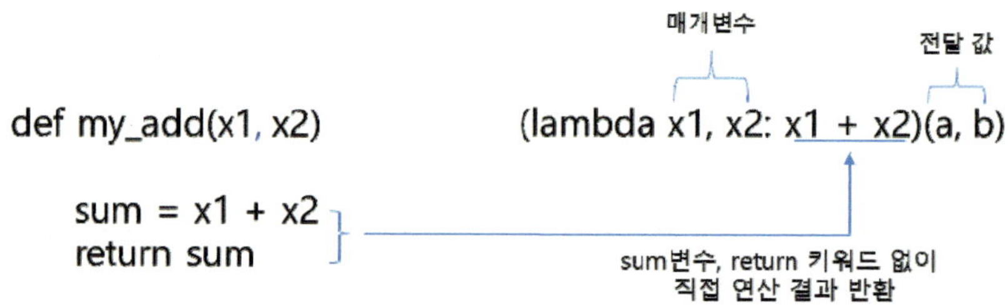


전체적으로 보면, my_add() 함수 프로그램의 코드는 3줄인 반면, 람다 형태의 함수는 같은 기능을 하지만 1줄로 작성가능하다.

P·A·R·T

# 02

# 파이썬을 이용한 데이터 분석 기초

CHAPTER 12

# 판다스(Pandas)

## Python Data Analysis Library

파이썬에서는 데이터 분석을 위해서 Pandas, Numpy 그리고 Matplotlib을 가장 많이 사용한다. 미적분, 선형대수, 행렬, 방정식 및 수치해석 등에 활용되는 SciPy와 머신러닝, 통계분석, 회귀분석이나, 분류 처리를 위한 패키지로 scikit-learn이 있다. 이들 패키지는 최초 파이썬 설치시에 포함되지 않기 때문에 별도로 하나씩 필요할 때마다 설치를 해서 사용할 수 있다.

판다스(Pandas)는 파이썬에서 각종 데이터를 테이블 형태로 처리를 위한 라이브러리이며, 파이썬을 이용한 데이터 분석을 위해서는 필수적이라고 할 수 있다. 이 책은 아나콘다(Anaconda)를 설치해서 학습하는 것을 전제로 쓰여졌기 때문에 판다스는 아나콘다를 설치하는 과정에서 이미 설치되어 있다. 다음의 코드를 실행해서 설치가 올바르게 되어있는지 확인할 수 있다.

```
In [11]: import pandas as pd
         pd.__version__

Out[11]: '0.25.1'
```

만약 설치가 되어 있지 않다면, 1장 설치 과정에서 사용했던 명령프롬프트에서 pip를 이용하여 설치하면 된다.

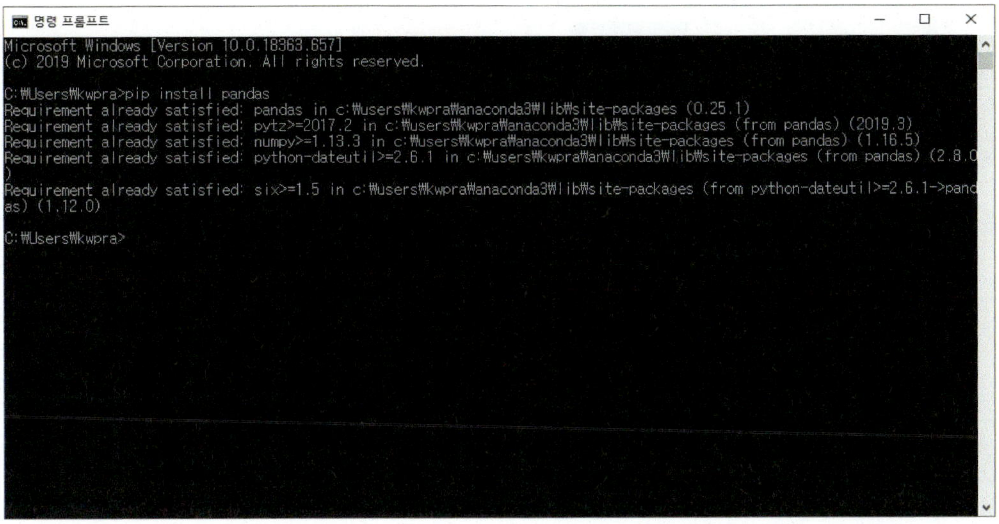


첫줄의 import pandas as pd는 패키지 pandas 이름을 약칭으로 pd로 지정해서 불러오도록 설정한다. 파이썬에서는 패키지를 불러올 때 다소 긴 이름의 패키지를 간소화한 약칭으로 as를 이용해서 '약칭' 형태로 자주 사용한다.

```
import pandas as pd
```

pandas에서는 시리즈(series), 데이터프레임(dataframe), 패널(panel)의 세 가지 데이터 구조를 지원하고, 일반적인 데이터분석에서는 시리즈와 데이터프레임 구조를 가장 많이 사용한다. 이들의 특징 중 하나는 데이터 처리에 특화될 수 있도록 테이블 형태의 데이터 처리 구조를 지원하고 있다는 점이다.

## 12.1 시리즈(Series) 사용하기

시리즈(Series)는 딕셔너리와 같이 1차원 배열값에 각각의 값별로 대응되는 인덱스를 부여할 수 있으며 테이블 형태의 구조를 가지고 있다.

```
Series([값1, 값2, 값3, …], index=[key1, key2, key3, …])
```

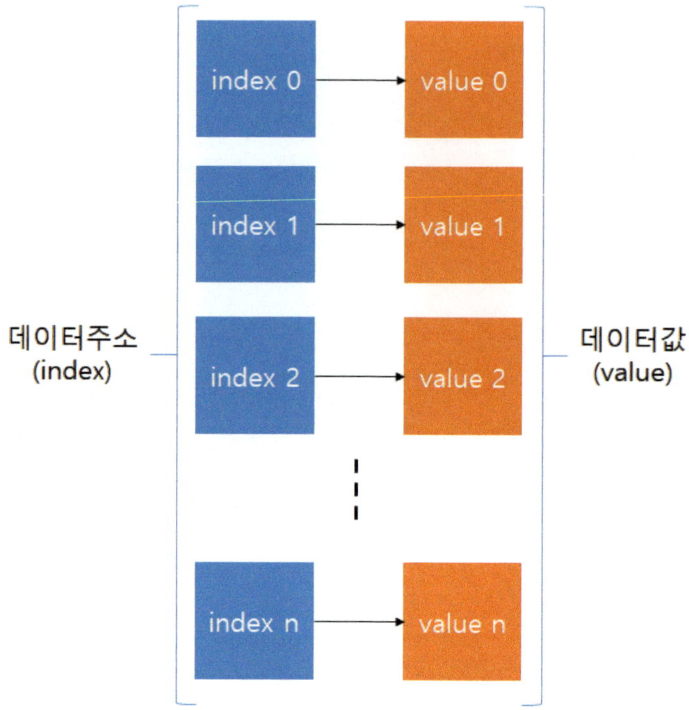


다음 프로그램을 작성해서 실행해보면, 출력의 결과가 딕셔너리를 이용하는 경우와는 조금 차이가 있음을 알 수 있다. 출력된 형태를 보면, 피자 19000, 치킨 13000와 같이 테이블(표) 형태로 나타난다. 이들의 데이터 타입은 int64로 되어있는데, Series 데이터의 첫 번째 블록의 데이터를 기준으로 결정된다. 예제에서는 모두 숫자형 데이터가 들어갔지만, 문자열이나 다른 형태의 데이터인 경우엔 object로 표시된다. 또한 데이터는 복합형태의 데이터를 저장할 수 있다.

```
In [14]: mySeries = pd.Series([19000, 13000, 1000, 4000],
                 index=["피자", "치킨", "콜라", "맥주"])
         print(mySeries)

         피자    19000
         치킨    13000
         콜라     1000
         맥주     4000
         dtype: int64
```

```
In [18]: mySeries = pd.Series([12345, 13000, '무설탕', '수제'],
                index=["피자", "치킨", "콜라", "맥주"])
         print(mySeries)

피자     12345
치킨     13000
콜라       무설탕
맥주        수제
dtype: object
```

Series 데이터는 사용예에서 보이는 것과 같이, 데이터와 인덱스가 독립된 리스트 형태를 취하면서 상호 짝을 이루고 있기 때문에 딕셔너리처럼 독립적인 접근 또한 가능하다.

```
In [32]: mySeries.index
Out[32]: Index(['피자', '치킨', '콜라', '맥주'], dtype='object')

In [33]: mySeries.index[0]
Out[33]: '피자'

In [35]: mySeries.values[0]
Out[35]: 19000
```

## 12.2 딕셔너리-시리즈 자유 변환하기

딕셔너리와 시리즈의 구조가 매우 비슷하기 때문에 딕셔너리를 시리즈로, 시리즈를 딕셔너리로 변환하는 방법을 많이 사용한다. 딕셔너리에서 시리즈로 변환하는 방법은 다음과 같다.

**pandas.Series(딕셔너리)**

다음 그림은 딕셔너리와 시리즈의 구조를 비교해서 보여준다. 딕셔너리의 키(key)는 시리즈의 인덱스(index)에 대응되고, 딕셔너리의 데이터(values)는 시리즈의 데이터(values)에 대응되어 변환된다.

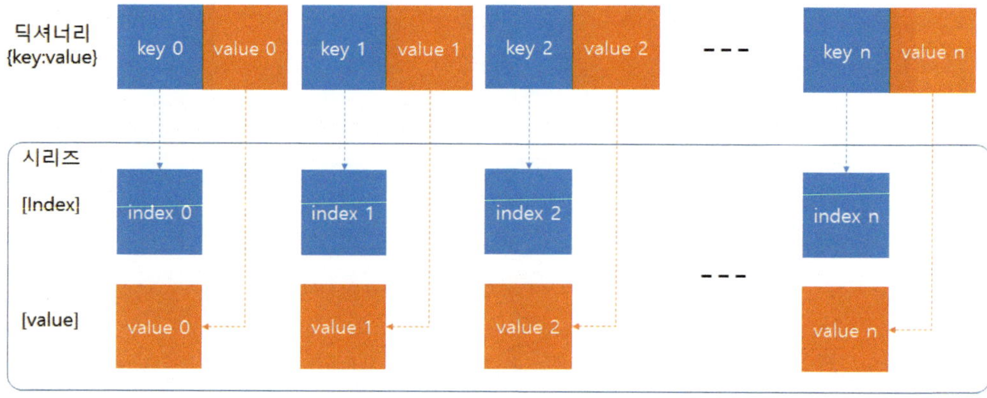


다음의 예제를 통해 딕셔너리를 시리즈로 변환해 보면, 처음 Series 데이터와 완벽하게 일치함을 알 수 있다.

```
In [2]: import pandas as pd

        #딕셔너리 생성
        dict_data = {'피자':19000, '치킨':13000, '콜라':1000, '맥주':4000}

        #딕셔너리를 판다스 시리즈로 변환
        series = pd.Series(dict_data)

        #시리즈 출력
        series

Out[2]: 피자    19000
        치킨    13000
        콜라     1000
        맥주     4000
        dtype: int64
```

딕셔너리와 마찬가지로 시리즈 데이터 접근 인덱스를 이용해서 직접 데이터를 불러올 수도 있다.

```
In [7]: series['피자']

Out[7]: 19000
```

## 12.3 리스트-시리즈 자유 변환하기

판다스의 Series 함수를 사용해서 리스트 데이터를 시리즈 데이터로 변환할 수 있다. 그러나 딕셔너리와 달리, 리스트 데이터는 키(key) 값을 가지고 있지 않기 때문에 변환할 때 사용자가 직접 키 값을 부여해야 한다. 만약 키 값을 부여하지 않으면 디폴트로 정수형 인덱스가 자동으로 지정된다.

```
In [19]: import pandas as pd

         #리스트 생성
         list_data = ['피자', '치킨', 3.14, 2500, True]

         #리스트를 판다스 시리즈로 변환
         series = pd.Series(list_data)

         #시리즈 출력
         series

Out[19]: 0      피자
         1      치킨
         2    3.14
         3    2500
         4    True
         dtype: object
```

위의 결과에서 각 원소에 인덱스 값을 부여해 보도록 하자. 리스트나 튜플을 이용해서 시리즈 데이터를 생성할 경우, 시리즈 데이터에 필요한 인덱스는 다음과 같은 방법으로 사용자가 정의해서 부여할 수 있다. 단, 리스트/튜플 데이터의 개수와 인덱스의 개수가 서로 일치해야 한다.

```
pandas.Series(리스트/튜플 데이터, index=[index 0, index 1, …, index n)
```

```
In [22]: import pandas as pd

         #리스트 생성
         list_data = ['피자', '치킨', 3.14, 2500, True]

         #리스트를 판다스 시리즈로 변환하면서 인덱스 부여
         series = pd.Series(list_data, index=['a','b','c','d','e'])

         #시리즈 출력
         series

Out[22]: a      피자
         b      치킨
         c    3.14
         d    2500
         e    True
         dtype: object
```

```
In [23]: #인덱스 출력
         series.index

Out[23]: Index(['a', 'b', 'c', 'd', 'e'], dtype='object')
```

대량의 리스트나 튜플 데이터를 시리즈로 변환하면서 각 데이터를 순서대로 나열하는 경우엔 사용자가 임의로 인덱스를 부여하지 않고 자동으로 정수형 인덱스(0, 1, 2, 3, …)를 사용하는 것이 편리하다. 그런데, 각 데이터가 특별한 의미를 가지고 있어서 인덱스를 숫자가 아닌 의미를 이해할 수 있는 단어나 기호 등으로 표현하고자 한다면, 데이터가 많지 않은 경우는 큰 문제가 되지 않지만 그렇지 않은 경우는 매우 번거로운 일이 된다. 예를 들어 사람의 신상 정보를 저장하는 리스트 데이터를 시리즈 데이터로 변환한다고 가정해 보자. 이 경우에는 인덱스 데이터를 별도로 생성해서 관리하고 시리즈를 생성시킬 때, 데이터에 인덱스를 매칭시키는 방법으로 적용하면 보다 효율적인 프로그램이 될 수 있다. 다음의 프로그램은 대용량의 인덱스 값과 데이터 값을 파일이나 인터넷 등에서 받아오는 것을 가정하여 간략히 자동으로 인덱싱 하는 과정을 설명하는 예제이다.

인덱스와 데이터는 각각 9개의 필드로 구성되어 있으며, 시리즈 데이터로 변환하는 과정에서 인덱스를 자동으로 매칭하기 위해서 인덱스를 for 반복문을 이용해서 자동으로 생성한다.

```
In [69]: import pandas as pd

         #인덱스용 리스트 생성
         index_list = ['이름', '주소', '전화', '성별', '출생일', '나이', '학교', '학년',
                       '주민번호']
         data_list = ['김사랑', '대한민국 1번지', '010-1111-2222', '여', '2010-01-01',
                      10, '한국초등학교', 3, '100101-4123456' ]
         ind_data=[]

         for i in range(0, len(data_list)):
             ind_data.insert(i, index_list[i])

         print('인덱스 데이터 생성 확인 \n', ind_data)

         if len(ind_data) == len(data_list):
             series = pd.Series(data_list, ind_data)

         #Series 데이터 확인
         series

         인덱스 데이터 생성 확인
          ['이름', '주소', '전화', '성별', '출생일', '나이', '학교', '학년', '주민번호']
Out[69]: 이름                김사랑
         주소           대한민국 1번지
         전화        010-1111-2222
         성별                  여
         출생일          2010-01-01
         나이                 10
         학교             한국초등학교
         학년                  3
         주민번호     100101-4123456
         dtype: object
```

예제 프로그램의 실행 결과를 보면, 인덱스는 좌측 정렬로 깔끔하게 정렬된 모습이지만 우측의 데이터값은 들쑥날쑥한 모습으로 표현이 좋지 못함을 알 수 있다. 이런 문제는 복잡한 과정을 거쳐서 수정은 가능하지만, 이보다 더 좋은 방법은 데이터프레임(Dataframe)을 사용하면 훨씬 편리하고 깔끔하게 데이터를 보여줄 수 있다.

## 12.4 데이터프레임(Dataframe) 사용하기

데이터프레임은 판다스에서 제공하는 자료구조로 데이터 분석을 하게 될 때 가장 많이 사용하는 데이터 구조이다. 판다스 자료구조의 핵심 중의 핵심이라고 할 수 있으며, 1차원 배열의 구조를 가지고 있는 시리즈(Series)와 달리 2차원 배열 즉, 테이블 형태로 데이터를 처리할 수 있는 구조를 가지고 있다.

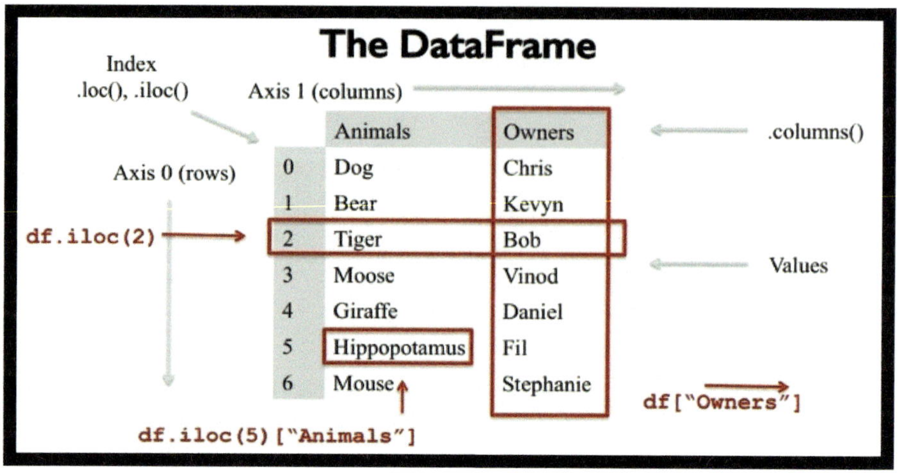


출처: https://www.coursera.org/learn/python-data-analysis

데이터프레임은 행방향 인덱스(index)와 열방향 인덱스(column) 두 개가 존재한다. 다시 말해 행과 열을 가지는 행렬구조라고 할 수 있다. 시리즈가 인덱스(index)와 값(values)으로 구성된다면, 데이터프레임은 열(columns)이 하나 추가되어 우리가 알고 있는 테이블 형태의 자료 구현이 가능하다. 데이터를 테이블 형태로 처리하는 경우는 엑셀(Excel), 오라클/MySQL 같은 관계형 데이터베이스 등 다양한 분야에서 사용된다. 판다스의 데이터프레임은 대표적인 통계 처리 프로그램인 R의 데이터프레임에서 유래됐다. 다음의 예제 프로그램으로 우선 데이터프레임이 기본 구조를 파악해 보자.

```
In [2]: import pandas as pd

        values = [[1, 2, 3], [4, 5, 6], [7, 8, 9], [10, 11, 12], [13, 14, 15]]
        index = ['1행', '2행', '3행', '4행', '5행']
        columns = ['A열', 'B열', 'C열']

        df = pd.DataFrame(values, index=index, columns=columns)
        print(df)

            A열  B열  C열
        1행   1   2   3
        2행   4   5   6
        3행   7   8   9
        4행  10  11  12
        5행  13  14  15
```

위 프로그램에서 columns만 제외한다면 시리즈 데이터 처리와 매우 대등소이 한 것을 알 수 있다. 열(column)을 기준으로 다시 살펴보면, A열은 5개의 인덱스와 5개의 데이터로 이루어진 시리즈라고 할 수 있다. 따라서 3개의 시리즈 데이터가 하나로 합쳐진 것으로 생각할 수 있다. 이를 좀더 쉽게 다음 그림처럼 표현할 수 있다.

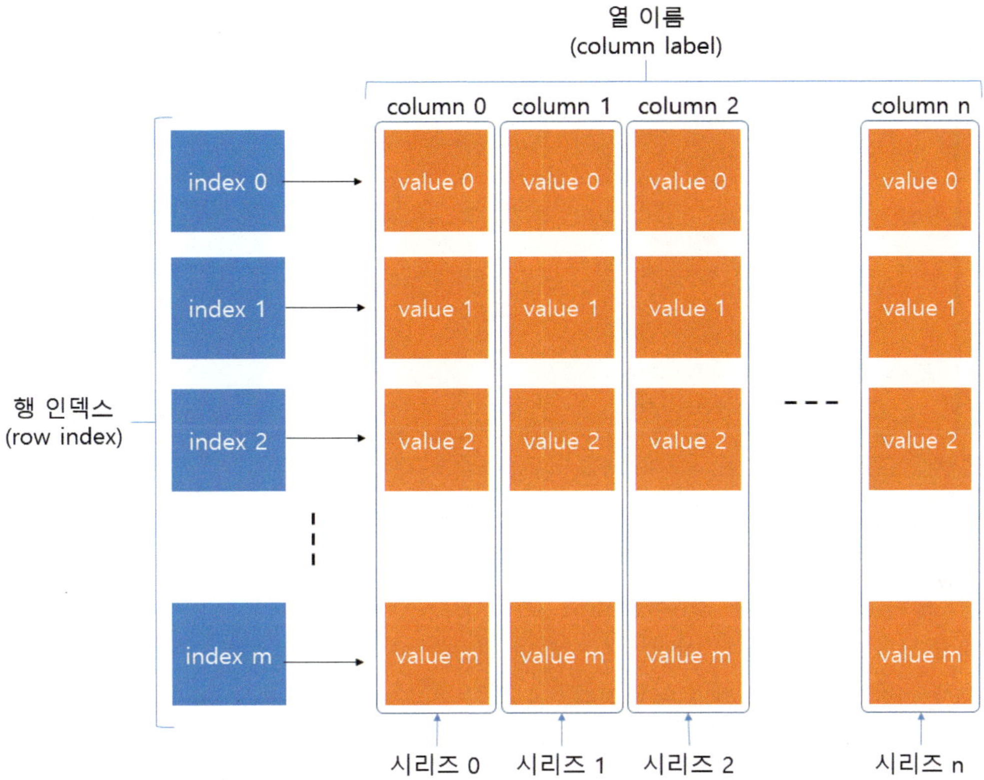


데이터프레임은 행과 열을 나타내기 위해 두 가지 종류의 인덱스를 사용한다. 행을 표현하는 행 인덱스(row index)와 열을 나타내는 열이름(column name) 또는 열레이블(column label)이다. 데이터프레임의 구조를 좀더 잘 이해할 수 있는 다음 예제 프로그램을 작성해 보자.

시리즈에서 딕셔너리, 리스트, 튜플 등의 데이터 구조를 이용한 것처럼, 데이터프레임에서도 딕셔너리, 리스트, 튜플 등의 데이터 구조를 이용해서 구현할 수 있다. 예제 프로그램에서는 딕셔너리를 이용해서 데이터프레임을 생성하는 방법을 보여주고 있다.

data={'name': [···], 'year':[···], 'point':[···]}는 하나의 키값에 하나의 리스트가 대응된다.

```
In [3]: import pandas as pd

        data = {'name': ['기원', '지영', '성용', '홍민', '지성'],
                'year': [2016, 2016, 2020, 2018, 2017],
                'points': [91.5, 91.7, 84.6, 72.4, 72.9]}
        df = pd.DataFrame(data)
        df
```

Out[3]:

| | name | year | points |
|---|---|---|---|
| 0 | 기원 | 2016 | 91.5 |
| 1 | 지영 | 2016 | 91.7 |
| 2 | 성용 | 2020 | 84.6 |
| 3 | 홍민 | 2018 | 72.4 |
| 4 | 지성 | 2017 | 72.9 |

즉, 키 개수와 열의 개수가 같으며, 키의 이름이 열의 이름이 된다. 그리고 리스트 요소의 개수가 행의 index 개수를 결정하는 것을 알 수 있다. df는 데이터프레임이 만들어져서 저장되는 데이터프레임 객체이다. 엄밀하게 말하면 변수는 아니지만, 테이블 형태의 복합 데이터가 저장되는 변수라고 이해해도 무방하다.

앞에서의 예처럼 인덱스의 값은 자동으로 채울 수 있을 뿐만 아니라, 사용자가 지정하는 인덱스로 변경 가능하다.

```
In [5]: import pandas as pd
        index_list=['one', 'two', 'three', 'four', 'five']
        data = {'name': ['기원', '지영', '성용', '홍민', '지성'],
                'year': [2016, 2016, 2020, 2018, 2017],
                'points': [91.5, 91.7, 84.6, 72.4, 72.9]}
        df = pd.DataFrame(data, index=index_list)
        df
```

Out[5]:

| | name | year | points |
|---|---|---|---|
| one | 기원 | 2016 | 91.5 |
| two | 지영 | 2016 | 91.7 |
| three | 성용 | 2020 | 84.6 |
| four | 홍민 | 2018 | 72.4 |
| five | 지성 | 2017 | 72.9 |

데이터프레임을 만들면서 만약 데이터가 없는 키값이나 인덱스를 추가하면 데이터가 존재하지 않음을 나타내는 NaN(Not a Number)으로 채워진다. 일종의 null과 같다.

```
In [6]: df2 = pd.DataFrame(data, columns=['name', 'year', 'points', 'blank'],
                          index=['one', 'two', 'three', 'four', 'five'])
        df2
```

Out [6]:

| | name | year | points | blank |
|---|---|---|---|---|
| one | 기원 | 2016 | 91.5 | NaN |
| two | 지영 | 2016 | 91.7 | NaN |
| three | 성용 | 2020 | 84.6 | NaN |
| four | 홍민 | 2018 | 72.4 | NaN |
| five | 지성 | 2017 | 72.9 | NaN |

데이터프레임에 이와 같이 NaN은 데이터를 읽어오거나 열의 이름을 지정할 때, 오류가 있는 것을 알려주는 정보이기도 하기 때문에, 이런 경우가 발생하면 해당되는 부분의 데이터를 확인하고 수정하는 것이 바람직하다.

## 12.5 데이터프레임 조회하기

아래의 명령어는 데이터프레임에서 원하는 부분만 간단하게 확인하고 싶을 때 유용한 방법이다.

- df.head(n) – 앞 부분을 n개만 보기
- df.tail(n) – 뒷 부분을 n개만 보기
- df['열이름'] – 해당되는 열을 확인

```
In [9]: print(df.head(3))

         name  year  points
one      기원  2016    91.5
two      지영  2016    91.7
three    성용  2020    84.6

In [10]: print(df.tail(3))

         name  year  points
three    성용  2020    84.6
four     홍민  2018    72.4
five     지성  2017    72.9

In [12]: print(df['name'])

one      기원
two      지영
three    성용
four     홍민
five     지성
Name: name, dtype: object
```

## 12.6 데이터프레임에서 행/열 선택하고 조작하기

데이터프레임에서 열을 선택하는 방법은 리스트를 다룰 때와 대동소이하다. 컬럼의 year를 다음 예제처럼 두 가지 방법으로 선택할 수 있다.

```
In [13]: df['year']

Out[13]: one      2016
         two      2016
         three    2020
         four     2018
         five     2017
         Name: year, dtype: int64

In [14]: df.year

Out[14]: one      2016
         two      2016
         three    2020
         four     2018
         five     2017
         Name: year, dtype: int64
```

데이터프레임의 행을 선택하는 방법은 열을 선택하는 방법과는 다르게 별도의 인덱서 함수(loc와iloc)를 사용한다.

| 구분 | loc | iloc |
|---|---|---|
| 탐색대상 | 인덱스 이름 | 정수형 위치 인덱스 |
| 범위지정 | 가능(범위의 끝 포함)<br>예 : ['a':'e'] ⇒ 'a', 'b', 'c', 'd', 'e' | 가능(범위의 끝 제외)<br>예 : [1:5] ⇒ 1, 2, 3, 4 |

다음 예제에서는 데이터프레임의 첫 번째 행에 학생1의 과목별 수행 결과를 보여주고 있다.

```
In [19]: import pandas as pd
         index_list=['학생1', '학생2', '학생3', '학생4', '학생5']
         data = {'국어': ['시', '소설', '독후감', '고전', '수필'],
                 '수학': [98, 95, 88, 93, 87],
                 '영어': [91, 97, 86, 74, 79],
                 '과학': [92.4, 87.1, 90.2, 84.3, 90.5]}
         df = pd.DataFrame(data, index=index_list)
         df
Out[19]:
```

| | 국어 | 수학 | 영어 | 과학 |
|---|---|---|---|---|
| 학생1 | 시 | 98 | 91 | 92.4 |
| 학생2 | 소설 | 95 | 97 | 87.1 |
| 학생3 | 독후감 | 88 | 86 | 90.2 |
| 학생4 | 고전 | 93 | 74 | 84.3 |
| 학생5 | 수필 | 87 | 79 | 90.5 |

loc 인덱서를 사용하기 위해서는 '학생1'로 지정된 행의 이름을 그대로 입력하고, iloc를 이용해 서추출하기 위해서는 인덱스의 정수형 값 즉, 0을 입력하면 해당 행의 모든 데이터를 얻을 수 있다. 만약, 두 행 이상의 데이터를 동시에 추출하고자 할 때는 표에서 설명된 범위 지정 방법을 사용한다.

```
In [21]: df.loc['학생1']
Out[21]: 국어      시
         수학     98
         영어     91
         과학   92.4
         Name: 학생1, dtype: object

In [22]: df.iloc[0]
Out[22]: 국어      시
         수학     98
         영어     91
         과학   92.4
         Name: 학생1, dtype: object
```

```
In [23]: df.loc['학생1':'학생3']
Out[23]:
```

| | 국어 | 수학 | 영어 | 과학 |
|---|---|---|---|---|
| 학생1 | 시 | 98 | 91 | 92.4 |
| 학생2 | 소설 | 95 | 97 | 87.1 |
| 학생3 | 독후감 | 88 | 86 | 90.2 |

```
In [27]: df.iloc[0:2]
Out[27]:
```

| | 국어 | 수학 | 영어 | 과학 |
|---|---|---|---|---|
| 학생1 | 시 | 98 | 91 | 92.4 |
| 학생2 | 소설 | 95 | 97 | 87.1 |

여러 개의 열 데이터를 얻고자 할 때는, [['열이름1', '열이름2',…]] 과 같이 필요한 열의 이름을 넣어준다.

```
In [29]: df[['국어', '영어', '과학']]
Out[29]:
```

| | 국어 | 영어 | 과학 |
|---|---|---|---|
| 학생1 | 시 | 91 | 92.4 |
| 학생2 | 소설 | 97 | 87.1 |
| 학생3 | 독후감 | 86 | 90.2 |
| 학생4 | 고전 | 74 | 84.3 |
| 학생5 | 수필 | 79 | 90.5 |

## 12.7 데이터프레임에서 행/열 추가 및 삭제, 데이터 변경하기

데이터와 관련된 프로그램에는 데이터를 자유롭게 추가도 할 수 있어야 하고, 삭제나 데이터를 변경할 수 있는 기능이 필수적으로 포함된다. 앞 절에서 특정 행/열을 선택하는 기본적인 방법을 배웠다. 이를 이용해서 데이터를 변경하고 행/열을 삽입하거나 삭제하는 방법을 배워보자.

```
In [41]: df.loc['학생1', '수학']
Out[41]: 98

In [44]: df.loc['학생1', '수학'] = 100
         df
Out[44]:
```

| | 국어 | 수학 | 영어 | 과학 |
|---|---|---|---|---|
| 학생1 | 시 | 100 | 91 | 92.4 |
| 학생2 | 소설 | 95 | 97 | 87.1 |
| 학생3 | 독후감 | 88 | 86 | 90.2 |
| 학생4 | 고전 | 93 | 74 | 84.3 |
| 학생5 | 수필 | 87 | 79 | 90.5 |

데이터프레임에서 특정 원소(element)의 데이터를 변경하기 위해서는 해당 원소의 행렬 인덱스를 이용해서 원소를 선택한 후 기존의 값을 변경하면 된다.

만약 두 개 이상의 데이터를 변경하고 싶은 경우에는 [인덱스, [변경 원소1, 변경 원소2, …]]와 같은 방법으로 동시에 데이터를 변경할 수 있다.

```
In [47]: df.loc['학생1', ['국어', '수학']] = '역사', 80
         df
```

Out [47]:

| | 국어 | 수학 | 영어 | 과학 |
|---|---|---|---|---|
| 학생1 | 역사 | 80 | 91 | 92.4 |
| 학생2 | 소설 | 95 | 97 | 87.1 |
| 학생3 | 독후감 | 88 | 86 | 90.2 |
| 학생4 | 고전 | 93 | 74 | 84.3 |
| 학생5 | 수필 | 87 | 79 | 90.5 |

데이터프레임의 행/열을 추가하는 방법을 알아보자.

- **행추가**
  **df.loc[ '새로운 행 이름' ] = 데이터 값**
- **열추가**
  **df[ '새로운 열 이름' ] = 데이터 값**

우선 행을 추가해 보자

Out [19]:

| | 국어 | 수학 | 영어 | 과학 |
|---|---|---|---|---|
| 학생1 | 시 | 98 | 91 | 92.4 |
| 학생2 | 소설 | 95 | 97 | 87.1 |
| 학생3 | 독후감 | 88 | 86 | 90.2 |
| 학생4 | 고전 | 93 | 74 | 84.3 |
| 학생5 | 수필 | 87 | 79 | 90.5 |

```
In [48]: df.loc['추가행'] = ['추가', 80, 90, 95.5]
         df
```

Out [48]:

| | 국어 | 수학 | 영어 | 과학 |
|---|---|---|---|---|
| 학생1 | 역사 | 80 | 91 | 92.4 |
| 학생2 | 소설 | 95 | 97 | 87.1 |
| 학생3 | 독후감 | 88 | 86 | 90.2 |
| 학생4 | 고전 | 93 | 74 | 84.3 |
| 학생5 | 수필 | 87 | 79 | 90.5 |
| 추가행 | 추가 | 80 | 90 | 95.5 |

같은 방법으로 새로운 열을 삽입해 보자. 이때, 모든 행에 동일한 값이 입력된다는 것에 유의하자.

```
In [49]: df['추가열'] ='2020-02-20'
df
```

Out [49]:

| | 국어 | 수학 | 영어 | 과학 | 추가열 |
|---|---|---|---|---|---|
| 학생1 | 역사 | 80 | 91 | 92.4 | 2020-02-20 |
| 학생2 | 소설 | 95 | 97 | 87.1 | 2020-02-20 |
| 학생3 | 독후감 | 88 | 86 | 90.2 | 2020-02-20 |
| 학생4 | 고전 | 93 | 74 | 84.3 | 2020-02-20 |
| 학생5 | 수필 | 87 | 79 | 90.5 | 2020-02-20 |
| 추가행 | 추가 | 80 | 90 | 95.5 | 2020-02-20 |

불필요한 행이나 열의 삭제는 drop 함수를 이용해서 처리한다.

- **선택적 행 삭제**
  **df = df.drop([ '행이름' ] 또는 '행이름' , axis = 0)**
- **선택적 열 삭제**
  **df = df.drop([ '열이름' ] 또는 '열이름' , axis = 1)**

axis는 선형대수에서 가로축, 세로축을 의미하는 뜻으로 행(인덱스)을 기준으로 삭제할 때는 axis=0, 열(column)을 기준으로 삭제할 때는 axis=1이 된다.

```
In [58]: df=df.drop(['추가행'])
df
```

Out [58]:

| | 국어 | 수학 | 영어 | 과학 | 추가열 |
|---|---|---|---|---|---|
| 학생1 | 역사 | 80 | 91 | 92.4 | 2020-02-20 |
| 학생2 | 소설 | 95 | 97 | 87.1 | 2020-02-20 |
| 학생3 | 독후감 | 88 | 86 | 90.2 | 2020-02-20 |
| 학생4 | 고전 | 93 | 74 | 84.3 | 2020-02-20 |
| 학생5 | 수필 | 87 | 79 | 90.5 | 2020-02-20 |

```
In [77]: df = df.drop('추가열',axis=1)
df
```

Out [77]:

| | 국어 | 수학 | 영어 | 과학 |
|---|---|---|---|---|
| 학생1 | 역사 | 80 | 91 | 92.4 |
| 학생2 | 소설 | 95 | 97 | 87.1 |
| 학생3 | 독후감 | 88 | 86 | 90.2 |
| 학생4 | 고전 | 93 | 74 | 84.3 |
| 학생5 | 수필 | 87 | 79 | 90.5 |

복수개의 행이나 열 또한 동시에 삭제할 수 있다. 다음 프로그램은 두 개의 열을 동시에 삭제하는 예제이다.

```
In [81]: df = df.drop(['수학','과학'],axis=1)
         df
Out[81]:
```

| | 영어 |
|---|---|
| 학생2 | 97 |
| 학생3 | 86 |
| 학생4 | 74 |
| 학생5 | 79 |

## 12.8 데이터프레임 범위 슬라이싱 하기

데이터프레임에서는 데이터에 대한 여러 옵션이나 조건을 이용해서 특정한 데이터만 추출할 수 있는 슬라이싱 기능을 지원한다. 다음의 예를 다시 살펴보자.

```
In [9]: import pandas as pd

        data_list = {'이름':['학생1','학생2','학생3', '학생4', '학생5']
                     ,'국어':[88,90,87,85, 98], '영어':[92,90,85,93,92],
                     '수학':[95,95,80,88,89], '과학':[98,95,88,93,95]}
        df = pd.DataFrame(data_list)
        df
Out[9]:
```

| | 이름 | 국어 | 영어 | 수학 | 과학 |
|---|---|---|---|---|---|
| 0 | 학생1 | 88 | 92 | 95 | 98 |
| 1 | 학생2 | 90 | 90 | 95 | 95 |
| 2 | 학생3 | 87 | 85 | 80 | 88 |
| 3 | 학생4 | 85 | 93 | 88 | 93 |
| 4 | 학생5 | 98 | 92 | 89 | 95 |

데이터프레임에서 데이터행의 범위 슬라이싱은 다음과 같은 방법으로 설정해서 해당하는 데이터만 추출할 수 있다. 시작과 종료행에 아무런 값이 없으면 디폴트로 모든 행의 값으로 설정된다.

```
df.iloc[시작행:종료행:간격]
```

위의 예제에서 모든 데이터 행에서 데이터를 2행 간격으로 선택해보자.

```
In [16]: df.iloc[: : 2]
Out[16]:
```

| | 이름 | 국어 | 영어 | 수학 | 과학 |
|---|---|---|---|---|---|
| 0 | 학생1 | 88 | 92 | 95 | 98 |
| 2 | 학생3 | 87 | 85 | 80 | 88 |
| 4 | 학생5 | 98 | 92 | 89 | 95 |

이번에는 0부터 5까지의 행에서 데이터를 3행 간격으로 선택해보자.

```
In [17]: df.iloc[0:5:3]
Out[17]:
```

| | 이름 | 국어 | 영어 | 수학 | 과학 |
|---|---|---|---|---|---|
| 0 | 학생1 | 88 | 92 | 95 | 98 |
| 3 | 학생4 | 85 | 93 | 88 | 93 |

데이터프레임에서는 특정 열을 set_index('열이름', inplace=True)를 이용해서 데이터프레임 생성 이후에 사용자의 편의대로 인덱스를 임의로 지정할 수 있다. 다음의 예처럼, 첫 번째 열인 '이름' 열을 지정해서 인덱스로 지정하면 데이터프레임의 구조에 약간의 변화가 있지만, 사용자가 지정한 열이 인덱스가 되는 것을 확인할 수 있다.

```
In [22]: df.set_index('이름', inplace=True)
Out[22]:
```

| 이름 | 국어 | 영어 | 수학 | 과학 |
|---|---|---|---|---|
| 학생1 | 88 | 92 | 95 | 98 |
| 학생2 | 90 | 90 | 95 | 95 |
| 학생3 | 87 | 85 | 80 | 88 |
| 학생4 | 85 | 93 | 88 | 93 |
| 학생5 | 98 | 92 | 89 | 95 |

행렬의 인덱싱 기호를 이용해서 특정 데이터에 접근이 가능하다. 여기에서 학생1의 영어 성적만 추출하는 방법은 다음 프로그램 예제에서처럼 loc['열이름', '열이름']의 방법을 적용하거나, iloc[인덱스, 인덱스]의 행렬 인덱스를 직접 적용해도 동일한 결과를 얻을 수 있다.

```
In [23]: df.loc['학생1', '영어']
Out[23]: 92

In [26]: df.iloc[0, 1]
Out[26]: 92
```

또한, 복수 행/복수 열의 데이터에 대한 접근도 가능하다. 이런 경우에는 복수로 지정되는 행/열은 이중 대괄호([ [ ] ])를 이용해서 지정해야 한다.

```
In [27]: df.loc['학생1', ['국어','과학']]
Out[27]: 국어    88
         과학    98
         Name: 학생1, dtype: int64
```

```
In [28]: df.loc[['학생1', '학생3'], ['국어','과학']]
Out[28]:
```

| 이름 | 국어 | 과학 |
|---|---|---|
| 학생1 | 88 | 98 |
| 학생3 | 87 | 88 |

CHAPTER 13

# 데이터프레임 외부 데이터 파일 사용하기

판다스의 데이터프레임은 excel 파일이나 일반 텍스트 또는 csv(comma-separated values), json 등의 파일로 저장되어 있는 파일을 읽어올 수도 있고, 반대로 그런 파일 형태로 저장할 수도 있다. 이 책에서는 우선 데이터프레임에서 csv 파일이나 excel 파일로 저장하는 방법을 익힌 후에, 데이터프레임으로 생성한 excel이나 csv파일을 다시 읽어와서 편집하거나 분석할 수 있는 방법을 설명한다.

## 13.1 데이터프레임으로 excel/csv파일 형태로 저장하기

우선 데이터프레임을 이용해서 생성한 데이터는 to_csv("파일명"), to_excel("파일명")을 이용해서 csv파일 형태나 excel 파일형태로 저장할 수 있다.

```
DataFrame 객체.to_csv( '경로/파일이름' )
DataFrame 객체.to_excel( '경로/파일이름' )
```

다음의 예처럼 데이터프레임으로 데이터를 생성하고 엑셀에 데이터를 기록한 후에 생성된 파일을 열어보면 그림과 같이 데이터가 잘 저장되어 있음을 확인할 수 있다.

```
In [3]: import pandas as pd

In [7]: data_list = {'날짜': ['2015-12-28', '2016-11-03', '2016-12-08',
                             '2017-01-05', '2017-02-08', '2017-02-14',
                             '2017-05-18', '2017-08-03', '2017-12-19',
                             '2018-05-24', '2019-07-18', '2019-11-01',
                             '2020-02-21'],
                     '지역': ['인천', '일산', '우장산',
                             'FKS', '양평', '서초SNS',
                             '발산', '양재', '해운대',
                             '삼성SNS', '화곡', '등촌',
                             '파주SNS'],
                     '시작시간': ['10:00', '15:00', '19:00',
                                '16:00', '14:00', '20:30',
                                '17:00', '19:30', '15:00',
                                '08:50', '18:00', '15:00',
                                '23:59'],
                     '종료시간': ['14:00', '17:00', '12:50',
                                '23:00', '22:00', '21:00',
                                '21:00', '11:00', '11:00',
                                '10:30', '23:00', '23:30',
                                '01:40']}

In [8]: df = pd.DataFrame(data_list)

In [9]: df
Out[9]:
```

| | 날짜 | 지역 | 시작시간 | 종료시간 |
|---|---|---|---|---|
| 0 | 2015-12-28 | 인천 | 10:00 | 14:00 |
| 1 | 2016-11-03 | 일산 | 15:00 | 17:00 |
| 2 | 2016-12-08 | 우장산 | 19:00 | 12:50 |
| 3 | 2017-01-05 | FKS | 16:00 | 23:00 |
| 4 | 2017-02-08 | 양평 | 14:00 | 22:00 |
| 5 | 2017-02-14 | 서초SNS | 20:30 | 21:00 |
| 6 | 2017-05-18 | 발산 | 17:00 | 21:00 |
| 7 | 2017-08-03 | 양재 | 19:30 | 11:00 |
| 8 | 2017-12-19 | 해운대 | 15:00 | 11:00 |
| 9 | 2018-05-24 | 삼성SNS | 08:50 | 10:30 |
| 10 | 2019-07-18 | 화곡 | 18:00 | 23:00 |
| 11 | 2019-11-01 | 등촌 | 15:00 | 23:30 |
| 12 | 2020-02-21 | 파주SNS | 23:59 | 01:40 |

엑셀로 데이터 파일을 저장할 때, 특별한 경로를 지정하지 않으면 디폴트로 설정된 사용자의 최상위 폴더에 파일이 저장된다. 예를 들어, 윈도우10 같은 경우에는 C:₩〉사용자₩사용자이름₩생성파일.xlsx 등과 같이 기본 사용자 폴더 아래에 파일이 생성된다. 따라서, 가끔 파일을 찾는 수고를 해야하는 경우가 있으므로, 번거롭더라도 파일이 지정되는 폴더나 경로를 간단하게 지정하면 데이터를 처리하는데 훨씬 용이하다.

```
In [35]: df.to_excel('From the first to the end.xlsx','sheet1')
```

```
In [21]: df
```

Out[21]:

| | 날짜 | 지역 | 시작시간 | 종료시간 |
|---|---|---|---|---|
| 0 | 2015-12-28 | 인천 | 10:00 | 14:00 |
| 1 | 2016-11-03 | 일산 | 15:00 | 17:00 |
| 2 | 2016-12-08 | 우장산 | 19:00 | 12:50 |
| 3 | 2017-02-14 | SNS | 20:30 | 21:00 |
| 4 | 2017-05-18 | 발산 | 17:00 | 21:00 |
| 5 | 2017-08-03 | 양재 | 19:30 | 11:00 |
| 6 | 2017-12-19 | 해운대 | 15:00 | 11:00 |
| 7 | 2018-05-24 | 삼성SNS | 08:50 | 10:30 |
| 8 | 2019-07-18 | 화곡 | 18:00 | 23:00 |
| 9 | 2019-11-01 | 등촌 | 15:00 | 11:30 |
| 10 | 2020-02-21 | SNS | 23:59 | 01:40 |

엑셀로 데이터 파일을 저장할 때, 특별한 경로를 지정하지 않으면 디폴트로 설정된 사용자의 최상위 폴더에 파일이 저장된다. 예를 들어, 윈도우10 같은 경우에는 C:₩〉사용자₩사용자이름₩생성파일.xlsx 등과 같이 기본 사용자 폴더 아래에 파일이 생성된다. 따라서 가끔 파일을 찾는 수고를 해야 하는 경우가 있으므로, 번거롭더라도 파일이 지정되는 폴더나 경로를 간단하게 지정하면 데이터를 처리하는데 훨씬 용이하다.

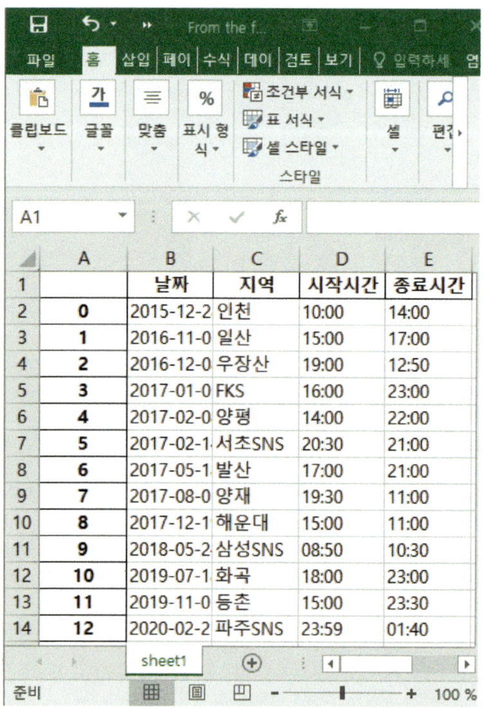

| | A | B | C | D | E |
|---|---|---|---|---|---|
| 1 | | 날짜 | 지역 | 시작시간 | 종료시간 |
| 2 | 0 | 2015-12-2 | 인천 | 10:00 | 14:00 |
| 3 | 1 | 2016-11-0 | 일산 | 15:00 | 17:00 |
| 4 | 2 | 2016-12-0 | 우장산 | 19:00 | 12:50 |
| 5 | 3 | 2017-01-0 | FKS | 16:00 | 23:00 |
| 6 | 4 | 2017-02-0 | 양평 | 14:00 | 22:00 |
| 7 | 5 | 2017-02-1 | 서초SNS | 20:30 | 21:00 |
| 8 | 6 | 2017-05-1 | 발산 | 17:00 | 21:00 |
| 9 | 7 | 2017-08-0 | 양재 | 19:30 | 11:00 |
| 10 | 8 | 2017-12-1 | 해운대 | 15:00 | 11:00 |
| 11 | 9 | 2018-05-2 | 삼성SNS | 08:50 | 10:30 |
| 12 | 10 | 2019-07-1 | 화곡 | 18:00 | 23:00 |
| 13 | 11 | 2019-11-0 | 등촌 | 15:00 | 23:30 |
| 14 | 12 | 2020-02-2 | 파주SNS | 23:59 | 01:40 |

데이터프레임에서 생성된 데이터와 엑셀에 저장된 데이터가 정확히 일치함을 알 수 있다. 데이터프레임의 데이터를 csv 파일로 저장한 후, 파일을 열어보면 다른 데이터는 이상없이 잘 저장되지만 한글이 모두 깨져서 알아 볼 수 없게 된다. 이 문제는 판다스에서 csv로 데이터를 쓰는 과정에서 발생하는 엔코딩(encoding) 문제인데, 앞에서 배웠던 utf-8을 적용하기 위해서는 엑셀에서 한글이 깨진 csv 파일을 열어서 엔코딩을 utf-8로 변경해줘야만 한다. 그러나 'euc-kr'나 'utf-8-sig'를 이용해서 판다스에서 직접 csv 파일로 저장하면, 한글 깨짐 현상 없이 csv 파일로 잘 저장된다.

```
In [37]: df.to_csv('From the first to the end.csv')
```

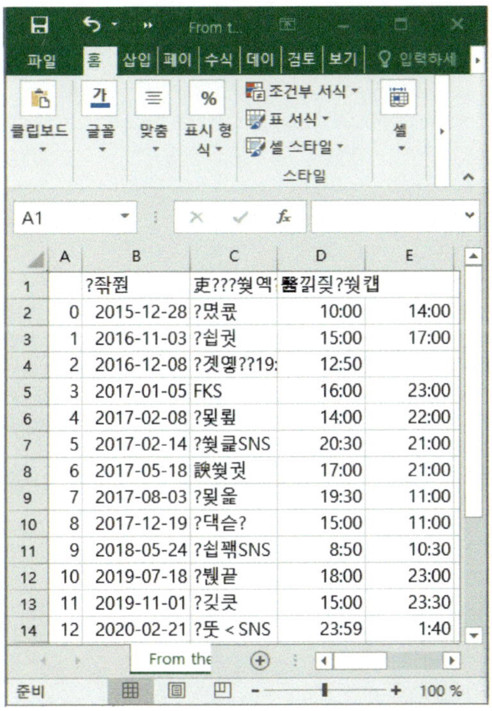


```
In [39]: df.to_csv('From the first to the end.csv', encoding='euc-kr')
```

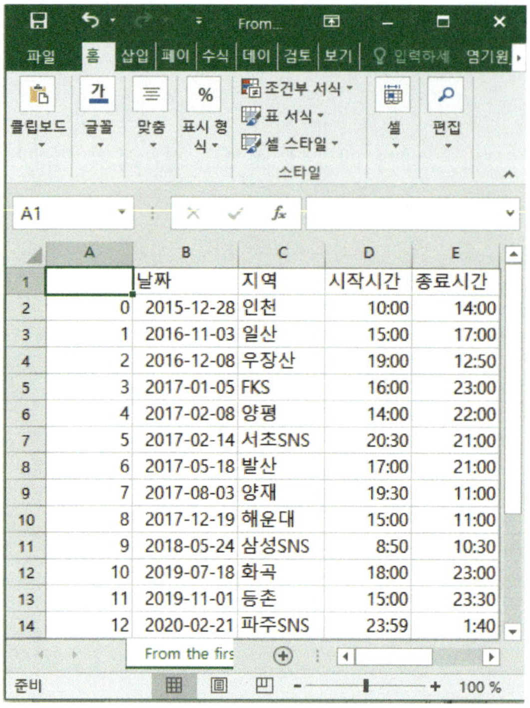

| | A | B | C | D | E |
|---|---|---|---|---|---|
| 1 | | 날짜 | 지역 | 시작시간 | 종료시간 |
| 2 | 0 | 2015-12-28 | 인천 | 10:00 | 14:00 |
| 3 | 1 | 2016-11-03 | 일산 | 15:00 | 17:00 |
| 4 | 2 | 2016-12-08 | 우장산 | 19:00 | 12:50 |
| 5 | 3 | 2017-01-05 | FKS | 16:00 | 23:00 |
| 6 | 4 | 2017-02-08 | 양평 | 14:00 | 22:00 |
| 7 | 5 | 2017-02-14 | 서초SNS | 20:30 | 21:00 |
| 8 | 6 | 2017-05-18 | 발산 | 17:00 | 21:00 |
| 9 | 7 | 2017-08-03 | 양재 | 19:30 | 11:00 |
| 10 | 8 | 2017-12-19 | 해운대 | 15:00 | 11:00 |
| 11 | 9 | 2018-05-24 | 삼성SNS | 8:50 | 10:30 |
| 12 | 10 | 2019-07-18 | 화곡 | 18:00 | 23:00 |
| 13 | 11 | 2019-11-01 | 등촌 | 15:00 | 23:30 |
| 14 | 12 | 2020-02-21 | 파주SNS | 23:59 | 1:40 |

## 13.2 excel/csv 파일의 데이터를 데이터프레임으로 가져오기

엑셀이나 csv 파일 형태로 저장되어 있는 데이터를 판다스의 데이터프레임으로 가져오는 방법은 다음과 같다.

```
DataFrame 객체.read_csv( '경로/파일이름' )
DataFrame 객체.read_excel( '경로/파일이름' )
```

앞에서 생성된 데이터 파일을 다시 데이터프레임으로 가져와 보도록 하자. CSV 파일 형태로 데이터프레임에서 데이터를 내보낸 후, 한글이 깨지는 문제가 여전히 있다면 'utf-8', 'utf-8-sig', 'cp949' 등으로 지정해서 저장하면 문제는 해결된다. 앞에서 CSV로 내보냈던 파일명이 조금 길다고 생각되면 파일명을 간단하게 test.csv로 수정한 후 데이터를 CSV로 내보낸 후에 다시 데이터프레임으로 불러온다. 엑셀에서 csv를 열지 않고, 메모장으로 test.csv 파일을 열어보면 그림과 같이 콤마(,) 즉 쉼표로 구분이 되고 있는 것을 볼 수 있다.

```
From the first to the en...
파일(F) 편집(E) 서식(O) 보기(V) 도움말
,날짜,지역,시작시간,종료시간
0,2015-12-28,인천,10:00,14:00
1,2016-11-03,일산,15:00,17:00
2,2016-12-08,우장산,19:00,12:50
3,2017-01-05,FKS,16:00,23:00
4,2017-02-08,양평,14:00,22:00
5,2017-02-14,서초SNS,20:30,21:00
6,2017-05-18,발산,17:00,21:00
7,2017-08-03,양재,19:30,11:00
8,2017-12-19,해운대,15:00,11:00
9,2018-05-24,삼성SNS,08:50,10:30
10,2019-07-18,화곡,18:00,23:00
11,2019-11-01,등촌,15:00,23:30
12,2020-02-21,파주SNS,23:59,01:40
100%   Windows (CRLF)   UTF-8
```

대부분의 공공 데이터는 csv 파일 형태로 제공되어 지는데, 엔코딩 값을 'utf-8', 'utf-8-sig', 'cp949'로 지정하면 한글 깨짐 없이 데이터프레임으로 데이터가 잘 올라온다.

실행 결과를 보면 처음 데이터프레임으로 데이터를 만들면서 자동으로 부여된 인덱스가 csv파일로 그대로 저장이 되고, 데이터프레임으로 다시 불러올 때 또다시 인덱싱이 되어서 같은 숫자들이 연속적으로 나타나고 있다. 이런 경우에는 최초의 데이터처럼 자동으로 인덱싱이 된 열(컬럼)은 이름이 공백으로 저장되고 헤더에는 'unnamed: 0'로 저장되기 때문에 이 열(컬럼)을 인덱스로 지정해서 읽어오면 해결될 수 있다.

**DataFrame 객체.read_csv( '경로/파일이름' , index_col=' 열이름' )**

In [27]:
```
read_file = pd.read_csv('I:₩From the first to the end.csv')
read_file
```

Out [27]:

| | Unnamed: 0 | 날짜 | 지역 | 시작시간 | 종료시간 |
|---|---|---|---|---|---|
| 0 | 0 | 2015-12-28 | 인천 | 10:00 | 14:00 |
| 1 | 1 | 2016-11-03 | 일산 | 15:00 | 17:00 |
| 2 | 2 | 2016-12-08 | 우장산 | 19:00 | 12:50 |
| 3 | 3 | 2017-02-14 | SNS | 20:30 | 21:00 |
| 4 | 4 | 2017-05-18 | 발산 | 17:00 | 21:00 |
| 5 | 5 | 2017-08-03 | 양재 | 19:30 | 11:00 |
| 6 | 6 | 2017-12-19 | 해운대 | 15:00 | 11:00 |
| 7 | 7 | 2018-05-24 | 삼성SNS | 08:50 | 10:30 |
| 8 | 8 | 2019-07-18 | 화곡 | 18:00 | 23:00 |
| 9 | 9 | 2019-11-01 | 등촌 | 15:00 | 11:30 |
| 10 | 10 | 2020-02-21 | SNS | 23:59 | 01:40 |

```
In [58]: read_file.head()
```

Out[58]:

| | Unnamed: 0 | 날짜 | 지역 | 시작시간 | 종료시간 |
|---|---|---|---|---|---|
| 0 | 0 | 2015-12-28 | IC | 10:00 | 14:00 |
| 1 | 1 | 2016-11-03 | IS | 15:00 | 17:00 |
| 2 | 2 | 2016-12-08 | WJS | 19:00 | 22:50 |
| 3 | 3 | 2017-02-14 | SNS | 20:30 | 21:00 |
| 4 | 4 | 2017-05-18 | BS | 16:00 | 21:00 |

```
In [59]: read_file2 = pd.read_csv('test.csv', index_col='Unnamed: 0')
         read_file2
```

Out[30]:

| | 날짜 | 지역 | 시작시간 | 종료시간 |
|---|---|---|---|---|
| 0 | 2015-12-28 | 인천 | 10:00 | 14:00 |
| 1 | 2016-11-03 | 일산 | 15:00 | 17:00 |
| 2 | 2016-12-08 | 우장산 | 19:00 | 12:50 |
| 3 | 2017-02-14 | SNS | 20:30 | 21:00 |
| 4 | 2017-05-18 | 발산 | 17:00 | 21:00 |
| 5 | 2017-08-03 | 양재 | 19:30 | 11:00 |
| 6 | 2017-12-19 | 해운대 | 15:00 | 11:00 |
| 7 | 2018-05-24 | 삼성SNS | 08:50 | 10:30 |
| 8 | 2019-07-18 | 화곡 | 18:00 | 23:00 |
| 9 | 2019-11-01 | 등촌 | 15:00 | 11:30 |
| 10 | 2020-02-21 | SNS | 23:59 | 01:40 |

판다스에서 pickle과 json 등의 파일을 읽거나 쓰는 방법도 대동소이 하기 때문에, 온라인 참고문서에서 Serialization/IO/conversion 파트를 참고하기 바란다.
(https://pandas.pydata.org/pandas-docs/stable/reference/frame.html)

CHAPTER 14

# NumPy 사용하기

NumPy(Numerical Python)는 주로 고성능의 수치 해석이나 수치 계산을 수행할 수 있도록 C언어로 구현된 파이썬 라이브러리이다. 특히, Matlab이나 R 등과 같은 고차원 수학 연산 프로그램에서 자주 활용되는 벡터 및 행렬 연산에 있어서 매우 강력하지만 사용하기 쉽고 편리한 기능을 제공한다. pandas와 matplotlib으로 데이터분석과 가시화를 할 때 필요한 기반 데이터를 만드는 과정에서 사용된다.

## 14.1 NumPy 기초

NumPy에서는 기본적으로 array(배열)라는 단위로 데이터를 관리하며 이에 대해 연산을 수행한다. 시리즈 데이터와 리스트 데이터에 대한 설명과정에서 array(배열)는 C/C++/Java 등의 프로그래밍 언어에서 사용되며, 행렬과 유사한 개념으로 생각하면 된다.

```
Import numpy as np
```

pandas를 사용하기 위해서 라이브러리를 불러오면서 약칭으로 명시한 것처럼, numpy도 같은 방법으로 라이브러리를 불러오는 과정에서 약칭으로 명시하면서 사용하는 것이 일반적이다.

다음 프로그램처럼 numpy 라이브러리를 임포트하고 현재 설치되어 있는 버전을 확인해 보도록 하자. 만약, 설치가 제대로 안되어 있다면, pip install 프로그램을 실행시켜서 해당 라이브러리 패키지를 설치한다.

```
In [1]: import numpy as np

In [2]: np.__version__
Out[2]: '1.16.5'
```

리스트나 튜플 그리고 딕셔너리에서 다뤘던 배열들은 1차원, 2차원 배열이었다. numpy 배열은 그림과 같이 다차원 배열을 지원한다.

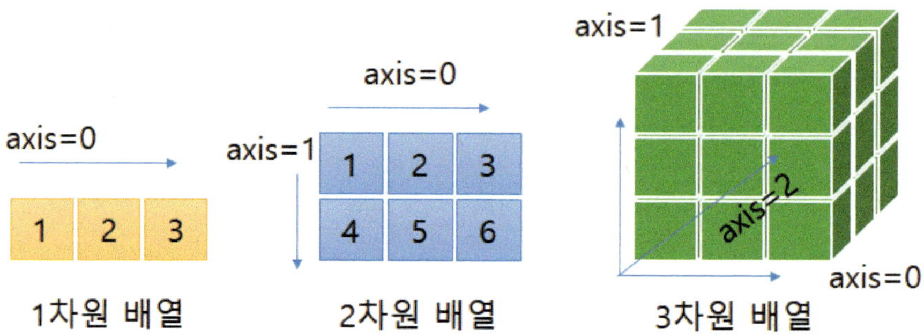


예를 들어, 우리가 일상적으로 볼 수 있는 컬러는 빛의 3원색(RGB)이 각각의 비율로 혼합되어 특정한 색깔을 나타낸다. 컴퓨터에서는 데이터의 처리 단위가 2진수 bit 체계이기 때문에 RGB 3요소를 동시에 표현할 수 없다. 따라서 모니터 상에서 한 점(픽셀)에 어떤 컬러 색상을 표현하기 위해서는 해당 픽셀은 3원색 RGB를 각각 표현하는 3개의 채널 혹은 비트가 있어야 한다. 그리고 해당 픽셀은 모니터 상의 특정 위치 즉 (X, Y) 좌표를 갖기 때문에 X축 정보와 Y축 정보를 저장하는 2개의 비트를 필요로 한다. 만약, 30X30 컬러 사진이 있다면, 그 사진은 높이가 30, 폭이 30 픽셀인 사진을 의미한다. 전체 픽셀은 900개이며, 각 픽셀은 색을 표현할 수 있도록 픽셀위에 3개 채널(RGB)을 저장할 수 있는 3 bits로 구성된 3차원 데이터 구조를 갖는다. 즉, 컬러 사진 데이터는 Shape이 (30, 30, 3)인 3차원 배열이 된다.

이와 같이, 다차원 배열은 입체적인 데이터 구조를 가지기 때문에 여러 방향의 데이터 접근 방법이 존재하게 된다. 이를 배열에서는 axis 라고 한다. 예를 들어, 행방향(높이), 열방향(폭), 채널 방향은 각각 axis=0, axis=1 그리고 axis=2로 지정된다.

파이썬의 일반적인 배열이라고 할 수 있는 파이썬 list 와 numpy의 array는 다음과 같은 차이가 있다.

| Python List | NumPy array |
|---|---|
| 여러가지 타입의 원소 | 동일 타입의 원소 |
| 메모리 용량이 크고 속도가 느림 | 메모리 최적화, 계산 속도 향상 |
| nesting 가능 | 크기(dimension)이 명확하게 정의 |
| 전체 연산 불가 | 전체 연산 가능 |

## 14.2 파이썬 list를 이용해서 NumPy array(배열) 생성하기

파이썬의 리스트를 이용해서 NumPy array(배열)을 생성할 수 있다. 다음 프로그램은 먼저 파이썬의 리스트를 이용해서 정수형 리스트 list_dat1와 실수형 리스트 list_data2를 생성한다.

```
In [1]: import numpy as np

In [8]: list_data1 = [1, 2, 3, 4, 5]
        list_data1
Out[8]: [1, 2, 3, 4, 5]

In [6]: list_data2 = [1, 2.4, 3.3, 3, 5.2]
        list_data2
Out[6]: [1, 2.4, 3.3, 3, 5.2]
```

위의 두 리스트 데이터를 이제 NumPy의 array로 변환해서 각각의 차원을 출력한다.

```
In [9]: # numpy를 이용하여 array 생성하기
        # 1. 위에서 만든 python list를 이용
        np_arr1 = np.array(list_data1)
        np_arr1
Out[9]: array([1, 2, 3, 4, 5])

In [10]: # array의 차원을 확인할 수 있다.
         np_arr1.shape
Out[10]: (5,)

In [12]: # 2. 두번째로 만든 python list를 이용
         np_arr2 = np.array(list_data2)
         np_arr2
Out[12]: array([1. , 2.4, 3.3, 3. , 5.2])

In [13]: np_arr2.shape
Out[13]: (5,)
```

shape의 출력결과는 (5, )와 같은 형식으로 나타났다. Shape은 배열의 형상 정보, 즉 차원이나 축(axis)를 출력하는데, 각 축의 요소 개수를 튜플 형태로 나타낸다. (5, )는 axis=0 즉 가로축으로 5개의 원소가 있음을 나타내고 있다. 만약, 2차원 형태로 구성되어 있는 배열인 경우에는 행렬의 표기 방법과 동일하고, n개의 행과 m개의 열로 구성되어 있는 배열인 경우 (n, m) 형태로 출력한다.

```
In [16]: list_data3 = [[1,2,3],[4,5,6]]
         list_data3
Out[16]: [[1, 2, 3], [4, 5, 6]]

In [17]: np_arr3 = np.array(list_data3)
         np_arr3
Out[17]: array([[1, 2, 3],
                [4, 5, 6]])

In [18]: np_arr3.shape
Out[18]: (2, 3)
```

첫 번째 배열은 정수형으로 나타났지만, 두 번째 배열은 파이썬 리스트의 데이터 타입을 실수형으로 인식하고 실수형으로 생성되어 있음을 알 수 있다.

```
In [15]: np_arr2.dtype
Out[15]: dtype('float64')
```

## 14.3 NumPy 함수를 이용해서 배열 생성 및 초기화 하기

NumPy는 사용자가 원하는 형상으로 배열을 설정한 후에, 정의된 배열 형상의 모든 요소를 특정 값으로 초기화하는 zeros, ones, full, eye 함수를 제공한다.

### • np.zeros 함수

- np.zeros(shape)
- 지정된 shape의 배열을 생성하고, 모든 요소를 0으로 초기화

```
In [19]: np.zeros(10)
Out[19]: array([0., 0., 0., 0., 0., 0., 0., 0., 0., 0.])

In [20]: np.zeros((3,5))
Out[20]: array([[0., 0., 0., 0., 0.],
                [0., 0., 0., 0., 0.],
                [0., 0., 0., 0., 0.]])
```

- **np.ones 함수**

· np.ones(shape)

· 지정된 shape의 배열을 생성하고, 모든 요소를 1로 초기화

다음 예제 프로그램은 3X4 2차원 배열 2개를 동시에 생성하면서 1로 초기화 한다.

```
In [22]: a = np.ones((2,3,4),dtype=np.int16)

In [24]: print(a)

[[[1 1 1 1]
  [1 1 1 1]
  [1 1 1 1]]

 [[1 1 1 1]
  [1 1 1 1]
  [1 1 1 1]]]
```

- **np.full 함수**

· np.full(shape, fill_value)

· 지정된 shape의 배열을 생성하고, 모든 요소를 지정한 'fill_value'로 초기화

```
In [3]: import numpy as np

        a = np.full((3,3),1)
        a
Out[3]: array([[1, 1, 1],
               [1, 1, 1],
               [1, 1, 1]])
```

- **np.eye 함수**

· np.eye(N)

· (N, N) shape의 단위 행렬(Unit Matrix) 생성

```
In [5]: np.eye(2)
Out[5]: array([[1., 0.],
               [0., 1.]])

In [6]: np.eye(3)
Out[6]: array([[1., 0., 0.],
               [0., 1., 0.],
               [0., 0., 1.]])

In [7]: np.eye(4)
Out[7]: array([[1., 0., 0., 0.],
               [0., 1., 0., 0.],
               [0., 0., 1., 0.],
               [0., 0., 0., 1.]])
```

## 14.4 NumPy 데이터 생성 함수 사용하기

NumPy는 주어진 조건으로 데이터를 생성한 후, 배열을 만드는 데이터 생성 함수를 제공한다.

- **np.linspace 함수**

· np.linspace(start, stop, num)

· start부터 stop의 범위에서 num개의 요소 개수를 기준으로 균일한 간격의 데이터를 생성하는 배열 함수

- **np.arange 함수**

· np.arange (start, stop, step)

· start부터 stop 미만까지 step 간격으로 데이터 생성한 후 배열을 만듦

· 범위 내에서 요소의 객수가 아닌 데이터의 간격을 기준으로 균등한 간격의 데이터를 생성

- **np. logspace 함수**

· np. logspace (start, stop, num)

· 밑이 10인 상용 로그 스케일로 지정된 범위에서 지정된 요소의 개수(num) 만큼 일정한 간격으로 데이터를 생성하는 linspace 함수이다.

```
In [13]: a = np.linspace(0, 1, 5)
         a
Out[13]: array([0.  , 0.25, 0.5 , 0.75, 1.  ])

In [14]: b = np.arange(0, 10, 2)
         b
Out[14]: array([0, 2, 4, 6, 8])

In [15]: c = np.logspace(0.1, 1, 20)
         c
Out[15]: array([ 1.25892541,  1.40400425,  1.565802  ,  1.74624535,  1.94748304,
                 2.1719114 ,  2.42220294,  2.70133812,  3.0126409 ,  3.35981829,
                 3.74700446,  4.17881006,  4.66037703,  5.19743987,  5.79639395,
                 6.46437163,  7.2093272 ,  8.04013161,  8.9666781 , 10.        ])
```

## 14.5 NumPy 배열 연산하기

기본적으로 NumPy에서 배열 연산을 할 때는 크기가 서로 동일한 배열끼리 연산이 이루어지고, 배열 내에서 서로 같은 위치에 있는 원소끼리 연산이 된다.

다음과 같이 연산을 수행할 두 개의 배열을 만들어서 각 연산의 결과를 확인해 보자.

```
In [18]: arr1 = np.array([[1,2,3],[4,5,6]])
         arr1
Out[18]: array([[1, 2, 3],
                [4, 5, 6]])

In [17]: arr1.shape
Out[17]: (2, 3)

In [19]: arr2 = np.array([[10,20,30],[40,50,60]])
         arr2
Out[19]: array([[10, 20, 30],
                [40, 50, 60]])

In [20]: arr2.shape
Out[20]: (2, 3)
```

· 덧셈

```
In [21]: arr1+arr2
Out[21]: array([[11, 22, 33],
                [44, 55, 66]])
```

· 뺄셈

```
In [22]: arr1-arr2
Out[22]: array([[ -9, -18, -27],
                [-36, -45, -54]])
```

· 곱셈

```
In [25]: arr1*arr2
Out[25]: array([[ 10,  40,  90],
                [160, 250, 360]])
```

· 나눗셈

```
In [26]: arr1/arr2
Out[26]: array([[0.1, 0.1, 0.1],
                [0.1, 0.1, 0.1]])
```

· 브로드캐스트 및 스칼라 곱 연산

브로드캐스트는 서로 크기가 다른 배열을 연산할 수 있도록 하는 NumPy의 특수한 기능이며, 스칼라 곱은 배열원소 전체에 동일한 크기의 상수를 곱하는 연산이다.

```
In [29]: arr1+arr3
Out[29]: array([[2., 3., 4.],
                [5., 6., 7.]])

In [30]: arr1 * 10
Out[30]: array([[10, 20, 30],
                [40, 50, 60]])

In [31]: arr1 ** 2
Out[31]: array([[ 1,  4,  9],
                [16, 25, 36]], dtype=int32)
```

## 14.6 NumPy 벡터 연산하기

NumPy는 벡터 연산을 지원한다. NumPy의 집합 연산에는 Vectorization이 적용되어 있기 때문에 배열의 데이터에 대해서 연산을 하는 경우, 벡터 연산을 적용하면 처리 속도가 100배 이상 향상이 된다. 따라서 빅데이터나 머신러닝, 인공지능 등과 같은 대용량 데이터를 처리하는 경우에는 매우 빠르고 효과적인 방법이다. 다음 예제 코드는 이에 대한 간단한 비교 결과를 보여준다.

for 반복문을 이용했을 때 약 31.9ms (약 0.03초),
벡터 연산으로 처리했을 때 998us (약 0.001초)

사용하는 컴퓨터의 성능에 따라서 결과는 조금씩 다르게 나오지만, 많은 양의 데이터를 처리하는 경우 벡터 연산을 사용하는 것을 권장한다. 특히 공공의 빅데이터를 처리하는 경우, 수백만 개의 데이터를 처리하는데 for 반복문이 아닌 NumPy의 배열 벡터 연산을 사용하면 데이터 처리 시간이 크게 단축될 수 있다.

```
In [42]: # 연산처리 속도 비교
         import numpy as np

         test = np.arange(100000)

In [43]: result = 0

In [44]: %%time
         for v in test:
           result += v

         Wall time: 31.9 ms

In [45]: result

Out[45]: 704982704

In [48]: %%time
         result = np.sum(test)

         Wall time: 998 µs

In [47]: result

Out[47]: 704982704
```

파이썬은 매직명령어(%명령)의 특수한 기능을 제공한다. 앞의 프로그램에서 %%time은 그러한 종류 중 하나로써, import time과 같은 기능을 수행할 뿐만 아니라, %(%time) 포맷팅도 함께 할 수 있도록 하고 있다. 이를 다음과 같은 방법으로 작성해도 같은 거의 같은 수행시간을 측정할 수 있다. 이 외에도 timeit 함수를 사용해서 출력할 수도 있다.

```
In [17]: import numpy as np
         import time

         test = np.arange(100000)

In [18]: result = 0

In [19]: start_time = time.time() # for 반복문 시작 직전의 시간 저장

         for v in test:
             result += v

         end_time = time.time() # for 반복문 종료 직후의 시간 저장

In [23]: print("WorkingTime: {} sec".format((end_time-start_time)/60))

         WorkingTime: 0.00033249855041503904 sec
```

## 14.7 NumPy 배열 불리언 인덱싱 활용하기

NumPy 배열의 인덱싱은 기본적으로 파이썬의 시퀀스형 데이터 구조의 인덱싱과 동일하다. NumPy는 불린 인덱싱은 배열 각 요소의 선택 여부를 True, False 지정(이 과정을 마스킹이라고 함)한 후에 해당 인덱스의 True값 만을 추출할 수 있는 유용한 방법이다.

reshape 함수는 배열 연산시 자주 활용되는 함수로써, 배열의 차원을 자유롭게 변형할 수 있다.

```
In [71]: # 배열 생성
         arr = np.arange(1,13)
         arr
Out[71]: array([ 1,  2,  3,  4,  5,  6,  7,  8,  9, 10, 11, 12])

In [72]: # 24개의 1차원 배열을 보기 쉽게 2차원으로 전환
         # reshape(행,열) 함수를 이용해서 3행 4열의 2차원 행렬 생성
         reshaped = arr.reshape(3,4)
         reshaped
Out[72]: array([[ 1,  2,  3,  4],
                [ 5,  6,  7,  8],
                [ 9, 10, 11, 12]])

In [73]: # 배열 요소 중 짝수만 True로 마스킹 (2로 나누어서 나머지가 0--> % 연산)
         even_arr = (reshaped%2==0)
         even_arr
Out[73]: array([[False,  True, False,  True],
                [False,  True, False,  True],
                [False,  True, False,  True]])

In [74]: # even_arr와 reshaped 배열 연산을 통해 True인 원소만 추출
         masked=reshaped[even_arr]
         masked
Out[74]: array([ 2,  4,  6,  8, 10, 12])

In [75]: np.sum(masked)
Out[75]: 42
```

예제 프로그램에서는 1차원 배열을 3행 4열 배열로 바꿔서 짝수항이 쉽게 드러나도록 하였다. 짝수항을 찾는 방법은 %연산(2로 나눈 나머지)을 이용하고, 연산 결과 나머지가 0인 항목들을 even_arr 배열에 불리언(True, Fals)값으로 마스킹한다. 그리고 이 마스킹된 배열 요소를 3X4 행렬(reshaped)에 브로드캐스팅 방법으로 연산을 하면 최종적으로 masked 배열에는 기존의 배열에서 짝수항만으로 구성된 원소들이 저장된다.

다음의 예제에서는 마스킹을 이용해서 5보다 작은 원소들의 합을 구하는 프로그램이다.

```
In [96]:  arr < 5
Out[96]:  array([ True,  True,  True,  True, False, False, False, False, False,
                 False, False, False])

In [102]: less = reshaped < 5 # 5보다 작은 값 마스킹
          less
Out[102]: array([[ True,  True,  True,  True],
                 [False, False, False, False],
                 [False, False, False, False]])

In [103]: masked = reshaped[less]
          masked
Out[103]: array([1, 2, 3, 4])

In [104]: np.sum(masked)
Out[104]: 10
```

파이썬의 이러한 마스킹 처리 방법은 빅데이터에서 특정 조건에 있는 값을 신속하게 검출할 수 있을 뿐만 아니라, 시간이나 날짜별로 만들어지는 시계열 데이터 처리시 매우 좋은 성능을 보여준다.

## 14.8 NumPy 배열 형태 바꾸기

· **전치**

전치(Tranpose)는 다음 그림과 같이 행과 열의 인덱스를 서로 바꿔서 재배치 하는 변환이며, 기호T를 사용한다.

$$[1 \quad 2]^T = \begin{bmatrix} 1 \\ 2 \end{bmatrix}$$

$$\begin{bmatrix} 1 & 2 \\ 3 & 4 \end{bmatrix}^T = \begin{bmatrix} 1 & 3 \\ 2 & 4 \end{bmatrix}$$

$$\begin{bmatrix} 1 & 2 \\ 3 & 4 \\ 5 & 6 \end{bmatrix}^T = \begin{bmatrix} 1 & 3 & 5 \\ 2 & 4 & 6 \end{bmatrix}$$

```
In [105]: # 1~10까지 정수 중에 정수로 난수를 만들어 2X3 행렬을 생ㅇ성
          org_mat = np.random.randint(1, 10, (2, 3))
          org_mat
Out[105]: array([[7, 8, 6],
                 [5, 1, 2]])

In [106]: # 행과 열의 인덱스를 서로 바꿔서 행렬 재배치
          org_mat.T
Out[106]: array([[7, 5],
                 [8, 1],
                 [6, 2]])
```

· **형태변경**

ravel은 배열의 shape을 1차원 배열로 재구성하고, reshape은 데이터 변경없이 지정된 shape으로 변환한다.

```
In [50]: rnd_mat = np.random.randint(1, 10, (2, 3))
         rnd_mat
Out[50]: array([[8, 5, 7],
                [5, 6, 4]])

In [52]: rnd_mat.ravel()
Out[52]: array([8, 5, 7, 5, 6, 4])

In [54]: rnd_mat.reshape(2,3)
Out[54]: array([[8, 5, 7],
                [5, 6, 4]])
```

## 14.9 NumPy 배열 요소 추가 및 삭제

· **resize**

NumPy의 resize와 reshape 함수는 배열의 shape을 변경한다는 부분에서 유사하다. reshape 함수는 배열 요소의 개수를 원래 배열과 동일하게 유지하면서 변경하지만, resize는 shape을 변경하는 과정에서 배열 요소를 줄이거나 늘릴 수 있다.

```
In [55]: #요소 추가 삭제용 배열 생성
         a = np.random.randint(1, 10, (2, 6))
         a

Out[55]: array([[4, 7, 5, 5, 1, 9],
                [6, 6, 4, 5, 4, 3]])

In [58]: #요소 변경없음
         a.resize((6, 2))
         a

Out[58]: array([[4, 7],
                [5, 5],
                [1, 9],
                [6, 6],
                [4, 5],
                [4, 3]])

In [60]: #요소 변경 발생
         b = np.random.randint(1, 10, (2, 6))
         #추가된 요소는 0으로 채워짐
         b.resize((2,10))
         b

Out[60]: array([[7, 8, 4, 8, 8, 7, 2, 4, 3, 6],
                [5, 6, 0, 0, 0, 0, 0, 0, 0, 0]])

In [62]: #요소가 12개에서 9개로 줄어듬
         c = np.random.randint(1, 10, (2, 6))
         c.resize((3, 3))
         c

Out[62]: array([[4, 9, 5],
                [1, 6, 8],
                [8, 6, 3]])
```

- append

배열의 끝에 값을 추가할 수 있다. 이때 추가되는 값은 values 또는 배열이며, axis를 지정해서 배열에 추가되는 방향을 지정할 수 있다.

```
In [87]: apd_a = np.arange(1, 10).reshape(3, 3)
         print('a =', apd_a)
         apd_b = np.arange(10, 19).reshape(3, 3)
         print('b =', apd_b)

         a = [[1 2 3]
          [4 5 6]
          [7 8 9]]
         b = [[10 11 12]
          [13 14 15]
          [16 17 18]]
```

```
In [87]: apd_a = np.arange(1, 10).reshape(3, 3)
         print('a =', apd_a)
         apd_b = np.arange(10, 19).reshape(3, 3)
         print('b =', apd_b)

a = [[1 2 3]
 [4 5 6]
 [7 8 9]]
b = [[10 11 12]
 [13 14 15]
 [16 17 18]]
```

```
In [84]: # axis 지정 안하는 경우
         result1 = np.append(apd_a, apd_b)
         print(result1)

[ 1  2  3  4  5  6  7  8  9 10 11 12 13 14 15 16 17 18]
```

```
In [85]: # axis=1 지정
         result2 = np.append(apd_a, apd_b, axis=1)
         print(result2)

[[ 1  2  3 10 11 12]
 [ 4  5  6 13 14 15]
 [ 7  8  9 16 17 18]]
```

```
In [86]: # axis=0지정
         result3 = np.append(apd_a, apd_b, axis=0)
         print(result3)

[[ 1  2  3]
 [ 4  5  6]
 [ 7  8  9]
 [10 11 12]
 [13 14 15]
 [16 17 18]]
```

- insert

axis를 지정하지 않으며 1차원 배열로 변환하고 append 처럼 추가할 방향을 axis로 지정할 수 있다.

```
In [88]: # insert 배열
         ins_a = np.arange(1, 10).reshape(3, 3)
         print(ins_a)

[[1 2 3]
 [4 5 6]
 [7 8 9]]
```

```
In [89]: # 1차원 배열로 재구성 후 인덱스 1번에 999 삽입
         np.insert(ins_a, 1, 999)

Out[89]: array([  1, 999,   2,   3,   4,   5,   6,   7,   8,   9])

In [90]: # 행방향으로 인덱스가 1인 (제 2행)에 999 로 된 배열 삽입
         np.insert(ins_a, 1, 999, axis=0)

Out[90]: array([[  1,   2,   3],
                [999, 999, 999],
                [  4,   5,   6],
                [  7,   8,   9]])
```

· **delete**

delete 함수는 원본 배열을 변경하지 않으며 새로운 1차원 배열을 반환한다.

```
In [92]:  # delete 배열
          del_a = np.arange(1, 10).reshape(3, 3)
          print(del_a)

          [[1 2 3]
           [4 5 6]
           [7 8 9]]

In [94]:  #1차원 배열로 재구성 후, 1번 인덱스 삭제
          np.delete(del_a, 1)

Out[94]:  array([1, 3, 4, 5, 6, 7, 8, 9])

In [95]:  #행방향 인덱스 1번 (2번째 행) 삭제
          np.delete(del_a, 1, axis=0)

Out[95]:  array([[1, 2, 3],
                 [7, 8, 9]])

In [96]:  #행방향 인덱스 1번 (2번째 열) 삭제
          np.delete(del_a, 1, axis=1)

Out[96]:  array([[1, 3],
                 [4, 6],
                 [7, 9]])
```

## 14.10 NumPy 배열 결합 및 분리하기

NumPy에서 같은 shape(차원)의 배열은 상호 결합이 가능하고 분리가 가능하다.

· **배열 결합(concatenate)**

두 배열의 결합은 디폴트로 axis=0 행방향(수직방향)으로 이루어진다. 앞의 배열의 마지막 행 다음에 결합할 배열이 이어지게 된다. axis=1로 설정하는 경우엔 열방향(수평방향)으로 배열의 결합이 이루어진다.

```
In [107]:  # 결합용 배열
           arr_a = np.arange(1, 7).reshape((2, 3))
           arr_a

Out[107]:  array([[1, 2, 3],
                  [4, 5, 6]])

In [108]:  arr_b = np.arange(7, 13).reshape((2, 3))
           arr_b

Out[108]:  array([[ 7,  8,  9],
                  [10, 11, 12]])
```

```
In [110]: # axis = 0 디폴트, 행방향 결합. 첫번째 배열 아래쪽 행에서 결합
          concate_row = np.concatenate((arr_a, arr_b))
          concate_row
Out[110]: array([[ 1,  2,  3],
                 [ 4,  5,  6],
                 [ 7,  8,  9],
                 [10, 11, 12]])

In [111]: # axis = 1 열방향 결합. 첫번째 배열 최우측 다음 열에서 결합
          concate_col = np.concatenate((arr_a, arr_b),axis=1)
          concate_col
Out[111]: array([[ 1,  2,  3,  7,  8,  9],
                 [ 4,  5,  6, 10, 11, 12]])
```

수직, 수평방향의 배열 결합은 vstack, hstack 함수를 사용해도 같은 결과를 얻을 수 있다.

· **배열 분리(split)**

배열의 결합과 마찬가지로 수평 및 수직으로 분리할 수 있다.

```
In [119]: # 분할용 배열
          com_arr= np.arange(1, 25).reshape((4, 6))
          com_arr
Out[119]: array([[ 1,  2,  3,  4,  5,  6],
                 [ 7,  8,  9, 10, 11, 12],
                 [13, 14, 15, 16, 17, 18],
                 [19, 20, 21, 22, 23, 24]])

In [120]: #행방향으로 배열을 2개로 분리, 수직분리
          split_v = np.vsplit(com_arr, 2)
          split_v
Out[120]: [array([[ 1,  2,  3,  4,  5,  6],
                  [ 7,  8,  9, 10, 11, 12]]), array([[13, 14, 15, 16, 17, 18],
                  [19, 20, 21, 22, 23, 24]])]

In [121]: #열방향으로 배열을 2개로 분리, 수평분리
          split_h = np.hsplit(com_arr, 2)
          split_h
Out[121]: [array([[ 1,  2,  3],
                  [ 7,  8,  9],
                  [13, 14, 15],
                  [19, 20, 21]]), array([[ 4,  5,  6],
                  [10, 11, 12],
                  [16, 17, 18],
                  [22, 23, 24]])]
```

이외에도 NumPy 배열은 수학적/통계적 연산에 필요한 다양한 함수를 제공하고 있다. NumPy 온라인 사이트(https://numpy.org/devdocs/user/quickstart.html)를 참고하기 바란다. 또한 SciPy에서도 다양한 과학적분석에 필요한 알고리즘을 제공하고 있다. 자세한 내용은 해당 튜토리얼을 통해서 쉽게 이해할 수 있다. (https://www.scipy.org/getting-started.html)

P·A·R·T

# 03

# 시각화 라이브러리 사용하기

CHAPTER 15

# matplotlib 사용하기

matplotlib는 파이썬에서 데이터분석의 결과를 표현할 수 있는 다양한 그래픽적 표현 도구들을 지원하는 강력한 라이브러리이다. 각종 그래프와 챠트를 통계적 함수와 결합해서 데이터분석 결과를 가시적으로 표현할 수 있다.

matplotlib를 사용하기 위해서는 일반 파이썬 환경에서는 명령프롬프트 상에서 pip installer를 이용해서 해당 라이브러리를 설치해야 하고, 이 책의 독자들은 아나콘다를 설치했기 때문에 별도로 추가 설치를 진행할 필요는 없다. 하지만, 쥬피터 노트북을 사용하고 있기 때문에 matplotlib에서 출력되는 결과물을 제대로 확인하기 위해서는 다음 사용예와 같이 매직 커맨드를 프로그램상에 포함시켜야 한다.

```
import matplotlib
import matplotlib.pyplot as plt

%matplotlib inline #매직 커맨드
```

자주 사용하는 그래프 출력 함수인 pyplot을 약칭으로 선언해서 사용하는 것이 편리하다.

## 15.1 선 그래프(line plot) 그리기

plot() 함수는 시리즈 형태의 데이터나 데이터프레임 상의 데이터의 index와 values를 이용해서 2차원 그래프를 그릴 수 있도록 한다.

우선 필요한 라이브러리를 모두 import를 이용해서 불러온다.

```
In [97]: import matplotlib
         import matplotlib.pyplot as plt
         #matplotlib nbagg 으로 선언하면 그래프를 인터랙티브한 방법으로 조작할 수 있다.
         #%matplotlib inline
         %matplotlib nbagg
         import numpy as np
         import pandas as pd
```

예제 프로그램은 matplotlib를 이용해서 가시화할 데이터를 random으로 Series 인덱싱을 통해 생성한다. cumsum()은 NumPy에서 제공하는 랜덤 10개의 수를 0~100 사이의 수이면서 간격이 10인 숫자를 더해가면서 시리즈 데이터를 만들기 위해서 적용한다.

```
In [98]: # Series 랜덤 데이터 생성
         series_data = pd.Series(np.random.randn(10).cumsum(), index=np.arange(0, 100, 10))

         series_data

Out[98]: 0     0.211889
         10    0.419855
         20   -1.206057
         30    0.551596
         40   -0.152800
         50    0.444200
         60    0.882436
         70    1.949248
         80    2.216649
         90    1.665612
         dtype: float64

In [100]: # 위에서 정의한 series_data에 대해서 선그래프 출력
          series_data.plot()

Out[100]: <matplotlib.axes._subplots.AxesSubplot object at 0x000001343F5F6CC8>
```

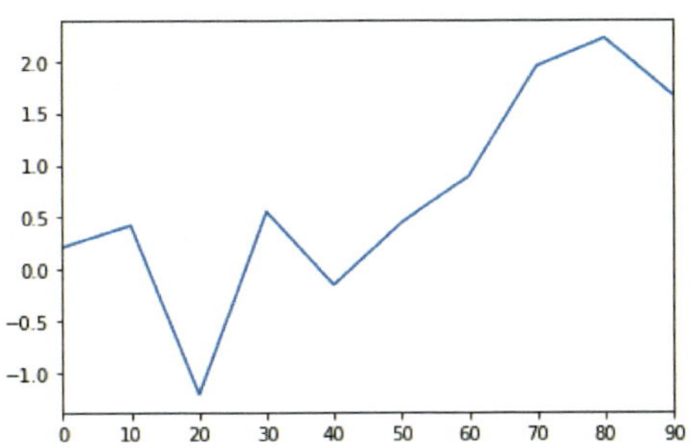


또 다른 방법으로, dataframe 형태의 데이터를 만들고 선 그래프로 출력할 수 있다. 앞의 시리즈 데이터의 예와 비슷한 방법으로 랜덤하게 데이터프레임 데이터를 생성한 후에 plot()함수로 그래프를 출력한다.

In [101]:
```
df_data = pd.DataFrame(np.random.randn(10, 5).cumsum(axis=0),
                      columns=["A", "B", "C", "D", "E"],
                      index=np.arange(0, 100, 10))
df_data
```
Out[101]:

| | A | B | C | D | E |
|---|---|---|---|---|---|
| 0 | 0.822311 | -1.334691 | 0.150482 | 0.014067 | -0.751914 |
| 10 | 0.880179 | -1.546492 | 1.261673 | -0.263124 | -1.944733 |
| 20 | 0.430850 | 0.256875 | 0.976184 | -2.141288 | -2.183812 |
| 30 | 0.149550 | 0.181456 | 2.229540 | -0.205649 | -2.009789 |
| 40 | 0.739933 | -0.493650 | 3.954309 | 1.300179 | -0.785107 |
| 50 | 0.220549 | -1.868158 | 2.510759 | 1.248587 | -2.873766 |
| 60 | -0.090582 | -3.167265 | 1.137230 | 2.212135 | -2.423626 |
| 70 | 0.981019 | -1.859353 | 1.719806 | 3.423126 | -1.427143 |
| 80 | -0.653101 | -3.067435 | 2.022589 | 3.791407 | -1.723047 |
| 90 | 0.982008 | -2.431287 | 1.729374 | 3.978127 | -1.397196 |

In [102]:
```
df_data.plot()
```
Out[102]: <matplotlib.axes._subplots.AxesSubplot object at 0x000001343F963888>

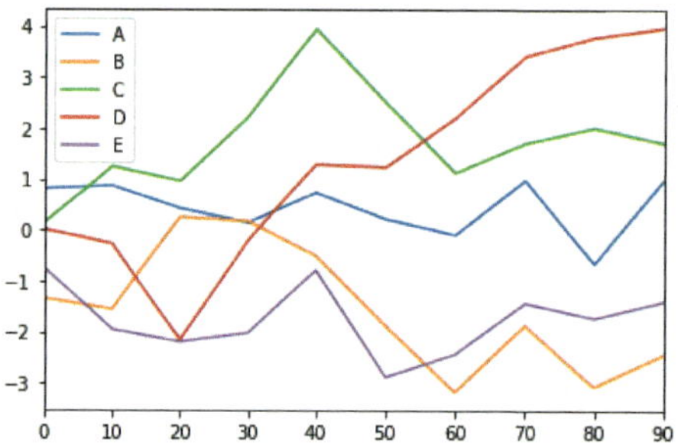


## 15.2 공공데이터 가공하기

이번에는 통계청의 공공 데이터를 이용해서 csv나 excel 파일의 데이터를 불러와서 선 그래프로 출력해보자. 한국통계청 사이트(http://kosis.kr)에 접속하여 테스트해 볼 수 있는 다양한 통계 자료를 다운로드 할 수 있다. 다음과 같이 인구이동 데이터를 검색해서 해당 항목을 확인한다.

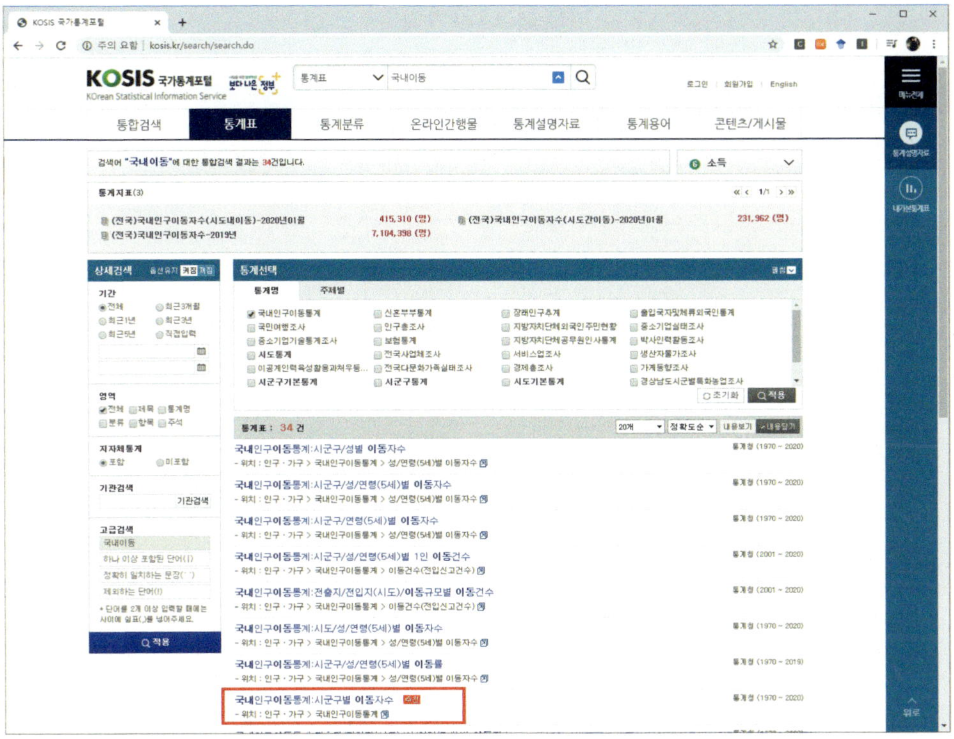

왼쪽의 일괄설정 버튼을 클릭해서 테스트에 필요한 컬럼을 적절히 지정해서 연도별 전국대비 각 시도별 인구이동 데이터를 다운로드 한다.

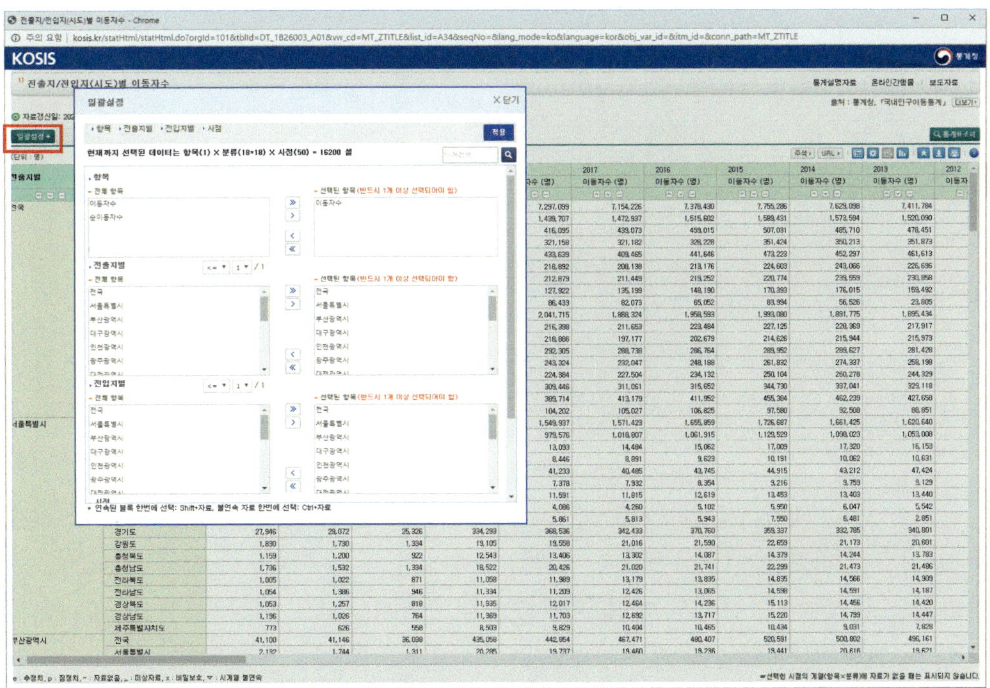

최종적으로 얻은 데이터는 다음과 같은 형태로 나타난다.

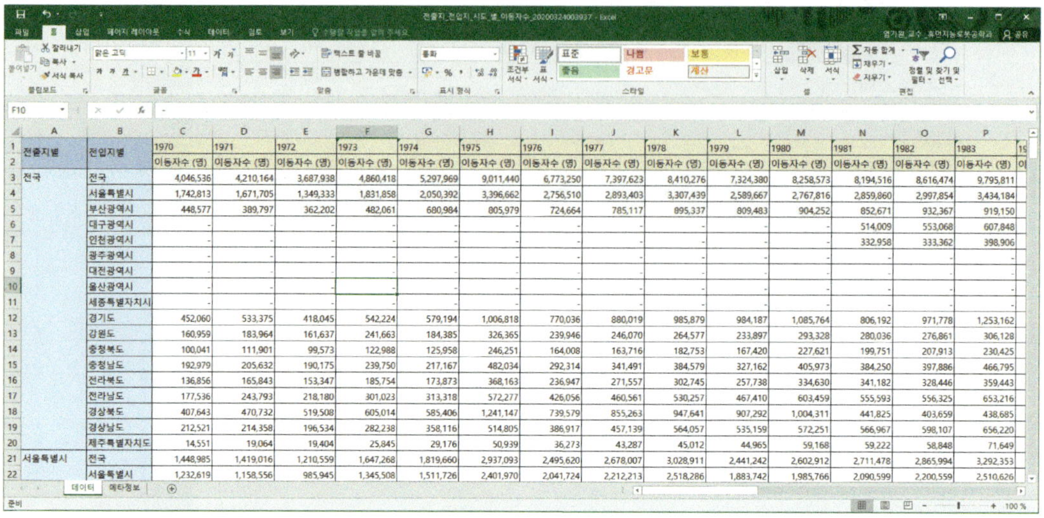

70년도부터 집계된 자료 상에 빠져있는 항목들이 많이 있음을 알 수 있다. 2012년부터 정확한 인구이동집계가 이루어졌다고 볼 수 있는데, 이렇게 빈 데이터는 데이터 분석을 시도하는 경우 많은 오류를 발생시키는 주요 원인 중에 하나이다.

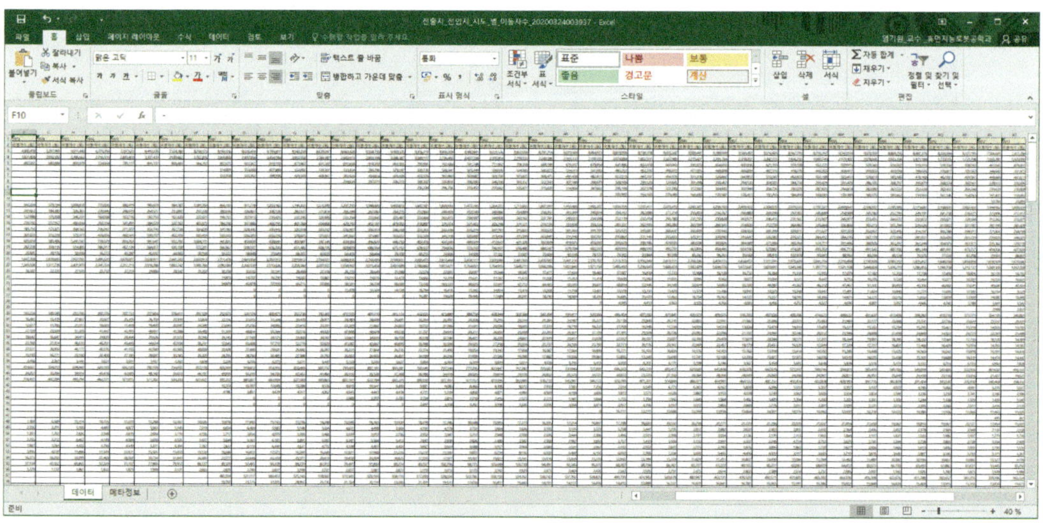

엑셀로 다운로드 받은 데이터를 데이터프레임으로 가져와보자. 다운로드 파일명이 다소 길게 만들어져 있으므로, '시도별_인구이동'으로 간략하게 수정한 후 불러오도록 한다. 이때, Excel 이나 csv 파일을 불러올 때, 한글은 깨짐 현상이 있으므로 유니코드 에러가 나타날 수 있다. 이를 방지하기 위해 따옴표 앞에 r, encoding='utf-8'을 명시한다.

```
In [103]: # 라이브러리 불러오기
import pandas as pd
import matplotlib.pyplot as plt
```

```
In [108]: # Excel 데이터를 데이터프레임으로 불러오기
# Excel이나 csv 파일을 불러올 때, 한글은 깨짐 현상이 있으므로
# 유니코드 에러가 나타날 수 있다. 이를 방지하기 위해
# 따옴표 앞에 r, encoding='utf-8'을 명시한다.
df = pd.read_excel(r'C:₩Users₩kwpra₩Downloads₩시도별_인구이동.xlsx',
                   fillna=0, header=0, encoding='utf-8')

#데이터가 잘 읽어들여졌다면 다음과 같이 헤드정보에서 앞에 5개 행의 데이터를 보여준다.
df.head()
```

| 0 | 전출지별 | 전입지별 | 이동자수(명) | 이동자수(명) | 이동자수(명) | 이동자수(명) | 이동자수(명) | 이동자수(명) | 이동자수(명) | 이동자수(명) | ... | 이동자수(명) |
|---|---|---|---|---|---|---|---|---|---|---|---|---|
| 1 | 전국 | 전국 | 4046536 | 4210164 | 3687938 | 4860418 | 5297969 | 9011440 | 6773250 | 7397623 | ... | 8226594 |
| 2 | NaN | 서울특별시 | 1742813 | 1671705 | 1349333 | 1831858 | 2050392 | 3396662 | 2756510 | 2893403 | ... | 1733015 |
| 3 | NaN | 부산광역시 | 448577 | 389797 | 362202 | 482061 | 680984 | 805979 | 724664 | 785117 | ... | 519334 |
| 4 | NaN | 대구광역시 | - | - | - | - | - | - | - | - | ... | 370817 |

5 rows × 52 columns

초기의 데이터 불러오기가 성공적으로 잘 이루어지면 df.head()함수를 이용해서 불러온 데이터의 5개의 행 데이터를 모두 볼 수 있다. Excel 데이터에서 보여지듯이 비어있는 셀이 있기 때문에 이 부분에 대한 데이터는 바로 직전 데이터로 채우거나 임의의 값을 채워넣을 필요가 있다. 공공데이터 특성상 변화가 없었다고 가정해서 직전의 데이터로 채우는 'ffill'로 옵션을 넣으면 다음과 같이 직전의 행값으로 빈 셀이 대체된다.

```
In [109]: # 비어있는 셀의 값을 디폴트로 직전값으로 채우기
          df = df.fillna(method='ffill')
          df.head()
```

Out [109]:

| | 전출지별 | 전입지별 | 1970 | 1971 | 1972 | 1973 | 1974 | 1975 | 1976 | 1977 | ... | 2010 | |
|---|---|---|---|---|---|---|---|---|---|---|---|---|---|
| 0 | 전출지별 | 전입지별 | 이동자수(명) | 이동자수(명) | 이동자수(명) | 이동자수(명) | 이동자수(명) | 이동자수(명) | 이동자수(명) | 이동자수(명) | ... | 이동자수(명) | |
| 1 | 전국 | 전국 | 4046536 | 4210164 | 3687938 | 4860418 | 5297969 | 9011440 | 6773250 | 7397623 | ... | 8226594 | 8 |
| 2 | 전국 | 서울특별시 | 1742813 | 1671705 | 1349333 | 1831858 | 2050392 | 3396662 | 2756510 | 2893403 | ... | 1733015 | 1 |
| 3 | 전국 | 부산광역시 | 448577 | 389797 | 362202 | 482061 | 680984 | 805979 | 724664 | 785117 | ... | 519334 | |
| 4 | 전국 | 대구광역시 | - | - | - | - | - | - | - | - | ... | 370817 | |

5 rows × 52 columns

배열에서 마스킹을 이용해서 특정 데이터만을 조건을 지정해서 선택적으로 추출할 수 있었던 방법을 이용하여 서울에서 다른 지역으로 이동한 데이터만을 추출할 수 있도록 다음과 같은 프로그램을 작성한다.

```
In [130]: # 배열에서 다루었던 마스킹을 활용하여
          # 서울에서 다른 지역으로 이동한 데이터만 추출
          seoul_mask = (df['전출지별'] == '서울특별시') & (df['전입지별'] != '서울특별시')
          df_seoul = df[seoul_mask]
          # 서울에서 다른지역으로 전출한 데이터이므로 '전출지별' 열을 삭제
          df_seoul = df_seoul.drop(['전출지별'], axis=1)
          # 인덱스를 전입지별로 지정
          df_seoul.set_index('전입지별', inplace=True)
          df_seoul
```

위의 프로그램을 실행시키면 다음과 같이 서울시에서 각 시도별로 전출이 된 인구수를 연도별로 확인할 수 있다.

Out [130]:

| 전입지별 | 1970 | 1971 | 1972 | 1973 | 1974 | 1975 | 1976 | 1977 | 1978 | 1979 | ... | 2010 | 2011 | |
|---|---|---|---|---|---|---|---|---|---|---|---|---|---|---|
| 전국 | 1448985 | 1419016 | 1210559 | 1647268 | 1819660 | 2937093 | 2495620 | 2678007 | 3028911 | 2441242 | ... | 1848038 | 1834806 | 16 |
| 부산광역시 | 11568 | 11130 | 11768 | 16307 | 22220 | 27515 | 23732 | 27213 | 29856 | 28542 | ... | 17418 | 18816 | |
| 대구광역시 | - | - | - | - | - | - | - | - | - | - | ... | 10277 | 10397 | |
| 인천광역시 | - | - | - | - | - | - | - | - | - | - | ... | 46082 | 51641 | |
| 광주광역시 | - | - | - | - | - | - | - | - | - | - | ... | 11095 | 10587 | |
| 대전광역시 | - | - | - | - | - | - | - | - | - | - | ... | 13819 | 13900 | |
| 울산광역시 | - | - | - | - | - | - | - | - | - | - | ... | 4742 | 5188 | |
| 세종특별자치시 | - | - | - | - | - | - | - | - | - | - | ... | - | - | |
| 경기도 | 130149 | 150313 | 93333 | 143234 | 149045 | 253705 | 202276 | 207722 | 237684 | 278411 | ... | 410735 | 373771 | 3 |
| 강원도 | 9352 | 12885 | 13561 | 16481 | 15479 | 27837 | 25927 | 25415 | 26700 | 27599 | ... | 22736 | 23624 | |
| 충청북도 | 6700 | 9457 | 10853 | 12617 | 11786 | 21073 | 18029 | 17478 | 18420 | 20047 | ... | 15461 | 15318 | |
| 충청남도 | 15954 | 18943 | 23406 | 27139 | 25509 | 51205 | 41447 | 43993 | 48091 | 45388 | ... | 24522 | 24723 | |
| 전라북도 | 10814 | 13192 | 16583 | 18642 | 16647 | 34411 | 29835 | 28444 | 29676 | 31570 | ... | 17569 | 17755 | |
| 전라남도 | 10513 | 16755 | 20157 | 22160 | 21314 | 46610 | 46251 | 43430 | 44624 | 47934 | ... | 16429 | 15974 | |
| 경상북도 | 11868 | 16459 | 22073 | 27531 | 26902 | 46177 | 40376 | 41155 | 42940 | 43565 | ... | 16042 | 15818 | |
| 경상남도 | 8409 | 10001 | 11263 | 15193 | 16771 | 23150 | 22400 | 27393 | 28697 | 30183 | ... | 15689 | 16039 | |

데이터가 없는 셀에 대한 데이터 연산 조작은 프로그램 실행시 매우 복잡한 오류 메시지를 출력하기 때문에, 예제 프로그램에서는 충청남도로 이동한 인구 데이터와 부산광역시로 이동한 데이터로 한정해서 실행한다.

## 15.3 matplotlib으로 공데이터 출력하기

그래프별로 제목과 각 축이 의미하는 것을 표시하기 위해서는 레이블을 붙여줄 필요가 있다. 안타깝게도 matplotlib는 한글지원이 되지 않기 때문에, 한글폰트를 사용하는 경우에는 윈도우 폰트 폴더에 특정 폰트를 직접적으로 호출해서 출력할 수 있도록 지정하는 방법을 사용한다. 폰트메니저 라이브러리를 호출하고, 윈도우의 폰트 폴더에서 맑은고딕체를 가져온다.

```
In [142]: # 인덱스 및 values로 지정해서 그래프 그리기
          plt.plot(move_from_seoul.index, move_from_seoul.values)

          # 한글 폰트 설정
          import matplotlib.font_manager as fm
          font_location = 'C:₩Windows₩Fonts₩malgun.ttf' # For Windows
          font_name = fm.FontProperties(fname=font_location).get_name()
          matplotlib.rc('font', family=font_name)

          plt.title('서울-->경기도')
```

한글 폰트를 설정한 이후에 그래프의 상단에 제목이 출력된다.

```
Out[142]: Text(0.5, 1.0, '서울-->경기도')
```

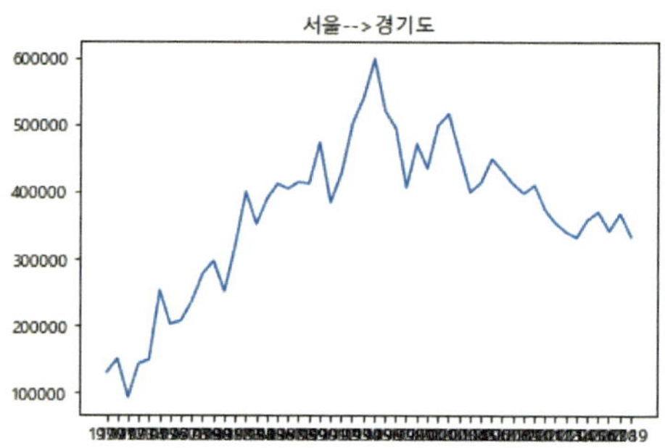


```
In [143]: # 데이터프레임 자체를 plot 함수로 그래프 그리기
          move_from_seoul = df_seoul.loc['부산광역시']
          plt.plot(move_from_seoul)

          plt.title('서울-->부산')
Out[143]: Text(0.5, 1.0, '서울-->부산')
```

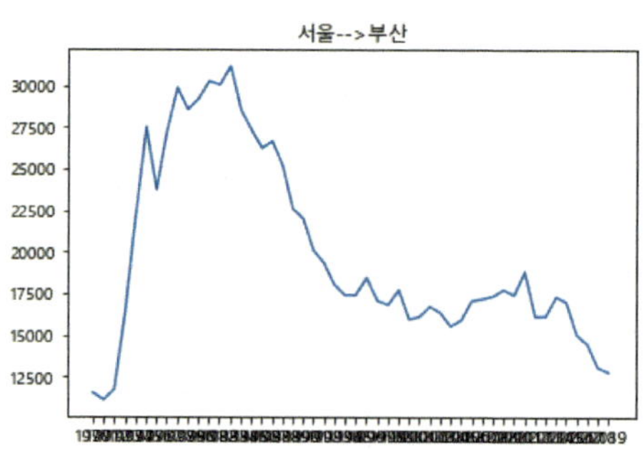

그래프의 x축 데이터는 1970년도부터 2019년도까지의 50개의 데이터를 가지고 있다. 그러나 스케일 때문에 x축 데이터가 선명하게 보이지 않고 있다. 이러한 문제는 그래프의 크기를 확장하고 축의 레이블 값을 변환해서 처리할 수 있다. 또한, 각 축의 레이블을 지정해서 보다 명확한 데이터 그래프를 출력할 수 있다.

```
In [148]: # 데이터프레임 자체를 plot 함수로 그래프 그리기
          move_from_seoul = df_seoul.loc['부산광역시']
          #plt.plot(move_from_seoul)

          # 그래프 크기 확대 figure(figsize(가로, 세로))
          plt.figure(figsize=(15,5))
          # 레이블 회전 xticks(rotation='옵션')
          plt.xticks(rotation='vertical')
          plt.plot(move_from_seoul.index, move_from_seoul.values)

          # 각축 레이블 명명 xlabel('레이블명'), ylabel('레이블명')
          plt.xlabel('연도')
          plt.ylabel('인구수')

          plt.title('서울-->부산')
          plt.show()
```

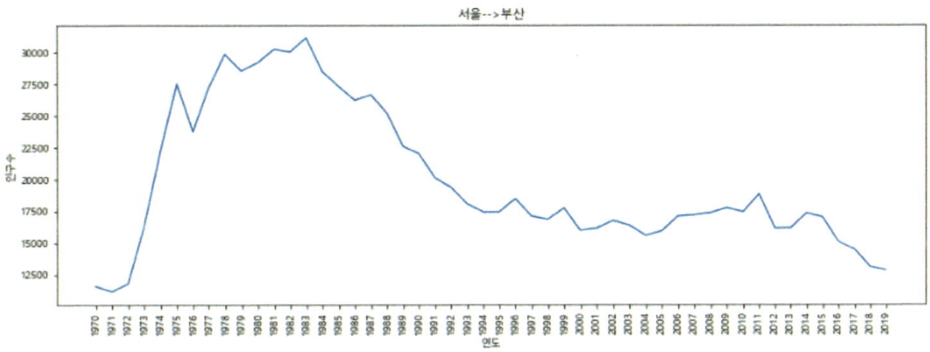

위의 그래프에서 피크점에서의 값을 보다 알기 쉽게 볼 수 있도록 하려면, 마커와 선스타일을 변경해서 출력하면 가독성이 향상된다. 다음의 프로그램에서처럼 직선은 점선 스타일로, 피크에서는 원형 마커를 붙여서 출력할 수 있다.

```
In [9]: # 데이터프레임 자체를 plot 함수로 그래프 그리기
        move_from_seoul = df_seoul.loc['부산광역시']
        #plt.plot(move_from_seoul)

        # 그래프 크기 확대 figure(figsize(가로, 세로))
        plt.figure(figsize=(15,5))
        # 레이블 회전 xticks(rotation='옵션')
        plt.xticks(rotation='vertical')
        plt.plot(move_from_seoul.index, move_from_seoul.values, color='green', linestyle='dashed',
                 marker='o', markerfacecolor='blue')


        # 각축 레이블 명명 xlabel('레이블명'), ylabel('레이블명')
        plt.xlabel('연도')
        plt.ylabel('인구수')

        plt.title('서울-->부산')

        plt.plot()
        plt.show()
```

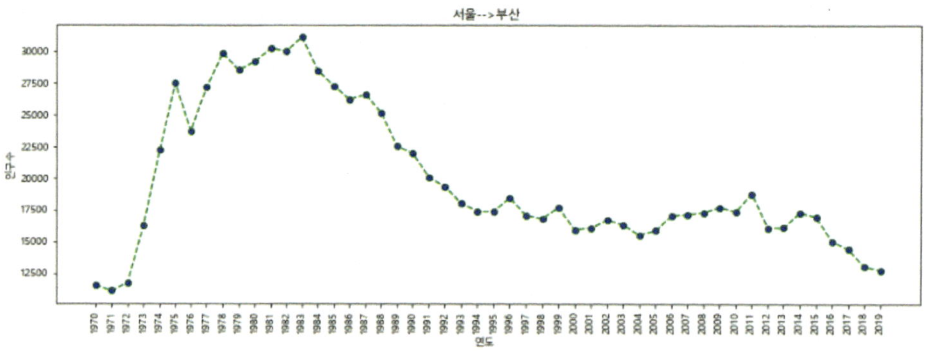


이외에도 다양한 옵션을 설정해서 선 그래프를 꾸밀 수 있다. 보다 자세한 내용은 matplotlib 도움말 사이트(https://matplotlib.org/tutorials/introductory/pyplot.html)를 참고하면 된다.

하나의 그래프에 여러 데이터를 동시에 보여줘야 하는 경우가 실무적으로 빈번히 발생된다. 특히, 어떤 데이터군을 한 번에 비교하면서 추이를 살펴봐야 하거나, 특정 질병에 대한 연령대 또는 성별 비교, 선거 후보에 대한 연령대별 지지도 등과 같은 다양한 경우가 있을 수 있다. 이러한 경우에는 동일한 axe 객체에 해당 데이터를 그릴 수 있도록 plot을 해당 데이터 계열만큼 반복해서 적용하면 여러 데이터를 동시에 확인할 수 있는 비교 그래프를 나타낼 수 있다.

CHAPTER 16

# seaborn 사용하기

searborn 라이브러리(https://seaborn.pydata.org/)는 파이썬을 이용해서 데이터를 가시화하는 경우, 다양한 통계처리와 통계적 결과를 가시화할 수 있는 유용한 라이브러리이다. 특히, 다차원 데이터나 복합 데이터를 가시화하는데 매우 편리한 기능들을 제공한다.

## 16.1 통계데이터 생성하기

먼저 searborn 라이브러리에 내장되어 있는 데이터를 이용해서 라이브러리를 사용하는 방법에 대해서 살펴보도록 하자.

우선, 데이터 생성과 가시화에 필요한 라이브러리를 임포트한다. 예제에서 사용할 데이터는 tips 데이터 세트를 사용하도록 한다. 그래프 배경을 'darkgrid'로 설정한다. 데이터를 불러온 후 head()함수로 데이터 세트의 결과를 확인한다.

```
In [3]: import numpy as np
        import pandas as pd

        import matplotlib.pyplot as plt
        import seaborn as sns

        sns.set(style='darkgrid')

        data_seaborn = sns.load_dataset('tips')
        data_seaborn.head(5)
Out[3]:
```

| | total_bill | tip | sex | smoker | day | time | size |
|---|---|---|---|---|---|---|---|
| 0 | 16.99 | 1.01 | Female | No | Sun | Dinner | 2 |
| 1 | 10.34 | 1.66 | Male | No | Sun | Dinner | 3 |
| 2 | 21.01 | 3.50 | Male | No | Sun | Dinner | 3 |
| 3 | 23.68 | 3.31 | Male | No | Sun | Dinner | 2 |
| 4 | 24.59 | 3.61 | Female | No | Sun | Dinner | 4 |

실제 tips 데이터는 다음과 같이 데이터세트가 구성되어 있음을 확인해 볼 수 있다.

```
In [4]: data_seaborn
```

Out [4]:

| | total_bill | tip | sex | smoker | day | time | size |
|---|---|---|---|---|---|---|---|
| 0 | 16.99 | 1.01 | Female | No | Sun | Dinner | 2 |
| 1 | 10.34 | 1.66 | Male | No | Sun | Dinner | 3 |
| 2 | 21.01 | 3.50 | Male | No | Sun | Dinner | 3 |
| 3 | 23.68 | 3.31 | Male | No | Sun | Dinner | 2 |
| 4 | 24.59 | 3.61 | Female | No | Sun | Dinner | 4 |
| ... | ... | ... | ... | ... | ... | ... | ... |
| 239 | 29.03 | 5.92 | Male | No | Sat | Dinner | 3 |
| 240 | 27.18 | 2.00 | Female | Yes | Sat | Dinner | 2 |
| 241 | 22.67 | 2.00 | Male | Yes | Sat | Dinner | 2 |
| 242 | 17.82 | 1.75 | Male | No | Sat | Dinner | 2 |
| 243 | 18.78 | 3.00 | Female | No | Thur | Dinner | 2 |

244 rows × 7 columns

예제의 데이터는 요일별로 식당에서 발생한 매출액과 팁, 고객의 흡연여부와 성별, 인원수로 구성되어 있다. 보통 주말에 외식하는 사람이 많다고 가정하면 주말에 매출액이나 팁이 높게 나올 것으로 예상할 수 있다. 그렇다면, 다음과 같은 프로그램으로 간단하게 매출 추이를 확인해 볼 수 있다. 출력된 결과를 보면 목요일~일요일의 매출과 관련된 데이터만 있음을 알 수 있다.

```
In [5]: # 매출 및 팁 통계

        sum_of_tips_by_day = data_seaborn.groupby('day').tip.sum()
        sum_of_total_bill_by_day = data_seaborn.groupby('day').total_bill.sum()

In [6]: sum_of_tips_by_day

Out [6]: day
         Thur    171.83
         Fri      51.96
         Sat     260.40
         Sun     247.39
         Name: tip, dtype: float64

In [7]: sum_of_total_bill_by_day

Out [7]: day
         Thur    1096.33
         Fri      325.88
         Sat     1778.40
         Sun     1627.16
         Name: total_bill, dtype: float64
```

## 16.2 막대그래프(bar, barh) 나타내기

총 매출액과 팁으로 받은 금액을 요일별로 막대 그래프로 나타내기 위해서, x축(가로)에는 요일별 인덱싱을, y축(세로)에는 매출액 또는 팁 금액의 총액을 표시하면 된다. 요일로 인덱싱을 부여한 후에 matplotlib의 막대 그래프를 이용해서 출력한다. 앞에서의 예처럼, 한글 폰트가 깨지는 현상을 방지하기 위한 한글 폰트 설정을 한 후에 각 데이터 출력에 필요한 코드를 작성하면 된다.

```
In [39]: # 한글 폰트 설정
import matplotlib.font_manager as fm
font_location = 'C:\Windows\Fonts\malgun.ttf' # For Windows
font_name = fm.FontProperties(fname=font_location).get_name()
matplotlib.rc('font', family=font_name)

#요일별 데이터를 보기 위한 인덱싱
label_day = ['목', '금', '토', '일']
index = np.arange(len(label_day))

#막대 그래프 출력
plt.bar(index, sum_of_tips_by_day)
#막대 그래프 제목
plt.title('요일별 팁 총액', color='blue', fontsize=20)
#x, y축 레이블
plt.xlabel('요일', fontsize=15)
plt.ylabel('금액', fontsize=15)
# 간격
plt.xticks(index, label_day, fontsize=15)

#최종 그래프 출력
plt.show()
```

다음은 요일별 매출 총액을 가로 막대 그래프 형태로 출력해 보자. 프로그램의 코드는 팁 총액을 출력하는 예제와 거의 유사하고, 사용되는 함수만 bar()가 아닌 barh()를 이용한다.

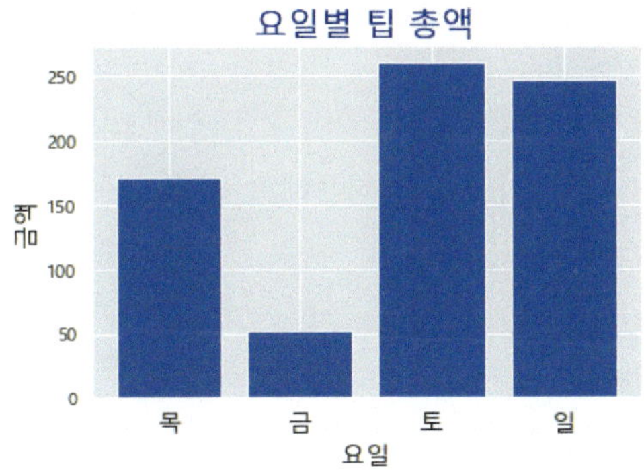

```
In [43]: #요일별 데이터를 보기 위한 인덱싱
         label_day = ['목요일', '금요일', '토요일', '일요일']
         index = np.arange(len(label_day))

         #가로 막대 그래프 형태로 출력
         plt.barh(index, sum_of_total_bill_by_day)

         plt.title('요일별 매출 총액', fontsize=18)
         plt.ylabel('요일', fontsize=15)
         plt.xlabel('금액', fontsize=15)
         plt.yticks(index, label_day, fontsize=13, rotation='0')

         plt.show()
```

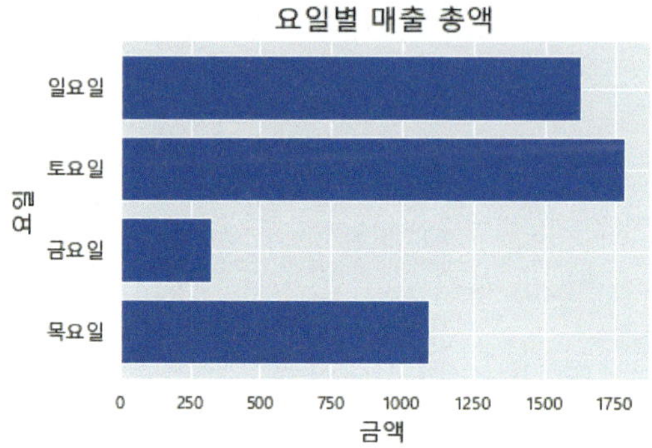


## 16.3 하나의 막대그래프에서 두 범주형 데이터 생성하기

위에서 나타난 결과를 이용해서 남자와 여자 손님의 팁 지급 정도를 파악해 보도록 하자. 남녀가 지불한 금액을 요일별로 각각 별도로 저장을 한 후에 각각의 데이터를 하나의 그래프에서 출력되도록 설정하면, 쉽게 두 범주형 변수의 클래스별(남, 여)로 비교할 수 있는 그래프를 그릴 수 있다.

이를 위해서 첫 번째, 다음의 예제 프로그램처럼 각 범주형 변수에 따른 팁 지급 금액을 별도의 데이터로 생성할 필요가 있다. 데이터에 마스킹을 적용해서 해당 데이터만을 추출할 수 있도록 설정하는 것이 우선적으로 필요하다.

```
data_seaborn['sex'] == 'Male'
data_seaborn['sex'] == 'Female'
```

그리고 마스킹에 의해서 원하는 데이터를 요일별로 그룹화 시킨다.

```
data_seaborn[마스킹된 데이터].groupby( 'day' )
```

그 다음으로, 요일별로 그룹화된 데이터들 중, 데이터 열에서 tip으로 표시된 데이터의 총합을 구한다.

(요일별 그룹 데이터).tip.sum()

```
In [44]: #범주형 변수 클래스별로 데이터 재구성

         #남자 손님이 지불한 요일별 팁 금액
         tips_male = data_seaborn[data_seaborn['sex'] == 'Male'].groupby('day').tip.sum()
         #여자 손님이 지불한 요일별 팁 금액
         tips_female = data_seaborn[data_seaborn['sex'] == 'Female'].groupby('day').tip.sum()

         print('팁-남자')
         print(tips_male);

         #출력 확인 시 한줄 띄우기
         print(' ')

         print('팁-여자')
         print(tips_female);

         팁-남자
         day
         Thur     89.41
         Fri      26.93
         Sat     181.95
         Sun     186.78
         Name: tip, dtype: float64

         팁-여자
         day
         Thur    82.42
         Fri     25.03
         Sat     78.45
         Sun     60.61
         Name: tip, dtype: float64
```

두 번째, 위에서 생성된 각 범주형 데이터를 막대 그래프를 이용해서 쌓아올리는 형태로 출력하면 된다. 이때 유의할 것은, 남자가 지불한 팁 금액 데이터를 x축에 지정하면 여자가 지불한 팁 금액에 대한 데이터는 x축에 이미 출력된 남자의 데이터 윗쪽에 출력하도록 bottom을 남자 데이터로 설정한다.

```
p2 = plt.bar(index, tips_female, color='r', alpha=alpha, bottom=tips_male)
```

앞의 예제와 달리, 그리드의 옵션을 withegrid로 설정하면 회색바탕의 그래프가 아닌 흰색 바탕으로 그래프가 그려진다. 그리드가 없는 그래프의 출력은 plt.grid(Flase)로 설정하면 된다.

```
In [61]: # Stacked Bar Chart

         #요일별 데이터를 보기 위한 인덱싱
         label_day = ['목요일', '금요일', '토요일', '일요일']
         index = np.arange(len(label_day))
         alpha = 0.8

         #남자가 지불한 팁 금액 데이터 출력 저장
         p1 = plt.bar(index, tips_male, color='b', alpha=alpha)
         #여자가 지불한 팁 금액 데이터 출력 저장
         #주의할 것은 여자 데이터 그래프의 최하위점을 남자 데이터의
         #최상단에 붙여서 가로축을 설정한다.
         p2 = plt.bar(index, tips_female, color='r',
                   alpha=alpha,
                   bottom=tips_male) #막대그래프 쌓아 올리기

         plt.title('남여 팁 지급액 비교 그래프', color='blue', fontsize=20)
         plt.ylabel('금액', fontsize=15)
         plt.xlabel('요일', fontsize=15)
         plt.xticks(index, label_day, fontsize=15, rotation='vertical')
         #각 차트의 색의 의미를 범주 레이블로 표기
         plt.legend((p1[0], p2[0]), ('남자', '여자'), fontsize=15)

         plt.show()
```

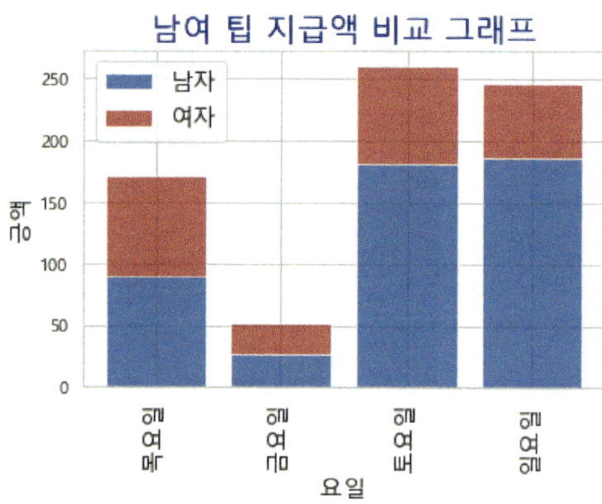


앞에서의 두 범주형 데이터를 다음 예제 프로그램처럼 코드를 작성해서 남녀의 팁 지급액을 병렬로 확인할 수 있도록 재구성할 수 있다. 그래프의 x축 길이에 한계가 있으므로, 막대 그래프의 폭을 약간 조정한다.

```
bar_width = 0.35
```

그리고, 여자 데이터의 출력은 남자 데이터가 출력되는 인덱스의 바로 오른쪽에 붙여서 출력할 수 있도록 index+bar_width 값을 지정한다.

```
p2 = plt.bar(index + bar_width, tips_female, bar_width, color='r', alpha=alpha,label='여자')
```

```
In [63]: #막대 그래프 폭 조정
bar_width = 0.35
alpha = 1.0

p1 = plt.bar(index, tips_male, bar_width, color='b', alpha=alpha,
             label='남자')

p2 = plt.bar(index + bar_width, tips_female, bar_width, color='r',
             alpha=alpha,label='여자')


plt.title('남여 팁 지급액 비교 그래프', color='blue', fontsize=20)
plt.ylabel('금액', fontsize=15)
plt.xlabel('요일', fontsize=15)
plt.xticks(index, label_day, fontsize=15, rotation='vertical')
#각 차트의 색의 의미를 범주 레이블로 표기
plt.legend((p1[0], p2[0]), ('남자', '여자'), fontsize=15)

plt.show()
```

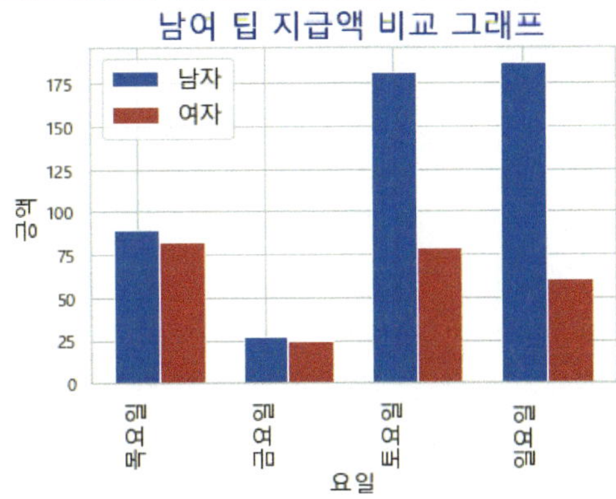


## 16.4 히스토그램으로 수치 데이터 나타내기

앞에서는 seaborn 라이브러리를 이용해서 파이썬에서 범주형 데이터를 처리하는 방법을 살펴보았다. 이제 수치형 데이터를 이용해서 데이터 분석에 활용되는 몇 가지 기법들을 살펴본다. 첫 번째, 수치형 데이터의 밀집도나 기본적인 분포를 알아보고자 할 때 많이 사용하는 것이 히스토그램과 확률밀도함수이다. Seaborn 라이브러리에서는 distplot() 함수를 이용해서 히스토그램과 밀도 함수를 쉽게 시각화할 수 있다. 앞에 예제에서 활용했던 팁 데이터 세트에서 매출액의 규모와 가장 매출이 많이 발생하는 매출액 범위를 알고 싶다면, 매출액의 범위를 여러 단계로 결정한 후에 그 해당 범위에 속하는 매출이 발생한 횟수를 누적하면 간단하게 히스토그램과 밀도함수 그래프를 만들 수 있다.

In [65]:
```
histo = sns.distplot(data_seaborn['total_bill'])
plt.xlabel('매출액', fontsize=15)
histo.set_title('매출액 히스토그램')
```
Out [65]: Text(0.5, 1.0, '매출액 히스토그램')

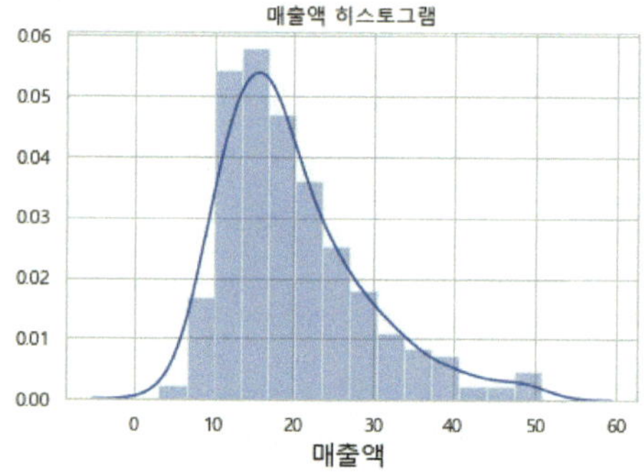


만약, 매출액 히스토그램에서 히스토그램과 밀도함수를 분리하고 싶으면 다음과 같이 distplot() 함수의 인자로, kde=False 또는 hist=False 옵션을 적용한다.

In [66]:
```
histo = sns.distplot(data_seaborn['total_bill'], kde=False)
plt.xlabel('매출액', fontsize=15)
histo.set_title('매출액 히스토그램')
```
Out [66]: Text(0.5, 1.0, '매출액 히스토그램')

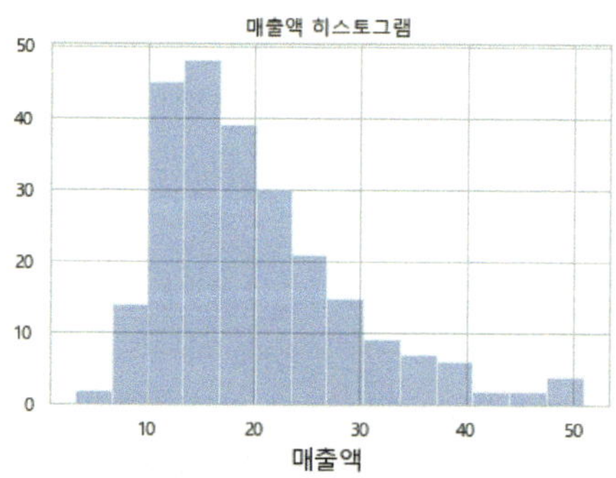


In [67]:
```
histo = sns.distplot(data_seaborn['total_bill'], hist=False)
plt.xlabel('매출액', fontsize=15)
histo.set_title('매출액 히스토그램')
```
Out [67]: Text(0.5, 1.0, '매출액 히스토그램')

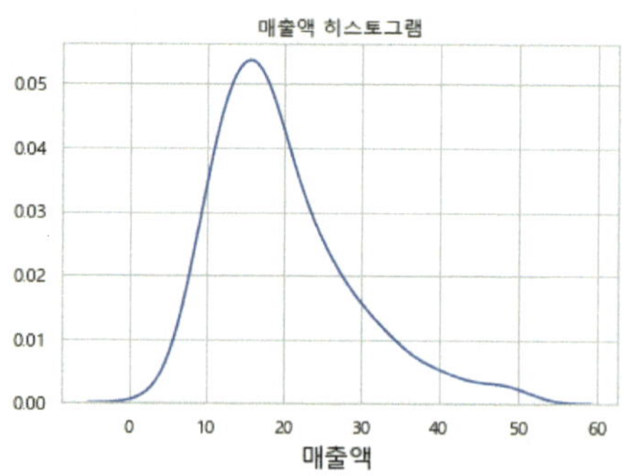

## 16.5 산점도 그래프로 데이터분포 나타내기

통계적 데이터를 처리하기 위해서 자주 사용하는 것은 산점도와 상관관계 그리고 회귀분석 등이 있다. 두 변수간의 관계 정도를 파악하는 것이 상관관계 및 공분산을 이용해서 확인할 수 있으며, 어떤 데이터를 이용해서 A이면 B일 것이라고 추측할 수 있는 모델을 만들 수 있는데, 이때 새로운 데이터에 대해서 수립해 놓은 모델을 적용했을 때, 어느 정도의 근사적인 예측이 가능함을 보여주는 것이 회귀분석이다. 쉽게 생각해 볼 수 있는 사례는 새로 출시하는 제품에 대한 수요예측 등이 회귀분석 기법을 사용한다.

우선 매출액과 팁의 상관관계를 살펴볼 수 있도록 기본적인 산점도를 나타내서 데이터가 어떻게 분포되어 있는지 확인해 보자. 다음 예제에서처럼 scatterplot()함수를 이용해서, X축에는 매출액 항목(total_bill)을, Y축에는 팁 항목(tip)의 데이터를 지정해서 출력하면 된다.

```
In [69]: scatter = sns.scatterplot(x = 'total_bill', y = 'tip', data = data_seaborn)
         plt.xlabel('매출액', fontsize=15)
         plt.ylabel('팁금액', fontsize=15)
         scatter.set_title('매출액-팁 산점도')

Out[69]: Text(0.5, 1.0, '매출액-팁 산점도')
```

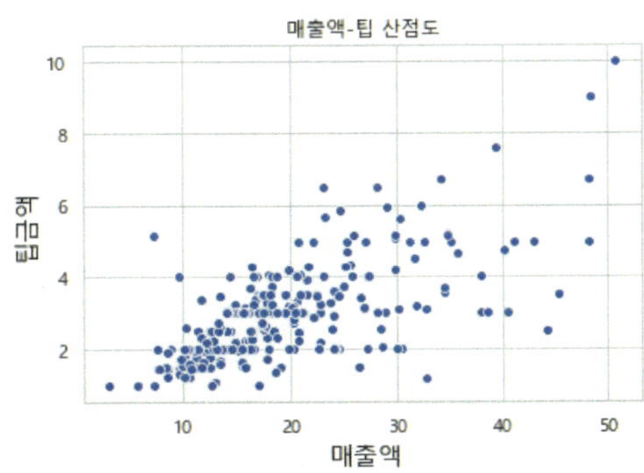


실행결과는 매출액과 팁금액의 두 항목간의 관계를 보여주고 있다. 그래프에서는 완전히 비례적이라고 볼 수는 없지만, 대략적으로 매출액과 팁금액은 비례적인 것으로 즉, 매출액이 많을 때 팁도 많은(상식적으로 너무 당연한 것일 수 있지만) 양상을 보여준다고 할 수 있다.

## 16.6 산점도 그래프 활용하기

seaborn에서 제공하는 팁 샘플 데이터에는 성별과 흡연자 및 요일에 대한 정보도 가지고 있기 때문에, 다양한 방법으로 비례관계를 도출해 볼 수 있다. 예를 들어, 성별 데이터를 이용해서 남녀의 지불 금액의 유형이나, 요일별 데이터를 이용해서 요일별 유형, 흡연 여부를 이용해서 흡연자 비흡연자의 지불 관계도 살펴볼 수 있다. 그러면, seaborn의 tips 데이터 세트에서 time 항목을 이용해서 점심과 저녁 중 어느 시간대에 매출과 팁이 많이 발생하는지를 살펴보자. 다음과 같이 scatterplot()함수에서 hue='time'으로 옵션을 설정하면 지정된 데이터 변수로 그룹핑을 함과 동시에 다른 색깔로 표현이 된다. 출력된 결과를 점심과 저녁 시간대에서의 차이가 확연히 나타나고 있음을 알 수 있다.

```
In [70]: scatter = sns.scatterplot(x = 'total_bill', y = 'tip', hue='time', data = data_seaborn)
         plt.xlabel('매출액', fontsize=15)
         plt.ylabel('팁금액', fontsize=15)
         scatter.set_title('매출액-팁 산점도')

Out[70]: Text(0.5, 1.0, '매출액-팁 산점도')
```

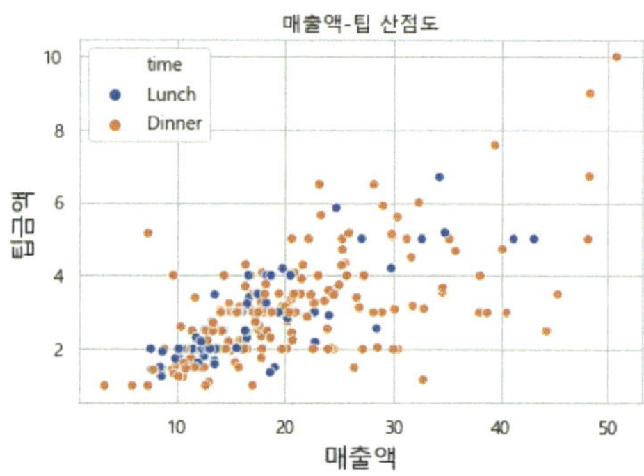


이 그래프에서 점심과 저녁의 산점도를 색깔만 다르게 표시하고 같은 모양으로 표시된 것을 다른 마커를 이용해서 출력하면 훨씬 더 시각화의 효과를 높일 수 있다.

style 옵션을 이용해서 다음과 같이 변경해 볼 수 있다. 그리고 좌측 상단에 표시되는 데이터의 범주명을 한글로 바꾸고 표시되는 크기를 변경한다. 또한, 그래프의 크기를 조금 키워서 가독성을 높여 보자.

```
In [112]: from matplotlib.lines import Line2D

          custom = [Line2D([0], [0], marker='.', color='b', linestyle='None'),
                    Line2D([0], [0], marker='x', color='r', linestyle='None')]

          plt.figure(figsize=(8,5))
          scatter = sns.scatterplot(x = 'total_bill', y = 'tip', hue='time',
                                    style='time', data = data_seaborn)
          scatter.set_title('매출액-팁 산점도')

          plt.xlabel('매출액', fontsize=15)
          plt.ylabel('팁금액', fontsize=15)
          plt.legend(custom, ['점심', '저녁'], loc='upper left')
          plt.show()
```

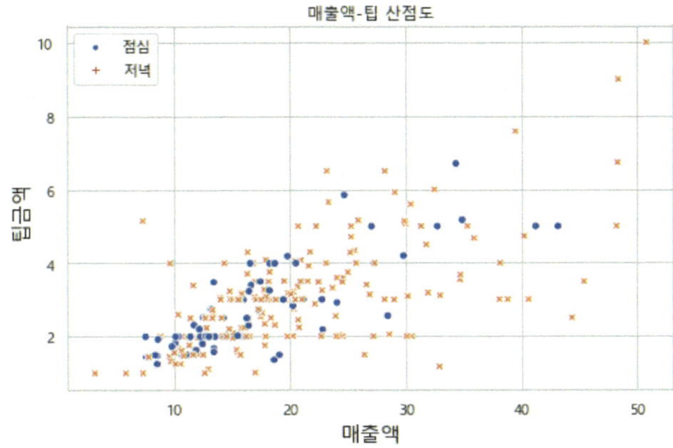


scatterplot()함수를 이용할 때, 그래프의 출력 대상이 되는 데이터 세트의 열(컬럼) 이름이 그래프 출력시 기본 범주 이름으로 나오게 된다. 예제에서는 total_bill 열과 tip 열을 사용하기 때문에 time을 기준으로 데이터를 그룹핑 해서 산점도를 출력하면 그래프의 범주 박스에 Lunch, Dinner로 표시가 된다. 이를 사용자가 지정하는 범주명으로 바꾸기 위해서는 다음과 같이 Line2D 패키지를 이용하면 가능하다. Line2D(xdata, ydata, marker, color, linewith/linestyle….)에서 xdata, ydata는 오직 1차원 배열 형태만 사용가능하기 때문에, seaborn의 자동범주명을 사용자가 지정하는 범주명으로 바꾸기 위해 아무것도 없는 1차원 배열([ ], [ ])을 전달한다.

```
from matplotlib.lines import Line2D
custom = [Line2D([0], [0], marker='.', color='b', linestyle='None'),
          Line2D([0], [0], marker='.', color='r', linestyle='None')]
plt.legend(custom, ['점심', '저녁'], loc='upper left')
```

위 그래프를 이용하면, 각 요일별로 색깔을 달리하면서 점심과 저녁도 구분할 수 있다. 실행결과를 보면 저녁은 x 표시로 나타나면서 각 요일별로 다른 색깔로, 점심은 각 요일별로 지정된 색에 o로 표시된다.

```
In [116]: from matplotlib.lines import Line2D

custom_legends = [Line2D([0], [0], marker='.', color='b', linestyle='None'),
                  Line2D([0], [0], marker='.', color='g', linestyle='None'),
                  Line2D([0], [0], marker='.', color='r', linestyle='None'),
                  Line2D([0], [0], marker='.', color='c', linestyle='None'),
                  Line2D([0], [0], marker='.', color='k', linestyle='None'),
                  Line2D([0], [0], marker='x', color='k', linestyle='None')]

plt.figure(figsize=(8,5))
scatter = sns.scatterplot(x = 'total_bill', y = 'tip', hue='day',
                          style='time', data = data_seaborn)
scatter.set_title('매출액-팁 산점도')

plt.xlabel('매출액', fontsize=15)
plt.ylabel('팁금액', fontsize=15)
plt.legend(custom_legends, ['목요일', '금요일', '토요일', '일요일', '점심', '저녁'],
           loc='upper left')
plt.show()
```

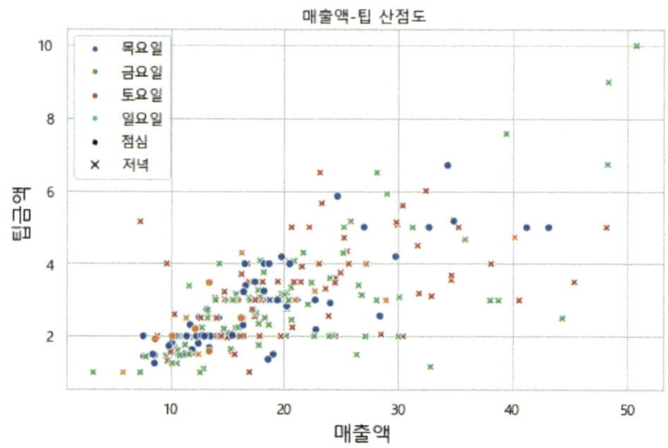


seaborn 라이브러리의 jointplot() 함수는 히스토그램과 산점도 그래프를 함께 출력할 수 있다. 사용법은 매우 간단하다.

```
In [255]: joint = sns.jointplot(x='total_bill', y='tip', data = data_seaborn)
          joint.set_axis_labels(xlabel='매출액', ylabel='팁금액')
          joint.fig.suptitle('조인트 그래프', fontsize = 15)

Out[255]: Text(0.5, 0.98, '조인트 그래프')
```

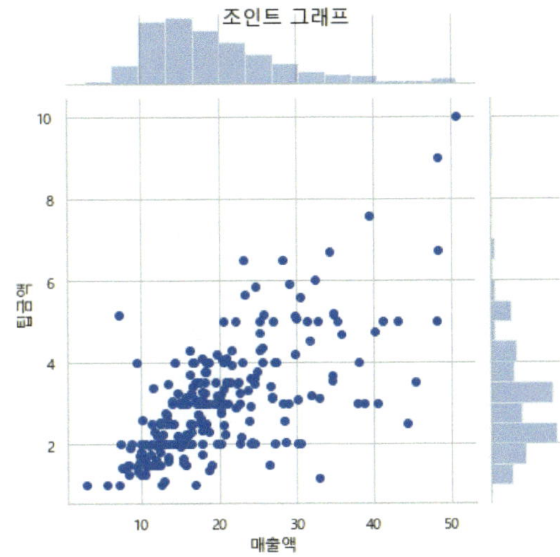


이 외에도 seaborn 홈페이지에서 여러 가지 방법으로 그래프를 시각화할 수 있는 방법들이 소개되고 있으니, 필요에 따라서 적절한 가시화 방법을 적용하면 목적에 맞는 그래프를 출력할 수 있다.

## 16.7 회귀직선으로 상관관계 분석하기

산점도에서 보이는 매출액과 팁금액의 상관관계를 회귀분석법을 이용한 회귀직선을 표출하면 매우 효과적인 상관관계 분석 및 예측에 유용하다. 회귀함수는 regplot()이나 lmplot() 함수를 사용하고 두 함수의 출력 결과는 같다.

```
In [126]: reg = sns.regplot(x = 'total_bill', y = 'tip', data = data_seaborn)
          reg.set_title('매출액-팁 산점도')
          plt.xlabel('매출액', fontsize=15)
          plt.ylabel('팁금액', fontsize=15)
          reg.set_title('매출액-팁 산점도', )

          plt.show()
```

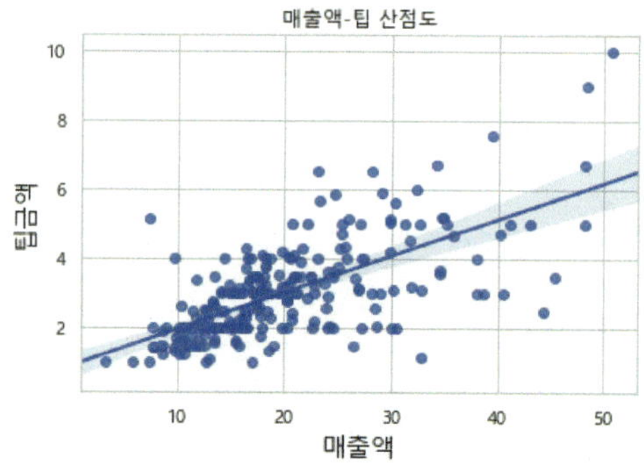


lmplot() 함수를 사용할 때는 set_title() 함수와 figsize 옵션이 정상적으로 실행되지 않는 문제점이 있다. 그래프의 제목은 matplotlib의 pyplot 패키지의 title 함수를 이용해서 plt.title('그래프제목') 형태로 변경할 수 있으나, figsize는 여러 방법을 적용해 보았지만 변경이 잘 되지 않는다. Subplot()을 지정해서 크기를 변경하면 가능하나, 본 교재에서는 생략하기로 한다.

```
In [143]: from matplotlib.lines import Line2D

          custom = [Line2D([0], [0], marker='.', color='b', linestyle='None'),
                    Line2D([0], [0], marker='x', color='r', linestyle='None')]

          reg = sns.lmplot(x = 'total_bill', y = 'tip', hue='time', markers=["o", "x"],
                           legend = False, data = data_seaborn)

          plt.title('매출액-팁 산점도')
          plt.xlabel('매출액', fontsize=15)
          plt.ylabel('팁금액', fontsize=15)
          plt.legend(custom, ['점심', '저녁'], loc='upper left')
          plt.show()
```

출력된 그래프를 살펴보면, 점심과 저녁에 대한 회귀직선의 기울기가 다소 다르게 나타남을 알 수 있다. 즉, 어느 날 점심 시간에 식당에 방문한 손님의 매출액과 팁금액의 예측이나 경향은 파란색 직선으로, 저녁 시간에 대한 것은 빨간색 직선으로 추론할 수 있다.

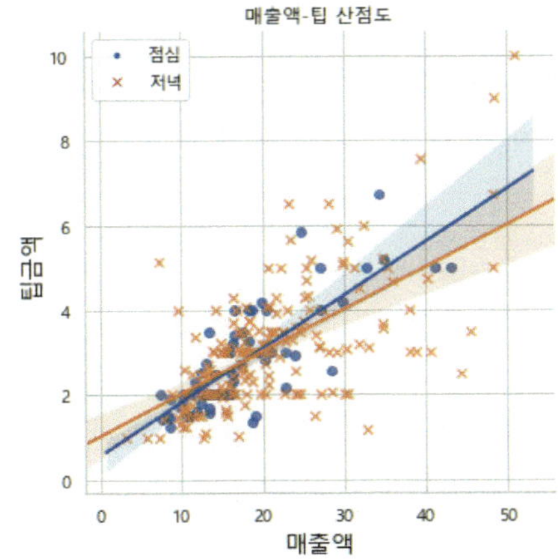


일반적으로 회귀직선으로 상관성이 나타나면 그에 해당하는 직선의 방정식을 함께 표시해주면 데이터의 분석적인 측면에서 더욱 효율적이다. 하지만, 회귀직선의 파라미터 값을 표현해주는 함수가 없기 때문에 회귀직선식을 그래프에 표현하기 위해서는 특별한 방법을 취해야 한다. 회귀분석 방정식을 구하기 위해서는 사이킷런(scikit-learn) 패키지의 linear_model .LinearRegression()함수를 이용하거나, stats 통계 패키지의 linregress()함수를 이용해서 회귀 분석의 계수를 찾을 수 있다. 그리고, 그 값을 이용해서 직접 텍스트 형태로 그래프에 올리면 회귀직선의 방정식을 그래프상에 회귀직선과 직선의 방정식을 모두 표현할 수 있다.

첫 번째 방법으로, 통계 패키지 SciPy의 stats를 임포트해서 회귀식을 구하는 방법을 소개한다. stats.linregress()함수는 slope, intercept, rvalue, pvalue, stderr 의 5가지 값을 계산해준다. 이 책에서 필요한 것은 직선의 기울기 slope와 y절편인 intercept 값이므로 이 두 변수의 값을 출력한다.

In [217]:
```python
#통계 패키지 임포트
from scipy import stats
#선형회귀함수 linregress()를 이용해서 5가지 값을 계산하고, 직선의 방정식을
#얻기위한 기울기 및 절편값만 출력한다.
slope, intercept, r_value, p_value, std_err = stats.linregress(
                                              data_seaborn['total_bill'],
                                              data_seaborn['tip'])

#slope와 intercept값을 포맷 옵션을 이용해서 직선의 방정식을 텍스트로 저장한다.
equation = 'y=%0.3fx + %0.3f' % (slope, intercept)
print(equation)
```

```
y=0.105x + 0.920
```

In [235]:
```python
reg_equ = sns.lmplot(x = 'total_bill', y = 'tip', legend = False,
                     fit_reg=True, data = data_seaborn)

#직선의 방정식을 표시할 위치 지정하고 텍스트 형태로 출력
reg_equ.ax.text(1.0, 0.6, equation, transform=reg_equ.ax.transAxes,
                fontsize=14)

plt.title('매출액-팁 산점도')
plt.xlabel('매출액', fontsize=15)
plt.ylabel('팁금액', fontsize=15)
plt.show()
```

회귀직선의 파라미터 값들은 텍스트 포맷팅을 이용해서 방정식의 형태로 저장할 수 있다. % 연산자를 이용하는 방법과 파이썬3에서 추가된 format()을 이용하는 방법이 있는데, 방정식처럼 여러 파라미터를 변수로부터 받아오는 경우라면 %연산자를 이용하는 것이 더 편리하다. 직선의 방정식을 그래프에 출력하기 위해서는 출력하고자 그래프의 좌표(reg_equ.ax)를 사용하여 원하는 위치에 출력을 할 수 있도록 좌표값과 ax.transAxes를 사용한다.

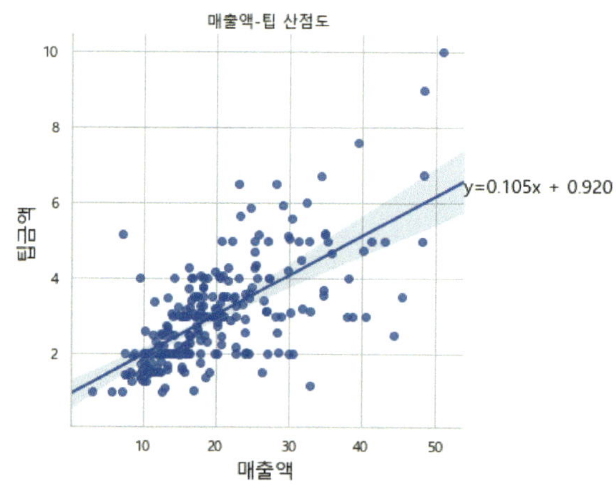


사이키런을 이용할 때는 linear_model 라이브러리를 임포트한다. 그리고 회귀모델을 구하기 위해서 LinearRegression() 함수를 사용한다. 다음 예제 프로그램을 작성해서 실행해 보자.

```
In [224]: #사이키런 패키지 임포트
          from sklearn import linear_model
          regr = linear_model.LinearRegression()

          #regression fitting은 2차원 배열을 요구하기 때문에
          #1차원 데이터를 2차원으로 재구성
          X = data_seaborn.total_bill.values.reshape(-1,1)
          y = data_seaborn.tip.values.reshape(-1,1)

          #회귀직선의 파라미터 계산
          regr.fit(X, y)
          #reg.fit()함수는 선형회귀방정식의 기울기와 절편값을 계산한다.
          print(regr.coef_[0])
          print(regr.intercept_)

          [0.10502452]
          [0.92026961]
```

```
In [237]: g = sns.lmplot(x = 'total_bill', y = 'tip',data=data_seaborn,fit_reg=True)

          #회귀직선의 방정식을 박스로 감싸서 출력
          props = dict(boxstyle='round', alpha=0.2,color=sns.color_palette()[0])
          equation = 'y=%0.3fx + %0.3f' % (regr.coef_[0], regr.intercept_)

          g.ax.text(1.0, 0.6, equation, transform=g.ax.transAxes, fontsize=14, bbox=props)
          plt.title('매출액-팁 산점도')
          plt.xlabel('매출액', fontsize=15)
          plt.ylabel('팁금액', fontsize=15)
          plt.show()
```

1차원의 데이터를 2차원 형태로 변경하기 위해서 reshape() 함수를 사용한다. LinearRegression() 함수로부터 회귀방정식의 직선의 기울기과 절편을 계산해주는 fit() 함수를 이용하면 원하는 직선의 방정식의 파라미터를 구할 수 있다.

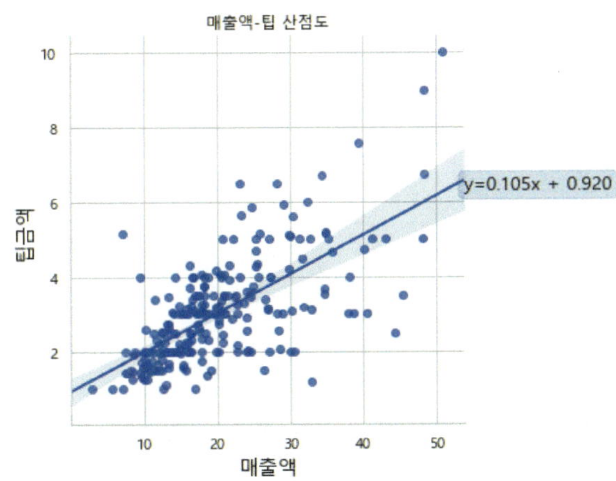

## 16.8 통계 그래프 사용하기

seaborn 라이브러리는 barplot() 함수를 이용해서 특정 변수에 대한 평균 값을 계산해서 그래프를 그릴 수 있고, 박스 그래프를 이용해서 상하위 25% 분위와 최대 최소값을 출력할 수 있다.

```
In [79]: bar = sns.barplot(x='day', y='total_bill', data=data_seaborn)
         plt.title('요일별 바 그래프')
         plt.xlabel('요일')
         plt.ylabel('매출액')
Out[79]: Text(0, 0.5, '매출액')
```

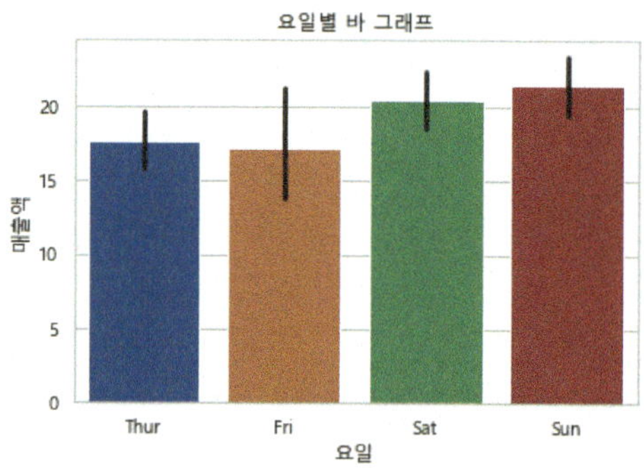


```
In [80]: box = sns.boxplot(x='day', y='total_bill', data=data_seaborn)
         plt.title('요일별 박스 그래프')
         plt.xlabel('요일')
         plt.ylabel('매출액')
Out[80]: Text(0, 0.5, '매출액')
```

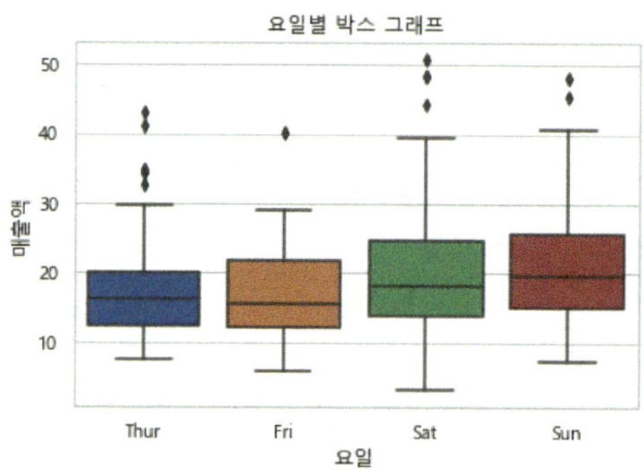


박스 그래프의 단점은 데이터 분산정도가 어느 정도 나타나지만, violinplot() 함수를 사용하면 데이터 분산과 밀도를 동시에 볼 수 있기 때문에 데이터 추정을 좀더 용이하게 할 수 있다.

In [81]:
```
violin = sns.violinplot(x='day', y='total_bill', data=data_seaborn)
plt.title('요일별 박스 그래프')
plt.xlabel('요일')
plt.ylabel('매출액')
```
Out[81]: Text(0, 0.5, '매출액')

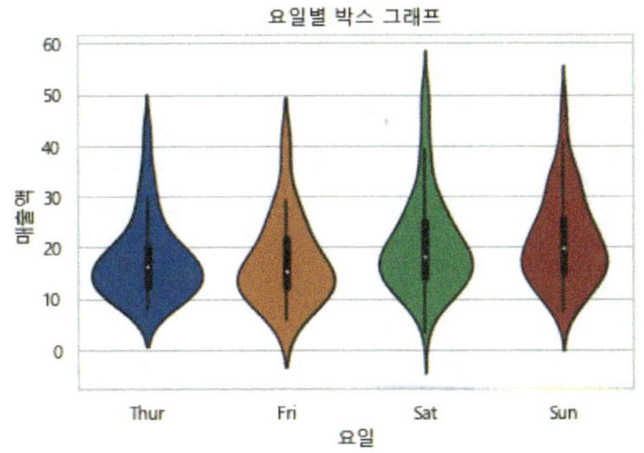


위의 그래프는 앞에서 다루었던 커널밀도함수 그래프를 이용하면 좀더 가시적인 비교가 쉽게 할 수 있다. 다음의 예와 같이 프로그램을 작성하고 실행해 보자.

In [78]:
```
ax = sns.kdeplot(data=data_seaborn['total_bill'], data2=data_seaborn['tip'], shade=True)
ax.set_title('커널 밀도 함수 그래프 (매출액/팁금액)')
ax.set_xlabel('매출액')
ax.set_ylabel('팁금액')
```
Out[78]: Text(0, 0.5, '팁금액')

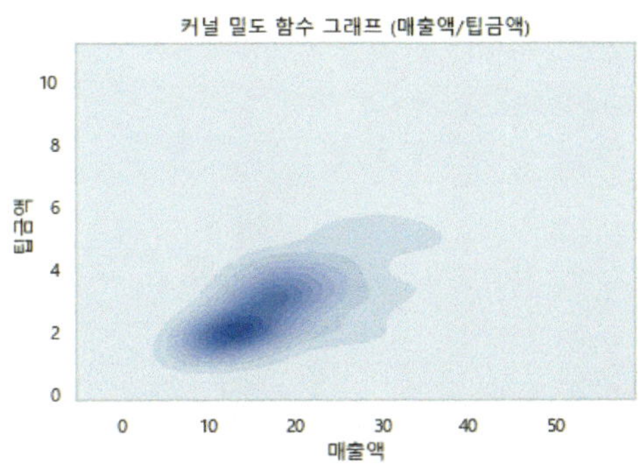

P·A·R·T

# 04

# 의료데이터 분석

CHAPTER 17

# COVID-19 데이터 분석

중국 우한에서 발생한 소위 '우한 폐렴'의 국내 확진자, 즉 신종 코로나바이스러스(COVID-19) 확진자가 2020년 1월 19일에 한국에 입국한 중국 국적의 35세 여성으로 1월 20일에 국내에서 첫 확진자 사례가 되었다. 그리고 첫 한국인 확진자는 우한시에서 근무하다가 10일경부터 목감기 증상을 보이다가 1월 22일 상하이를 경유해 김포공항으로 입국한 61세 여성이었다. 2월 19일에 20명의 확진자가 나타난 이후, 21일부터 시작된 대구 신천지 집단 감염에 의한 폭증세로 2월 29일엔 909명까지 치솟았기 때문에 국가적으로 큰 위기에 직면하기도 하였다. 그러나 겉잡을 수 없을 것 같았던 전염병 상황은 정부와 질병관리본부, 그리고 수많은 의료진과 마스크 착용과 사회적 거리두기를 잘 실천한 성숙한 시민의식으로, 전염병 발병 이후 약 60여일 만에 세계 어느 나라에서도 찾아볼 수 없는 안정세를 보이기 시작했다. 그리고 2월 18일 31번 확진자 발생 이후 72일만인 4월 30일엔 신규 확진자가 0명으로 나타나면서, 강압적인 봉쇄조치나 입국제한 등의 방법이 아닌 민주적이면서 자발적일 뿐만 아니라, 여러 첨단 기술을 이용한 창의적인 검사와 추적 방법을 이용하여 적극적으로 전염병에 대처해 낸 성공적인 감염병 대응 모델의 사례가 되었다. 4월 30일 기준으로 질병관리본부 발표 자료에 의하면, 총 누적 확진자 10,765명, 사망자 247명, 완치자 9,059명으로, 완치율 84.2%과 치명률 2.29%를 보이고 있다.

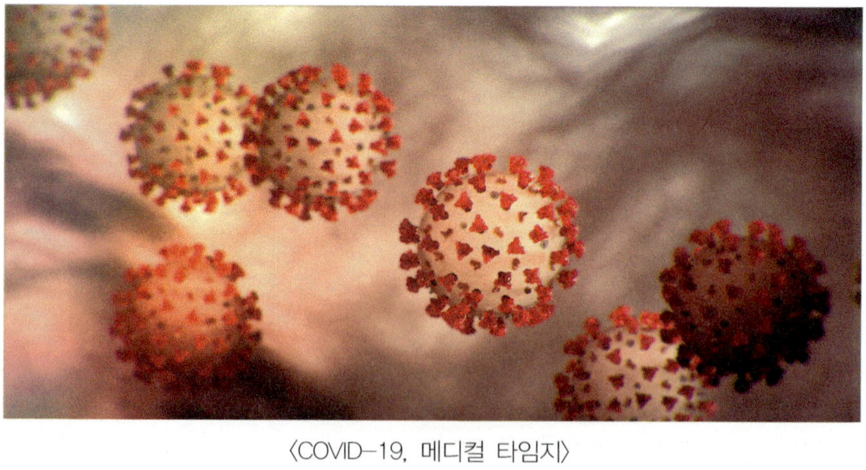

〈COVID-19, 메디컬 타임지〉

## 17.1 COVID-19 데이터세트 준비

본 교재에서 사용하는 COVID-19 데이터는 github 사이트(https://github.com/jihoo-kim/Data-Science-for-COVID-19/tree/master/dataset/)에서 다운로드 할 수 있으며, kaggle에도 등록되어 있어서 kaggle 사이트에서 데이터 파일의 경로만 설정하면 다운로드 하지 않고, kaggle 사이트에서 쥬피터 노트북과 동일하게 kaggle의 브라우저 환경에서 직접 프로그램 개발도 가능하다. COVID-19 데이터세트와 동일한 것으로 다음 그림과 같다.

https://www.kaggle.com/kimjihoo/ds4c-what-is-this-dataset-detailed-description).

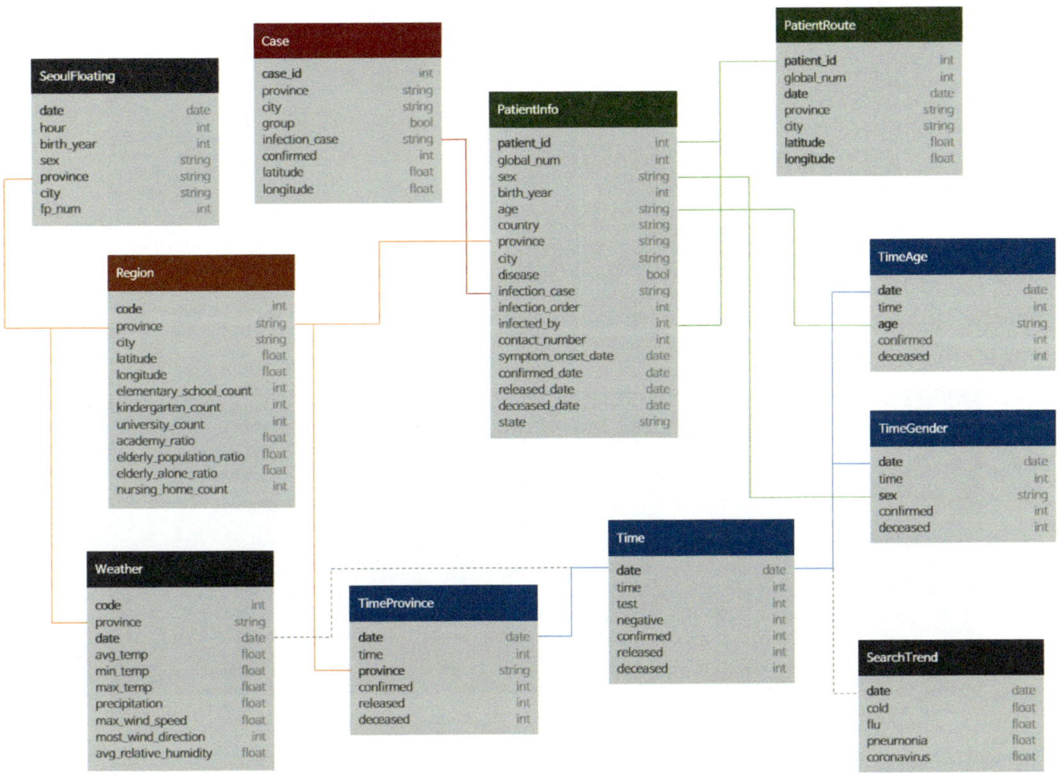

## 17.2 COVID-19 확진자 사례 데이터 읽어오기

첫 번째로, 첫 확진자가 발생한 2020년 1월 19일부터 2월 28일까지 발생자 추이와 누적 확진자 수를 살펴보도록 하자.

우선 데이터를 읽을 수 있도록 필요한 라이브러리를 임포트한 후에, CSV 파일 형태로 되어 있는 데이터 파일을 확인한다. Kaggle 사이트에서 직접 필요한 라이브러리와 COVID-19 데이터가 있는 경로를 다음의 프로그램을 통해서 확인할 수 있다.

[1]:

```
import numpy as np
import pandas as pd


import os
for dirname, _, filenames in os.walk('/kaggle/input'):
    for filename in filenames:
        print(os.path.join(dirname, filename))
```

위의 프로그램을 실행시키면 아래와 같이 kaggle 내 디렉토리 정보와 함께 데이터 구조에 나와있던 CSV 파일의 정확한 파일명과 설정된 경로를 받아올 수 있다.

```
/kaggle/input/coronavirusdataset/SeoulFloating.csv
/kaggle/input/coronavirusdataset/PatientInfo.csv
/kaggle/input/coronavirusdataset/Policy.csv
/kaggle/input/coronavirusdataset/SearchTrend.csv
/kaggle/input/coronavirusdataset/Region.csv
/kaggle/input/coronavirusdataset/Weather.csv
/kaggle/input/coronavirusdataset/TimeAge.csv
/kaggle/input/coronavirusdataset/TimeProvince.csv
/kaggle/input/coronavirusdataset/PatientRoute.csv
/kaggle/input/coronavirusdataset/Time.csv
/kaggle/input/coronavirusdataset/Case.csv
/kaggle/input/coronavirusdataset/TimeGender.csv
```

COVID-19 데이터 분석에 필요한 데이터들을 판다스를 이용해서 데이터 프레임으로 가져오도록 한다.

[3]:
```
case = p_info = pd.read_csv('/kaggle/input/coronavirusdataset/Case.csv')
p_info = pd.read_csv('/kaggle/input/coronavirusdataset/PatientInfo.csv')
p_route = pd.read_csv('/kaggle/input/coronavirusdataset/PatientRoute.csv')
time = pd.read_csv('/kaggle/input/coronavirusdataset/Time.csv')
t_age = pd.read_csv('/kaggle/input/coronavirusdataset/TimeAge.csv')
t_gender = pd.read_csv('/kaggle/input/coronavirusdataset/TimeGender.csv')
t_provin = pd.read_csv('/kaggle/input/coronavirusdataset/TimeProvince.csv')
region = pd.read_csv('/kaggle/input/coronavirusdataset/Region.csv')
weather = pd.read_csv('/kaggle/input/coronavirusdataset/Weather.csv')
search = pd.read_csv('/kaggle/input/coronavirusdataset/SearchTrend.csv')
floating = pd.read_csv('/kaggle/input/coronavirusdataset/SeoulFloating.csv')
```

각각의 데이터 프레임의 head() 함수를 이용해서 데이터를 출력해 보면서 이상이 없는지를 확인하도록 한다.

[3]:
```
case.head(5)
```

Out[3]:

| | case_id | province | city | group | infection_case | confirmed | latitude | longitude |
|---|---|---|---|---|---|---|---|---|
| 0 | 1000001 | Seoul | Guro-gu | True | Guro-gu Call Center | 98 | 37.508163 | 126.884387 |
| 1 | 1000002 | Seoul | Dongdaemun-gu | True | Dongan Church | 20 | 37.592888 | 127.056766 |
| 2 | 1000003 | Seoul | Guro-gu | True | Manmin Central Church | 41 | 37.481059 | 126.894343 |
| 3 | 1000004 | Seoul | Eunpyeong-gu | True | Eunpyeong St. Mary's Hospital | 14 | 37.63369 | 126.9165 |
| 4 | 1000005 | Seoul | Seongdong-gu | True | Seongdong-gu APT | 13 | 37.55713 | 127.0403 |

[7]:
```
p_route.head(5)
```

Out[7]:

| | patient_id | global_num | date | province | city | type | latitude | longitude |
|---|---|---|---|---|---|---|---|---|
| 0 | 1000000001 | 2.0 | 2020-01-22 | Gyeonggi-do | Gimpo-si | airport | 37.615246 | 126.715632 |
| 1 | 1000000001 | 2.0 | 2020-01-24 | Seoul | Jung-gu | hospital | 37.567241 | 127.005659 |
| 2 | 1000000002 | 5.0 | 2020-01-25 | Seoul | Seongbuk-gu | etc | 37.592560 | 127.017048 |
| 3 | 1000000002 | 5.0 | 2020-01-26 | Seoul | Seongbuk-gu | store | 37.591810 | 127.016822 |
| 4 | 1000000002 | 5.0 | 2020-01-26 | Seoul | Seongdong-gu | public_transportation | 37.563992 | 127.029534 |

[8]:
```
time.head(5)
```

Out[8]:

| | date | time | test | negative | confirmed | released | deceased |
|---|---|---|---|---|---|---|---|
| 0 | 2020-01-20 | 16 | 1 | 0 | 1 | 0 | 0 |
| 1 | 2020-01-21 | 16 | 1 | 0 | 1 | 0 | 0 |
| 2 | 2020-01-22 | 16 | 4 | 3 | 1 | 0 | 0 |
| 3 | 2020-01-23 | 16 | 22 | 21 | 1 | 0 | 0 |
| 4 | 2020-01-24 | 16 | 27 | 25 | 2 | 0 | 0 |

[12]:
```
t_age.head()
```

Out[12]:

| | date | time | age | confirmed | deceased |
|---|---|---|---|---|---|
| **0** | 2020-03-02 | 0 | 0s | 32 | 0 |
| **1** | 2020-03-02 | 0 | 10s | 169 | 0 |
| **2** | 2020-03-02 | 0 | 20s | 1235 | 0 |
| **3** | 2020-03-02 | 0 | 30s | 506 | 1 |
| **4** | 2020-03-02 | 0 | 40s | 633 | 1 |

[13]:
```
t_gender.head()
```

Out[13]:

| | date | time | sex | confirmed | deceased |
|---|---|---|---|---|---|
| **0** | 2020-03-02 | 0 | male | 1591 | 13 |
| **1** | 2020-03-02 | 0 | female | 2621 | 9 |
| **2** | 2020-03-03 | 0 | male | 1810 | 16 |
| **3** | 2020-03-03 | 0 | female | 3002 | 12 |
| **4** | 2020-03-04 | 0 | male | 1996 | 20 |

[14]:
```
t_provin.head()
```

Out[14]:

| | date | time | province | confirmed | released | deceased |
|---|---|---|---|---|---|---|
| **0** | 2020-01-20 | 16 | Seoul | 0 | 0 | 0 |
| **1** | 2020-01-20 | 16 | Busan | 0 | 0 | 0 |
| **2** | 2020-01-20 | 16 | Daegu | 0 | 0 | 0 |
| **3** | 2020-01-20 | 16 | Incheon | 1 | 0 | 0 |
| **4** | 2020-01-20 | 16 | Gwangju | 0 | 0 | 0 |

[15]:
```
region.head()
```

Out[15]:

| | code | province | city | latitude | longitude | elementary_school_count | kindergarten_count | universi |
|---|---|---|---|---|---|---|---|---|
| **0** | 10000 | Seoul | Seoul | 37.566953 | 126.977977 | 607 | 830 | |
| **1** | 10010 | Seoul | Gangnam-gu | 37.518421 | 127.047222 | 33 | 38 | |
| **2** | 10020 | Seoul | Gangdong-gu | 37.530492 | 127.123837 | 27 | 32 | |
| **3** | 10030 | Seoul | Gangbuk-gu | 37.639938 | 127.025508 | 14 | 21 | |
| **4** | 10040 | Seoul | Gangseo-gu | 37.551166 | 126.849506 | 36 | 56 | |

## 17.3 일별 확진자와 누적 확진자 추이 표현하기

첫 확진자가 발생한 날로부터 4월 30일까지 코로나 바이러스 양성진단을 받은 확진자 추이를 그래프로 나타내기 위한 몇가지 라이브러리를 추가해 보자. 확진자 데이터는 Case.csv 또는 PatientInfo.csv 파일을 이용하도록 한다. 각 날짜별 데이터를 마킹하기 위한 라이브러리로 matplotlib의 dates 패키지와 datetime 패키지를 임포트 한다. 그리고 앞에서 확인했던 데이터를 CSV 파일로부터 판다스의 데이터 프레임으로 가져와서 저장한다.

[1]:

```
import matplotlib.pyplot as plt
import matplotlib.dates as mdates
from datetime import date, timedelta
```

[11]:

```
path = '/kaggle/input/coronavirusdataset/'
p_info = pd.read_csv(path+'PatientInfo.csv')
df = p_info
df.head()
```

데이터를 가져온 후, 원본 데이터는 추후에 지속적으로 필요할 수도 있으므로, 데이터 프레임으로 가져온 데이터를 이용하도록 df = p_info로 데이터를 복사해서 사용한다. 데이터가 이상없는지 head() 함수로 출력해서 확인한다.

Out[11]:

| | patient_id | global_num | sex | birth_year | age | country | province | city | disease | infection_case | i |
|---|---|---|---|---|---|---|---|---|---|---|---|
| 0 | 1000000001 | 2.0 | male | 1964.0 | 50s | Korea | Seoul | Gangseo-gu | NaN | overseas inflow | |
| 1 | 1000000002 | 5.0 | male | 1987.0 | 30s | Korea | Seoul | Jungnang-gu | NaN | overseas inflow | |
| 2 | 1000000003 | 6.0 | male | 1964.0 | 50s | Korea | Seoul | Jongno-gu | NaN | contact with patient | |
| 3 | 1000000004 | 7.0 | male | 1991.0 | 20s | Korea | Seoul | Mapo-gu | NaN | overseas inflow | |
| 4 | 1000000005 | 9.0 | female | 1992.0 | 20s | Korea | Seoul | Seongbuk-gu | NaN | contact with patient | |

확진자 id를 일별 확진자 수로 그룹핑하여 변수에 저장한 후 이를 일별 데이터 그래프와 누적 데이터 그래프로 출력한다. 데스크탑에서 쥬피터 노트북으로 프로그램을 작성하면서 한글폰트를 설정하였지만, kaggle 사이트에서 직접 프로그램을 작성하는 경우에는 한글 폰트가 적용이 되지 않는 점을 유의해야 한다.

[5]:

```
df.confirmed_date = pd.to_datetime(df.confirmed_date)

# get daily confirmed patient --> daily_count
daily_count = df.groupby(df.confirmed_date).patient_id.count()

# get accumulated confirmed patient--> accumulated_count
accumulated_count = daily_count.cumsum()
```

[21]:

```
plt.rcParams["figure.figsize"] =(15,5)
daily_count.plot()
plt.title('Number of Daily Confirmed Patients');
```

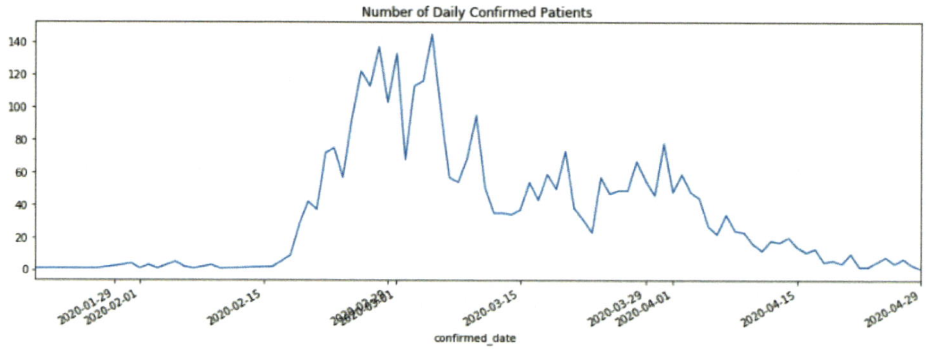


[22]:

```
plt.rcParams["figure.figsize"] =(15,5)
accumulated_count.plot()
plt.title('Accumulated Number of Confirmed Patients');
```

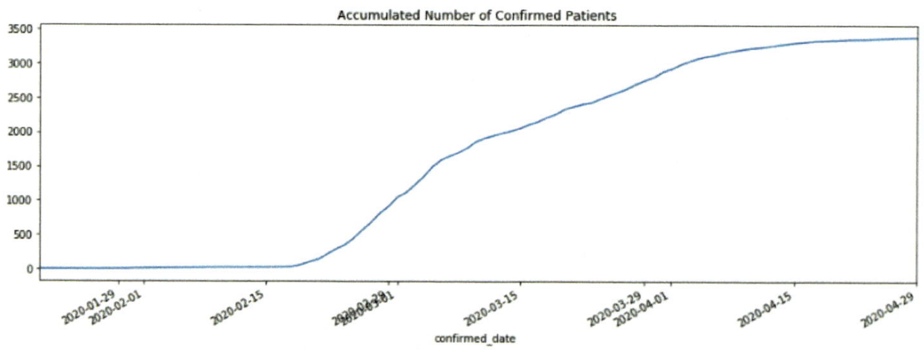

## 17.4 성별에 따른 확진자 통계 나타내기

다음으로 남녀 확진자를 구분해서 보여주는 그래프를 그려보자. 앞에서 학습했던 카운트플롯(countplot)을 성별로 마스킹하면 간단하게 해결할 수 있다.

[12]:
```
sns.countplot(df['sex'])
plt.title('Distribution of Male and Female')
plt.xlabel('Sex')
plt.ylabel('Number of Positives')
plt.show()
```

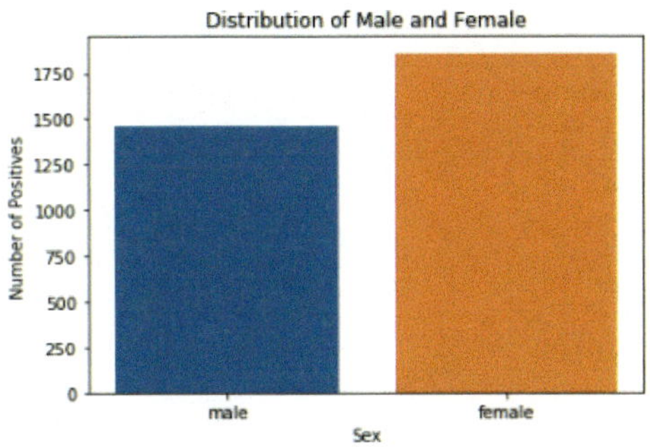


그래프 상으로는 차이가 나타나고 있지만, 이 차이가 어떤 유의성을 갖는지에 대한 여부를 논의하기 위해서는 추가적인 통계적 검증을 필요로 할 것 같다.

## 17.5 감염원인 통계 나타내기

이번에는 감염 경로에 대한 것을 살펴보도록 하자. PatientInfo 테이블을 보면 infection_case라는 열이 있으므로 이것을 이용해서 각 케이스별로 카운트를 해보도록 한다.

Out[5]:

| age | country | province | city | disease | infection_case | infection_order | infected_by | contact_number | symptom_onset_date |
|---|---|---|---|---|---|---|---|---|---|
| 50s | Korea | Seoul | Gangseo-gu | NaN | overseas inflow | 1.0 | NaN | 75.0 | 2020-01-22 |
| 30s | Korea | Seoul | Jungnang-gu | NaN | overseas inflow | 1.0 | NaN | 31.0 | NaN |
| 50s | Korea | Seoul | Jongno-gu | NaN | contact with patient | 2.0 | 2.002000e+09 | 17.0 | NaN |
| 20s | Korea | Seoul | Mapo-gu | NaN | overseas inflow | 1.0 | NaN | 9.0 | 2020-01-26 |
| 20s | Korea | Seoul | Seongbuk-gu | NaN | contact with patient | 2.0 | 1.000000e+09 | 2.0 | NaN |

```
[15]:
ax = sns.countplot(df['infection_case'])
ax.set_xticklabels(ax.get_xticklabels(), rotation=45, horizontalalignment='right')
plt.title('Categories of Infection')
plt.xlabel('Infection types')
plt.ylabel('Number of Positives')
plt.rcParams["figure.figsize"] = (10, 5)
plt.show()
```

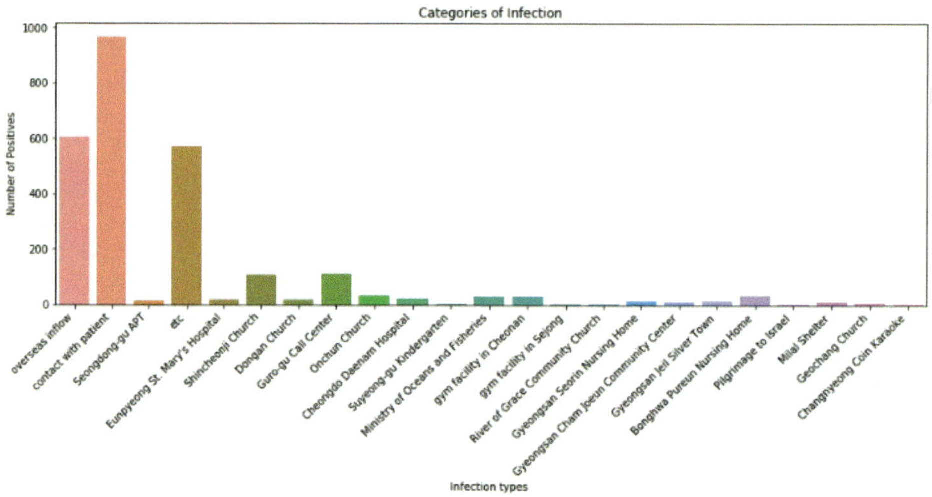


결과를 보면, 확진자와의 접촉과 해외 유입에 의한 확진 판정이 많았던 것과 일치함을 알 수 있다. 그리고 신천지와 콜센터와 같은 집단 밀집 감염에 의한 비중이 매우 높음을 알 수 있다. 사용하고 있는 데이터세트의 구조상 집단감염과 확진자와의 접촉을 통합하거나 독립적인 형태로 분류해 낼 수는 없지만, 집단 내의 확진자와의 접촉에 포함되어 발생한 것으로 해석을 해도 될 것으로 보인다.

## 17.6 17개 시도별 확진자 통계 나타내기

다음은 각 지역별 확진자 수를 보여주는 그래프이다. PationInfo 테이블의 province 열을 이용해서 마스킹한 후, countplot을 이용해서 시각화한다.

[20]:

```
ax = sns.countplot(df['province'])
ax.set_xticklabels(ax.get_xticklabels(), rotation=45, horizontalalignment='right')
plt.title('Positives by Province')
plt.xlabel('Province')
plt.ylabel('Number of Positives')
plt.rcParams["figure.figsize"] = (10, 5)
plt.show()
```

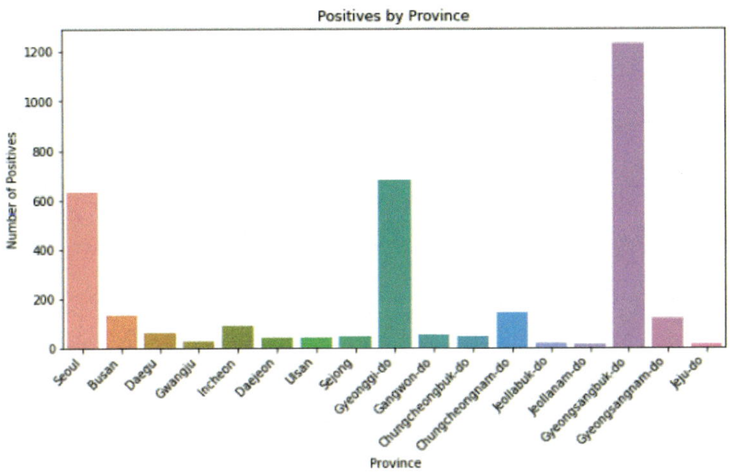


위의 데이터에서 경상북도와 대구에서 발생한 확진자 수가 질병관리본부의 발표와 사뭇 다르게 나타남을 알 수 있다. 여러 방법으로 데이터를 표현해서 확인을 해보았지만, 결론적으로 말하면, COVID-19 데이터를 제공한 제공자 그룹에서 원본 데이터 입력시 틀린 부분이 있지 않았나 하는 판단을 하게 되었다. 하지만, 다음 Timeprovince.csv를 이용해서 좀더 정확한 데이터를 볼 수 있었다. TimeProvince.csv 파일의 데이터를 읽어서, 데이터 프레임으로 옮긴 후 필요한 데이터 분석 프로그램을 작성한다.

[7]:

```
timeprovince = pd.read_csv('../input/coronavirusdataset/TimeProvince.csv')
timeprovince
```

Out[7]:

| | date | time | province | confirmed | released | deceased |
|---|---|---|---|---|---|---|
| 0 | 2020-01-20 | 16 | Seoul | 0 | 0 | 0 |
| 1 | 2020-01-20 | 16 | Busan | 0 | 0 | 0 |
| 2 | 2020-01-20 | 16 | Daegu | 0 | 0 | 0 |
| 3 | 2020-01-20 | 16 | Incheon | 1 | 0 | 0 |
| 4 | 2020-01-20 | 16 | Gwangju | 0 | 0 | 0 |
| ... | ... | ... | ... | ... | ... | ... |
| 1729 | 2020-04-30 | 0 | Jeollabuk-do | 18 | 11 | 0 |
| 1730 | 2020-04-30 | 0 | Jeollanam-do | 15 | 11 | 0 |
| 1731 | 2020-04-30 | 0 | Gyeongsangbuk-do | 1365 | 1147 | 52 |
| 1732 | 2020-04-30 | 0 | Gyeongsangnam-do | 117 | 97 | 0 |
| 1733 | 2020-04-30 | 0 | Jeju-do | 13 | 8 | 0 |

1734 rows × 6 columns

여기에서 필요한 데이터는 날짜와 지역, 그리고 확진자 수이다. 이 부분만 따로 데이터 프레임으로 다음 프로그램처럼 저장한 후, 알기 쉽게 confirmed를 확진자 수 count로 변경한다. 그리고 전국 17개 시도 확진자 데이터를 반복문에서 제어할 수 있도록 num_of_provinces = 17로 설정한다.

[8]:
```
df = timeprovince[['date', 'province', 'confirmed']]
```

[82]:
```
#확진자 수 --> count 로 변경
df.columns = ['date', 'province', 'count']

#전국 17개 시도 설정
num_of_provinces = 17
```

17개 시도의 데이터를 모두 출력해야 하므로, 그래프의 크기를 조정한다.

이제 2020년 4월 30일까지의 데이터를 내림차순으로 정리해서 출력용 변수 bar_data에 저장한다. 저장된 데이터는 x축으로 확진자 수를, y축으로 17개 시도 지역을 설정해서 우측으로 누워있는 barh 그래프를 출력한다. 그래프의 우측 끝에 각 시도 명과 총 확진자수를 텍스트로 표현할 수 있도록 다음과 같이 프로그램을 작성한다.

```
#바차트 크기 설정
fig, ax = plt.subplots(figsize = (35, 30))

#최종 데이터 날짜
current_date = '2020-04-30'

#바차트를 값이 큰 것부터 작은 것 순으로 내림차순 정리
bar_data = df[df['date'].eq(current_date)].sort_values(
    by='count', ascending=True).tail(num_of_provinces)

ax.barh(bar_data['province'], bar_data['count'])
#막대 그래프가 그려지고 일정한 간격을 유지하면서 출력하도록 텍스트 위치 설정
#각 데이터 값의 끝값 + 떨어진 위치 --> 각 데이터값 / 비율값
dx = bar_data['count'].max() / 300
```

다음으로 for 문을 이용하여 17개 시도 지역에 대한 막대그래프를 그리면서 그래프의 우측에 시도 이름과 확진자 수를 표시할 수 있도록 다음 프로그램과 같이 작성한다.

```
#zip()함수를 이용하여 리스트의 key값과 value값을 하나로 묶음
#총 17개의 시도 데이터를 처리하므로 for 반복문을 이용
for i, (value, name) in enumerate(zip(bar_data['count'], bar_data['province'])):
    ax.text(value + dx,
            i + (num_of_provinces / 80), '     ' + name,
            size = 28,
            ha = 'left',
            va = 'center',
            fontdict = {'fontname': 'Gothic MS'})

    ax.text(value + dx,
            i - (num_of_provinces / 80),
            f'    {value:,.0f}',
            size = 28,
            ha = 'left',
            va = 'center')
```

만약, 값을 막대그래프 내부에서 나타내고 싶다면, dx 없이 막대그래프의 너비를 받아와서 약 90%되는 지점에 텍스트가 출력되도록 하면 된다. 그리고 좀더 쉽게 각 시도별 총 확진자수를 받아와서 리스트 데이터로 처리하고 다음과 같은 방식으로 프로그램을 작성하면 좀더 간단하다.

```
rects = plt.barh(bar_data['province'], bar_data['count'])
for i, rect in enumerate(rects):
ax.text(0.90 * rect.get_width(), rect.get_y() + rect.get_height() / 2.0,
str(total_count[i]) + '%', ha='right', va='center')
ax.text(0.90 * rect.get_width(), rect.get_y() + rect.get_height() / 2.0,
str(total_count[i]) + '%', ha='right', va='center')
```

마지막으로 막대 그래프에 그리드와 x축 레이블을 설정하고 box 설정을 하지 않도록 하면 다음과 같은 그래프를 볼 수 있다.

```
ax.xaxis.set_ticks_position('top')
ax.tick_params(axis = 'x', colors = 'Black', labelsize = 30)
ax.set_yticks([])
ax.set_axisbelow(True)
ax.grid(which = 'both', axis = 'x', linestyle = '-')
plt.box(False)
```

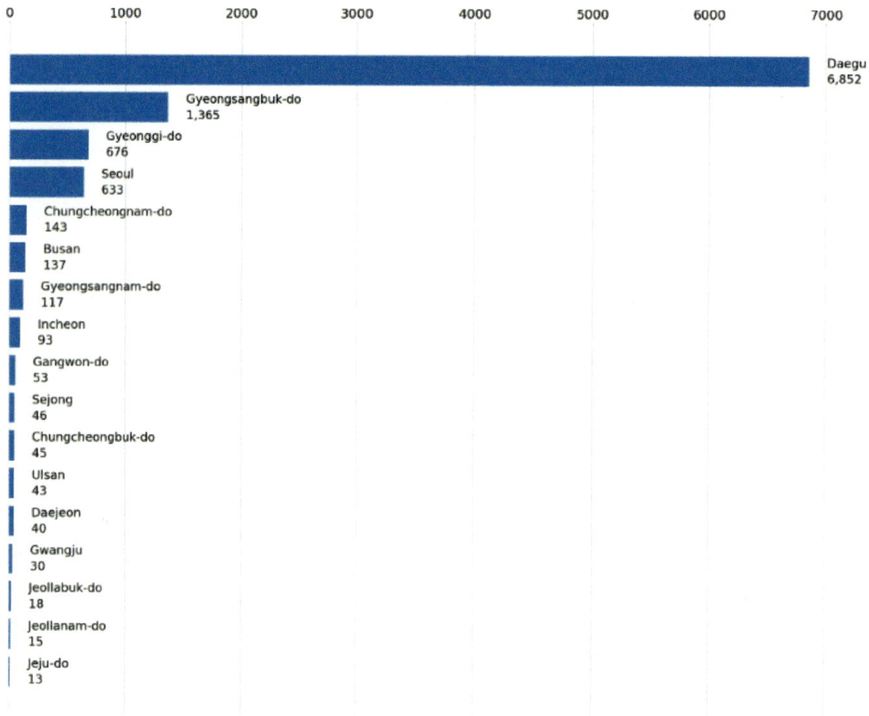


최종 출력 결과인 막대그래프의 프로그램 코드 전체는 다음과 같다.

[27]:

```
#전국 17개시도 데이터 설정
num_of_provinces = 17

#바차트의 텍스트 표현 정규화
import re

#바차트 크기 설정
fig, ax = plt.subplots(figsize = (35, 30))

#최종 데이터 날짜
current_date = '2020-04-30'

#바차트를 값이 큰 것부터 작은 것 순으로 내림차순 정리
bar_data = df[df['date'].eq(current_date)].sort_values(
    by='count', ascending=True).tail(num_of_provinces)

ax.barh(bar_data['province'], bar_data['count'])
#막대 그래프가 그려지고 일정한 간격을 유지하면서 출력하도록 텍스트 위치 설정
#각 데이터 값의 끝값 + 떨어진 위치 --> 각 데이터값 / 비율값
dx = bar_data['count'].max() / 300

#zip()함수를 이용하여 리스트의 key값과 value값을 하나로 묶음
#총 17개의 시도 데이터를 처리하므로 for 반복문을 이용
for i, (value, name) in enumerate(zip(bar_data['count'], bar_data['province'])):
    ax.text(value + dx,
            i + (num_of_provinces / 80), '    ' + name,
            size = 28,
            ha = 'left',
            va = 'center',
            fontdict = {'fontname': 'Gothic MS'})
```

```
    ax.text(value + dx,
            i - (num_of_provinces / 80),
            f'    {value:,.0f}',
            size = 28,
            ha = 'left',
            va = 'center')

ax.xaxis.set_ticks_position('top')
ax.tick_params(axis = 'x', colors = 'Black', labelsize = 30)
ax.set_yticks([])
ax.set_axisbelow(True)
ax.grid(which = 'both', axis = 'x', linestyle = '-')
plt.box(False)
```

## 17.7 주요 도시별 확진자 비율 나타내기

앞 절에서 생성한 데이터를 각 시도별로 파이그래프를 이용해서 전체적인 비율로 나타낼 수 있다.

```
[6]:
count.reset_index(inplace=True)
count.index=["Busan","Chungcheongbuk-do","Chungcheongnam-do","Daegu","Daejeon","Gangwon-do","Gwangju","
             "Incheon","Jeju-do","Jeollabuk-do","Jeollanam-do","Sejong","Seoul","Ulsan"]
fig = px.pie(count, values=count.confirmed, names=count.index)
fig.show()
```

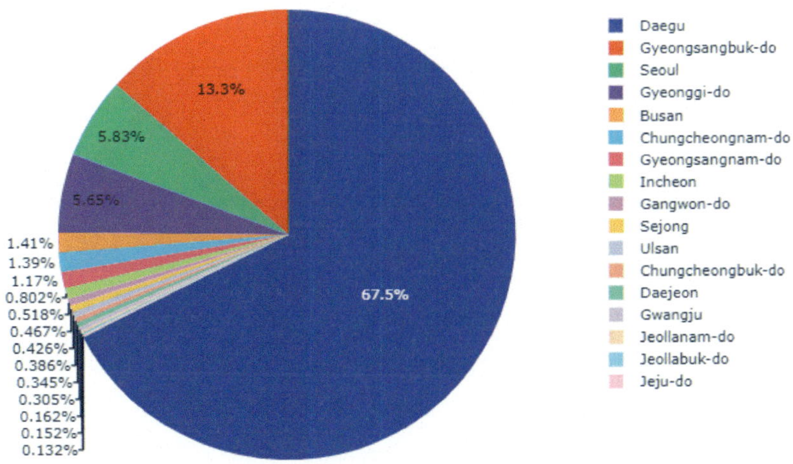

2월 18일 31번 환자로부터 화두가 되었던 신천지 교인의 데이터를 필터링해서 종합해보면 다음과 같이 대구의 남구에서 가장 많은 감염자 원인을 제공하는 것으로 나타나고 있다.

[47]:
```
sns.barplot(x= 'confirmed',y = 'city',data= local_infected.loc[local_infected['province'] == 'Daegu'],
            ci = None).set(xlabel='Confirmed', ylabel='Districts', title='Cases in Daegu')
```

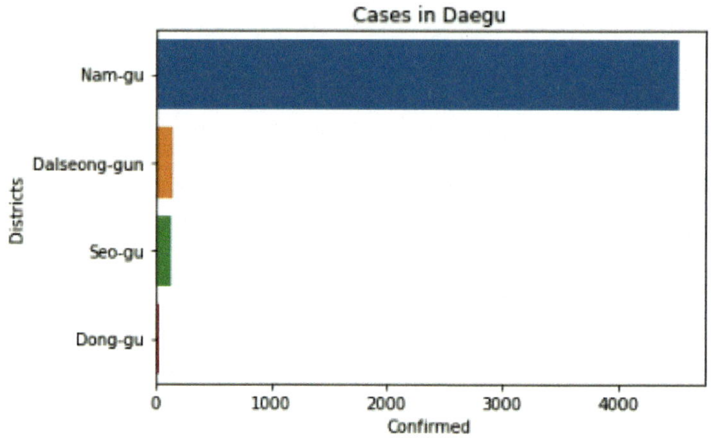


[19]:
```
local_infected.loc[local_infected['infection_case']=='Shincheonji Church']
```

Out[19]:

| | case_id | province | city | group | infection_case | confirmed | latitude | longitude |
|---|---|---|---|---|---|---|---|---|
| 20 | 1200001 | Daegu | Nam-gu | True | Shincheonji Church | 4510 | 35.84008 | 128.5667 |

경상북도와 서울의 경우도 살펴보도록 하자. 프로그램 코드는 앞의 예제와 같으며, 지역 필터링 값만 변경하면 된다.

[46]:
```
sns.barplot(x= 'confirmed',y = 'city',data= local_infected.loc[local_infected['province'] ==
            'Gyeongsangbuk-do'], ci = None).set(xlabel='Confirmed',
                                                ylabel='Districts',
                                                title='Cases in Gyeongsangbuk-do')
```

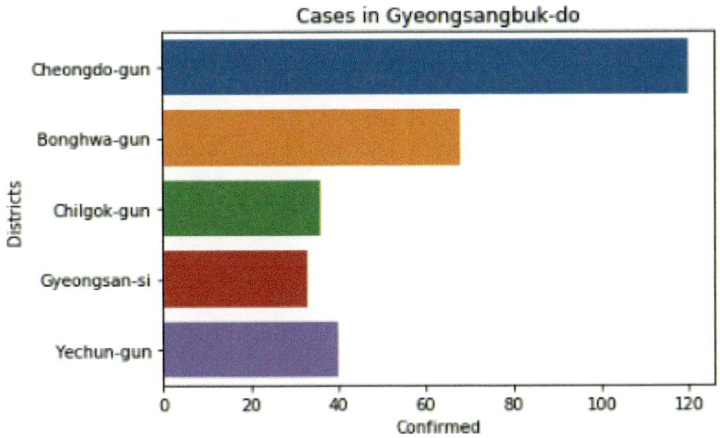


[45]:
```
sns.barplot(x= 'confirmed',y = 'city',data= local_infected.loc[local_infected['province'] == 'Seoul'],
            ci = None).set(xlabel='Confirmed', ylabel='Districts', title='Cases in Seoul')
```

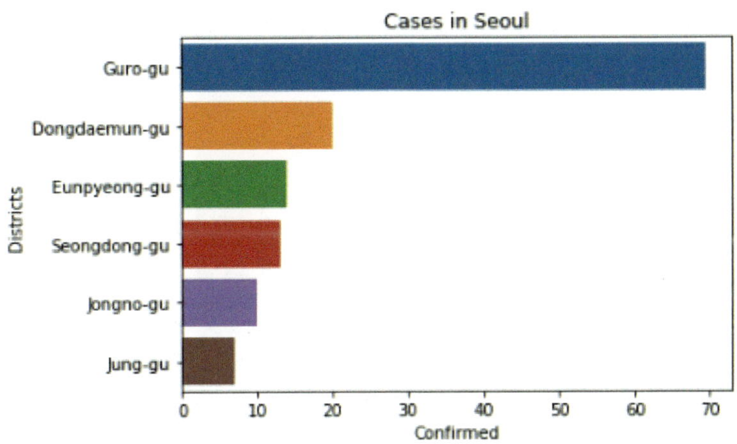


## 17.8 연령대별 확진자 통계

연령대별 감염자 비율을 확인하기 위해서, TimeAge.csv 파일을 열어서 연령대별 감염자를 추출한다. 연령대별 성비를 확인하기 위해서는 전체 인구 정보를 담고 있는 PopulationDistribution.csv(/kaggle/input/geolocation-population-distribution-of-south-kr/)을 이용한다. 출력결과를 보면 전국 뿐만 아니라, 각 시도별로 10대부터 10살 간격의 구간 연령 인구수로, 그리고 남녀를 구분해서 연령 구간대별로 데이터가 작성되어 있다.

[16]:

```
dist_age = pd.read_csv('/kaggle/input/geolocation-population-distribution-of-south-kr/PopulationDistrit
dist_age
```

Out[16]:

| | 행정구역 | 2020년03월_계_총인구수 | 2020년03월_계_연령구간인구수 | 2020년03월_계_0~9세 | 2020년03월_계_10~19세 | 2020년03월_계_20~29세 | 2020년03월_계_30~39세 | 2020년03월_계_40~49세 | 2020년03월_계_50~59세 | 2020년03월_계_60~69세 | ... | 2020년03월_여_10~19세 |
|---|---|---|---|---|---|---|---|---|---|---|---|---|
| 0 | 전국 (0000000000) | 51,843,195 | 51,843,195 | 4,119,475 | 4,902,009 | 6,799,238 | 7,006,749 | 8,375,429 | 8,662,400 | 6,426,006 | ... | 2,363,499 |
| 1 | 서울특별시 (1100000000) | 9,733,655 | 9,733,655 | 655,134 | 810,349 | 1,461,212 | 1,501,662 | 1,558,128 | 1,537,114 | 1,205,699 | ... | 394,621 |
| 2 | 부산광역시 (2600000000) | 3,409,932 | 3,409,932 | 240,857 | 279,909 | 435,280 | 430,494 | 516,889 | 579,584 | 513,485 | ... | 134,970 |
| 3 | 대구광역시 (2700000000) | 2,433,568 | 2,433,568 | 185,945 | 233,311 | 322,594 | 302,617 | 390,628 | 428,955 | 313,213 | ... | 111,101 |

COVID-19 바이러스에 감염된 연령대별 및 성별에 따른 감염자 비율 분포를 보기 위해서는 TimeAge.csv 파일로부터 확진자를 연령대별로 필터링하여 취합하고, 인구데이터를 이용해서 연령대별 및 성별 인구수로 각각 나누면 원하는 확진자 인구 비율을 얻을 수 있다. TimeGender.csv 파일로부터 확진자를 성별로 필터링하여 취합한 후에, 파이 차트로 출력하면 연령대별 감염 추이를 파악하는데 도움이 된다.

필요한 데이터는 1행 4열부터 나와있는 각 연령대별 인구수와 남녀별로 나타나 있는 인구수 정보이다. 한글로 되어 있는 이름을 직접 사용하는 경우에는 df.loc를 사용하면 되지만, 인구데이터의 열이름은 다소 복잡한 형태이므로 열 번호를 이용해서 데이터를 직접 가져올 수 있는 df.iloc를 이용해보자. iloc로 첫 번째 행의 여러 열을 추출해서 하나의 행으로 만들기 위해서는 다음 예시와 같이 두 가지 방법이 있을 수 있다. 물론 iloc[:, 열번호]를 이용해서 3:15번까지 추출하고, 27번을 개별적으로 추출한 후에 두 데이터를 이어 붙일 수 있다. 그러나 멀리 떨어져 있는 27번 열 데이터를 Numpy.r_을 이용해서 다른 열데이터와 함께 한번에 읽어서 효율적으로 처리하는 것을 권장한다.

[113]:

```
dist_age.iloc[0:1, [3,4,5,6,7,8,9,10,11,12,13,14,27]]
```

Out[113]:

| | 2020년03월_계_0~9세 | 2020년03월_계_10~19세 | 2020년03월_계_20~29세 | 2020년03월_계_30~39세 | 2020년03월_계_40~49세 | 2020년03월_계_50~59세 | 2020년03월_계_60~69세 | 2020년03월_계_70~79세 | 2020년03월_계_80~89세 | 2020년03월_계_90~99세 | 2020년03월_계_100세 이상 | 2020년03월_남_총인구수 | 2020년03월_여_총인구수 |
|---|---|---|---|---|---|---|---|---|---|---|---|---|---|
| 0 | 4,119,475 | 4,902,009 | 6,799,238 | 7,006,749 | 8,375,429 | 8,662,400 | 6,426,006 | 3,623,899 | 1,667,665 | 239,567 | 20,758 | 25,858,743 | 25,984,452 |

[114]:

```
dist_age = dist_age.iloc[0:1, np.r_[3:15, 27]]
dist_age
```

Out[114]:

| | 2020년03월_계_0~9세 | 2020년03월_계_10~19세 | 2020년03월_계_20~29세 | 2020년03월_계_30~39세 | 2020년03월_계_40~49세 | 2020년03월_계_50~59세 | 2020년03월_계_60~69세 | 2020년03월_계_70~79세 | 2020년03월_계_80~89세 | 2020년03월_계_90~99세 | 2020년03월_계_100세 이상 | 2020년03월_남_총인구수 | 2020년03월_여_총인구수 |
|---|---|---|---|---|---|---|---|---|---|---|---|---|---|
| 0 | 4,119,475 | 4,902,009 | 6,799,238 | 7,006,749 | 8,375,429 | 8,662,400 | 6,426,006 | 3,623,899 | 1,667,665 | 239,567 | 20,758 | 25,858,743 | 25,984,452 |

먼저, 성별에 따른 확진자 비율을 확인해보도록 하자.

[8]:

```
# Importing data: Gender
gender = pd.read_csv(os.path.join('/kaggle/input/coronavirusdataset/', 'TimeGender.csv'))
gender.head(2)
```

Out[8]:

| | date | time | sex | confirmed | deceased |
|---|---|---|---|---|---|
| 0 | 2020-03-02 | 0 | male | 1591 | 13 |
| 1 | 2020-03-02 | 0 | female | 2621 | 9 |

[19]:

```
fig, ax = plt.subplots(figsize=(10, 7))

# 파이차트로 성별 비율 나타내기
ax.title.set_text('Confirmed Cases (2020-04-30)'.format(gender.iloc[-1, 0]))
ax.pie(gender.confirmed[-2:], labels=['male', 'female'], autopct='%.1f%%',
        startangle=90, pctdistance=0.85)
ax.add_artist(plt.Circle((0, 0), 0.6, fc='white'))
```

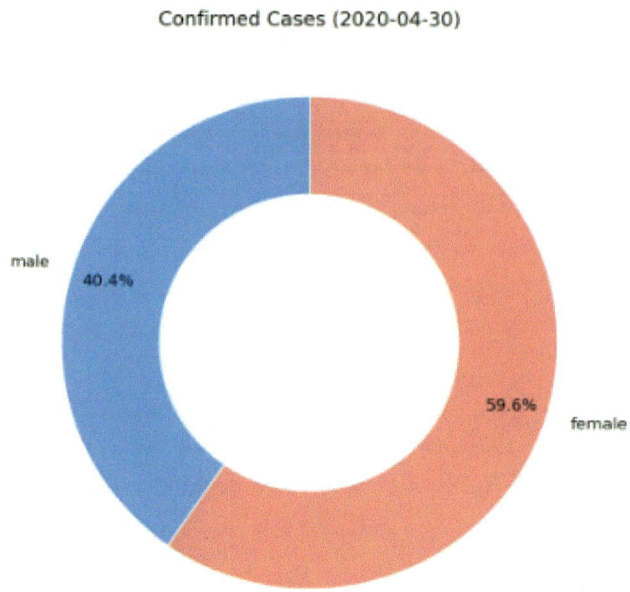


연령대별 확진자 분포는 전체 인구수로 나눠서 필요한 비율을 계산해도 되지만, 앞의 파이 차트예시와 같이 간단하게 감염자 총수로부터 각 구간 연령대 정보를 자동으로 계산할 수도 있다. autopct=%.1f% 옵션을 사용해서 나온 결과와 인구데이터를 이용해서 나오는 결과의 비교는 독자 스스로 수행해서 차이점을 찾는 것으로 한다.

TimeAge.csv 파일을 읽어오고 어떤 형태로 데이터가 정리되어 있는지 확인한다.

```
[9]:  age = pd.read_csv(os.path.join('/kaggle/input/coronavirusdataset/', 'TimeAge.csv'))
      age.head(9)
```

Out[9]:

| | date | time | age | confirmed | deceased |
|---|---|---|---|---|---|
| 0 | 2020-03-02 | 0 | 0s | 32 | 0 |
| 1 | 2020-03-02 | 0 | 10s | 169 | 0 |
| 2 | 2020-03-02 | 0 | 20s | 1235 | 0 |
| 3 | 2020-03-02 | 0 | 30s | 506 | 1 |
| 4 | 2020-03-02 | 0 | 40s | 633 | 1 |
| 5 | 2020-03-02 | 0 | 50s | 834 | 5 |
| 6 | 2020-03-02 | 0 | 60s | 530 | 6 |
| 7 | 2020-03-02 | 0 | 70s | 192 | 6 |
| 8 | 2020-03-02 | 0 | 80s | 81 | 3 |

이제 이 데이터를 파이 차트의 데이터로 넘겨주면 간단하게 연령대별 확진자 비율을 가시화할 수 있다.

[44]:
```
Population_by_age = dist_age.iloc[0, 2:11].str.replace(',', '')


plt.figure(figsize=(10, 7))
plt.title('Confirmed Distribution by age in South Korea')
plt.pie(Population_by_age, labels=Population_by_age.index,
        autopct='%.1f%%', startangle=90, pctdistance=0.85)
plt.gcf().gca().add_artist(plt.Circle((0, 0), 0.7, fc='white'))
plt.show()
```

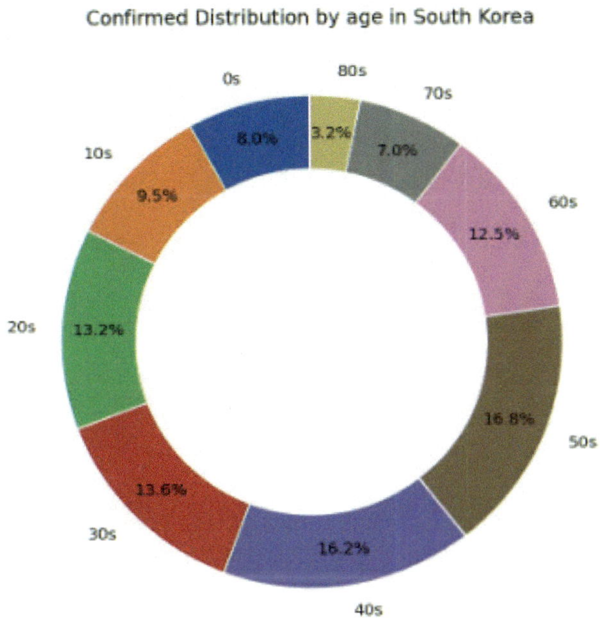


## 17.9 시도별 확진자 분포를 지도에 나타내기

folium 라이브러리를 이용하면 지도 상에 각 지역별 확진자 데이터를 매핑해서 가시화할 수 있다. 다소 복잡하지만, folium을 이용하는 지도 활용법만 익히면 쉽게 해결할 수 있다.

아나콘다를 이용하는 경우에도 folium 라이브러리는 별도로 설치를 해야 한다. 아나콘다 프롬프트를 실행하고 conda install -c conda-forge folium을 입력해서 실행시킨다.

```
#folium 라이브러리 임포트
import folium
#서울지도 영역 설정
seoul = folium.Map(location=[37.55, 126.98], zoom_start=12)
#지도를 HTML로 저장
seoul.save( './seoul.html' )
```

쥬피터 노트북에 지도를 삽입하기 위해서는 folium 라이브러리를 임포트한다. 그리고 특정 지역을 영역으로 표시하고자 할 때는 Map()함수를 이용해서 로딩하고자 하는 위도와 경도를 입력하면 된다.

```
In [88]: #folium 라이브러리 임포트
         import folium
         #서울지도 영역 설정
         seoul = folium.Map(location=[37.55, 126.98], zoom_start=12)
         #지도를 HTML로 저장
         seoul.save('./seoul.html')
```

프로그램을 작성하고 실행하면 seoul.html 파일이 쥬피터 노트북이 실행되는 최상위 폴더에 생성된다. 브라우저로 열어서 확인해 보면 다음과 같이 지정한 위치를 중심으로 서울의 지도를 볼 수 있다.

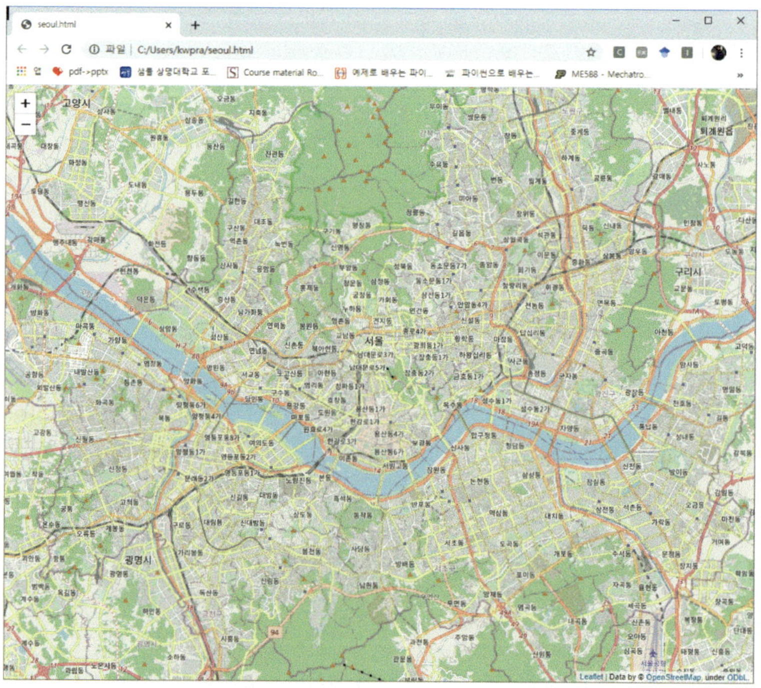

파일로 저장을 하지 않고 크롬이나 익스플로러 10 이상을 사용하면 쥬피터 노트북에서 실행하는 프로그램 상에서 생성된 지도를 바로 확인할 수 있다.

In [89]:
```
import folium
seoul = folium.Map([37.55, 126.98], zoom_start=11)
seoul
```

Out [89]:

Folium을 이용해서 브라우저에 지도를 표시할 때 사용할 수 있는 옵션은 3가지(Stamen Terrain, Stamen Toner, OpenStreetMap)가 있으며, 옵션을 지정하지 않으면 기본적으로 OpenStreetMap 형태로 출력된다.

앞에서 불러온 지도 상에 행정구역별로 경계선을 그려보자. 행정구역 정보는 json 형태의 공공데이터로 제공되고 있기 때문에, 필요한 데이터 파일을 다운로드 한 후에, 쥬피터 노트북이 실행되는 기본 경로에 넣어주면 된다.

json 파일은 https://github.com/southkorea/southkorea-maps/tree/master/gadm/json/에서 필요한 파일을 다운로드 하면 된다. skorea-municipalities-geo.json 파일은 구 단위까지 분류가 되어 있으며, skorea-provinces-geo.json 파일은 시도 경계 데이터 분류가 가능하도록 되어 있다.

먼저, skorea-municipalities-geo.json 파일을 이용해서 서울시의 지역구 단위 경계선을 표시하는 프로그램을 다음과 같이 작성하면 각 구역별로 경계선이 반영된 지도를 출력할 수 있다. 앞에서와 마찬가지로, 지도의 중심을 지정하기 위한 위도와 경도를 설정하고, 경계선 데이터는

json 파일을 직접 읽어들인다. 엔코딩 정보를 utf-8로 설정해야 이상없이 출력이 되므로 encoding='utf-8'을 넣어주도록 해야한다. json 파일은 csv 파일을 읽을 때와 마찬가지로, 파일을 열어서 해당 정보를 변수에 저장하기 때문에, 데이터 로딩이 모두 완료된 후에는 가급적 열었던 파일을 정상적으로 종료 또는 닫아줘야 파일 오류가 발생하지 않는다. 만약, 파일을 정상적으로 close()를 해주지 않으면 다른 맵 프로그램으로 해당 json 파일을 열려고 할 때, 접근이 안된다는 에러가 발생할 수 있다. json 데이터 파일은 folium에서 GeoJson 함수를 이용해서 직접 불러올 수 있기 때문에 매우 쉽고 간단하게 행정구역을 표시할 수 있다. 표시 스타일은 tiles='Stamen Terrain'으로 지정하였다.

In [112]:
```
import folium

seoul = folium.Map(
    location=[37.5838699,127.0565831],
    zoom_start=11,
    tiles='Stamen Terrain'
)

import json
with open('./skorea-municipalities-geo.json',mode='rt',encoding='utf-8') as f:
    geo = json.loads(f.read())
    f.close()

folium.GeoJson(geo, name='seoul_municipalities').add_to(seoul)

seoul
```

Out[112]:

위에서 사용했던 json 파일을 skorea-provinces-geo.json로, 지도 표시 스타일을 OpenStreetMap으로 변경한 후에 실행하면 상세한 구역 정보가 아닌 17개 시도 구역별 경계선으로 출력되는 것을 확인할 수 있다.

In [113]:
```python
import folium

seoul = folium.Map(
    location=[37.5838699,127.0565831],
    zoom_start=9,
    tiles='OpenStreetMap'
)

import json
with open('./skorea-provinces-geo.json',mode='rt',encoding='utf-8') as f:
    geo = json.loads(f.read())
    f.close()

folium.GeoJson(geo, name='seoul_municipalities').add_to(seoul)

seoul
```

Out[113]:

이제 행정 구역별로 지역 감염자 수를 매핑해서 지도에 표시할 수 있는 프로그램을 작성해 보자.

[39]:
```python
case.head()
case
```

Out[39]:

| | case_id | province | city | group | infection_case | confirmed | latitude | longitude |
|---|---|---|---|---|---|---|---|---|
| 0 | 1000001 | Seoul | Guro-gu | True | Guro-gu Call Center | 98 | 37.508163 | 126.884387 |
| 1 | 1000002 | Seoul | Dongdaemun-gu | True | Dongan Church | 20 | 37.592888 | 127.056766 |
| 2 | 1000003 | Seoul | Guro-gu | True | Manmin Central Church | 41 | 37.481059 | 126.894343 |
| 3 | 1000004 | Seoul | Eunpyeong-gu | True | Eunpyeong St. Mary's Hospital | 14 | 37.63369 | 126.9165 |
| 4 | 1000005 | Seoul | Seongdong-gu | True | Seongdong-gu APT | 13 | 37.55713 | 127.0403 |
| ... | ... | ... | ... | ... | ... | ... | ... | ... |
| 107 | 6100009 | Gyeongsangnam-do | - | False | contact with patient | 6 | - | - |
| 108 | 6100010 | Gyeongsangnam-do | - | False | etc | 18 | - | - |
| 109 | 7000001 | Jeju-do | - | False | overseas inflow | 9 | - | - |
| 110 | 7000002 | Jeju-do | - | False | contact with patient | 0 | - | - |
| 111 | 7000003 | Jeju-do | - | False | etc | 4 | - | - |

112 rows × 8 columns

Case.csv 파일에 보면 group 열이 True, False로 분류되어 있는데, 감염자가 지역 감염에 의한 것인지를 구분하기 위한 필드이다. 데이터 테이블에서 False로 되어 있는 데이터 군에는 위도 경도 정보가 없기 때문에, folium 지도의 위도 경도 정보로 지역 확진자를 가시화할 때 문제가 발생한다. group으로 표시된 데이터만 추려서 지역 집단 감염과 외부유입에 의한 감염자 수를 계산하면 다음과 같다.

```
[40]:
group_cases = case.pivot_table(index = ['group'], aggfunc = 'sum').reset_index()
group_cases = group_cases.replace({True: 'Locally infected', False : 'From outside'})
group_cases
```

Out[40]:

| | group | case_id | confirmed |
|---|---|---|---|
| 0 | From outside | 154300284 | 3057 |
| 1 | Locally infected | 186200205 | 6792 |

데이터를 가시화하는 과정에선 정리된 데이터를 꼼꼼히 살펴볼 필요가 있다. 간혹 프로그램 상에서 오류가 발생하는 것을 검토하다보면, 원본 데이터에서 누락된 정보들 때문인 경우가 매우 빈번하기 때문이다. 앞에서도 언급했듯이, COVID-19 데이터세트에 일부 누락된 정보들이 있기 때문에, folium 지도 매핑을 하는 경우에도 오류가 발생한다. 따라서 데이터를 살펴보고 필요한 필터링을 해야 한다. 일례로, 다음 데이터리스트 하단에 보면 위도 경도가 누락되어 있는 것을 볼 수 있다.

```
[55]:
local_infected = case.query('group == True')
local_infected
```

Out[55]:

| | case_id | province | city | group | infection_case | confirmed | latitude | longitude |
|---|---|---|---|---|---|---|---|---|
| 0 | 1000001 | Seoul | Guro-gu | True | Guro-gu Call Center | 98 | 37.508163 | 126.884387 |
| 1 | 1000002 | Seoul | Dongdaemun-gu | True | Dongan Church | 20 | 37.592888 | 127.056766 |
| 2 | 1000003 | Seoul | Guro-gu | True | Manmin Central Church | 41 | 37.481059 | 126.894343 |
| 3 | 1000004 | Seoul | Eunpyeong-gu | True | Eunpyeong St. Mary's Hospital | 14 | 37.63369 | 126.9165 |
| 4 | 1000005 | Seoul | Seongdong-gu | True | Seongdong-gu APT | 13 | 37.55713 | 127.0403 |
| ... | ... | ... | ... | ... | ... | ... | ... | ... |
| 101 | 6100003 | Gyeongsangnam-do | Geochang-gun | True | Geochang-gun Woongyang-myeon | 8 | 35.805681 | 127.917805 |
| 102 | 6100004 | Gyeongsangnam-do | Jinju-si | True | Wings Tower | 10 | 35.164845 | 128.126969 |
| 103 | 6100005 | Gyeongsangnam-do | Changwon-si | True | Hanmaeum Changwon Hospital | 7 | 35.22115 | 128.6866 |
| 104 | 6100006 | Gyeongsangnam-do | Changnyeong-gun | True | Changnyeong Coin Karaoke | 7 | 35.54127 | 128.5008 |
| 105 | 6100007 | Gyeongsangnam-do | from other city | True | Onchun Church | 2 | - | - |

62 rows × 8 columns

이러한 누락 정보가 지도 매핑에 지대한 오류를 발생하므로, 다음과 같이 간단하게 105번과 같이 위도 경도가 누락된 데이터를 필터링한다.

[58]:
```
local_infected= local_infected.loc[local_infected['latitude'] != '-']
local_infected
```

필터링 이후, 데이터는 62개에서 40개로 줄어들었다.

Out[58]:

| | case_id | province | city | group | infection_case | confirmed | latitude | longitude |
|---|---|---|---|---|---|---|---|---|
| 0 | 1000001 | Seoul | Guro-gu | True | Guro-gu Call Center | 98 | 37.508163 | 126.884387 |
| 1 | 1000002 | Seoul | Dongdaemun-gu | True | Dongan Church | 20 | 37.592888 | 127.056766 |
| 2 | 1000003 | Seoul | Guro-gu | True | Manmin Central Church | 41 | 37.481059 | 126.894343 |
| 3 | 1000004 | Seoul | Eunpyeong-gu | True | Eunpyeong St. Mary's Hospital | 14 | 37.63369 | 126.9165 |
| 4 | 1000005 | Seoul | Seongdong-gu | True | Seongdong-gu APT | 13 | 37.55713 | 127.0403 |
| 5 | 1000006 | Seoul | Jongno-gu | True | Jongno Community Center | 10 | 37.57681 | 127.006 |
| 6 | 1000007 | Seoul | Jung-gu | True | Jung-gu Fashion Company | 7 | 37.562405 | 126.984377 |
| 11 | 1100001 | Busan | Dongnae-gu | True | Onchun Church | 39 | 35.21628 | 129.0771 |
| 13 | 1100003 | Busan | Suyeong-gu | True | Suyeong-gu Kindergarten | 5 | 35.16708 | 129.1124 |
| 14 | 1100004 | Busan | Haeundae-gu | True | Haeundae-gu Catholic Church | 6 | 35.20599 | 129.1256 |
| 15 | 1100005 | Busan | Jin-gu | True | Jin-gu Academy | 4 | 35.17371 | 129.0633 |
| 20 | 1200001 | Daegu | Nam-gu | True | Shincheonji Church | 4510 | 35.84008 | 128.5667 |
| 21 | 1200002 | Daegu | Dalseong-gun | True | Second Mi-Ju Hospital | 196 | 35.857375 | 128.466651 |
| 22 | 1200003 | Daegu | Seo-gu | True | Hansarang Convalescent Hospital | 128 | 35.885592 | 128.556649 |
| 23 | 1200004 | Daegu | Dalseong-gun | True | Daesil Convalescent Hospital | 100 | 35.857393 | 128.466653 |
| 24 | 1200005 | Daegu | Dong-gu | True | Fatima Hospital | 37 | 35.88395 | 128.624059 |
| 38 | 1500001 | Daejeon | Seo-gu | True | Korea Forest Engineer Institute | 3 | 36.358123 | 127.388856 |
| 48 | 1700001 | Sejong | Sejong | True | Ministry of Oceans and Fisheries | 30 | 36.504713 | 127.265172 |
| 49 | 1700002 | Sejong | Sejong | True | gym facility in Sejong | 8 | 36.48025 | 127.289 |
| 54 | 2000001 | Gyeonggi-do | Seongnam-si | True | River of Grace Community Church | 72 | 37.455687 | 127.161627 |
| 56 | 2000003 | Gyeonggi-do | Uijeongbu-si | True | Uijeongbu St. Mary's Hospital | 50 | 37.758635 | 127.077716 |
| 58 | 2000005 | Gyeonggi-do | Seongnam-si | True | Bundang Jesaeng Hospital | 22 | 37.38833 | 127.1218 |
| 59 | 2000006 | Gyeonggi-do | Suwon-si | True | Suwon Saeng Myeong Saem Church | 10 | 37.2376 | 127.0517 |
| 65 | 3000003 | Gangwon-do | Wonju-si | True | Wonju-si Apartments | 3 | 37.342762 | 127.983815 |
| 70 | 4000002 | Chungcheongbuk-do | Goesan-gun | True | Goesan-gun Jangyeon-myeon | 11 | 36.82422 | 127.9552 |
| 74 | 4100001 | Chungcheongnam-do | Cheonan-si | True | gym facility in Cheonan | 103 | 36.81503 | 127.1139 |
| 75 | 4100002 | Chungcheongnam-do | Seosan-si | True | Seosan-si Laboratory | 9 | 37.000354 | 126.354443 |
| 82 | 5100001 | Jeollanam-do | Muan-gun | True | Manmin Central Church | 2 | 35.078825 | 126.316746 |
| 88 | 6000002 | Gyeongsangbuk-do | Cheongdo-gun | True | Cheongdo Daenam Hospital | 120 | 35.64887 | 128.7368 |
| 89 | 6000003 | Gyeongsangbuk-do | Bonghwa-gun | True | Bonghwa Pureun Nursing Home | 68 | 36.92757 | 128.9099 |
| 91 | 6000005 | Gyeongsangbuk-do | Chilgok-gun | True | Milal Shelter | 36 | 36.0581 | 128.4941 |
| 92 | 6000006 | Gyeongsangbuk-do | Gyeongsan-si | True | Gyeongsan Seorin Nursing Home | 66 | 35.782149 | 128.801498 |
| 93 | 6000007 | Gyeongsangbuk-do | Yechun-gun | True | Yechun-gun | 40 | 36.646845 | 128.437416 |
| 94 | 6000008 | Gyeongsangbuk-do | Gyeongsan-si | True | Gyeongsan Jeil Silver Town | 17 | 35.84819 | 128.7621 |
| 95 | 6000009 | Gyeongsangbuk-do | Gyeongsan-si | True | Gyeongsan Cham Joeun Community Center | 16 | 35.82558 | 128.7373 |
| 100 | 6100002 | Gyeongsangnam-do | Geochang-gun | True | Geochang Church | 10 | 35.68556 | 127.9127 |
| 101 | 6100003 | Gyeongsangnam-do | Geochang-gun | True | Geochang-gun Woongyang-myeon | 8 | 35.805681 | 127.917805 |
| 102 | 6100004 | Gyeongsangnam-do | Jinju-si | True | Wings Tower | 10 | 35.164845 | 128.126969 |
| 103 | 6100005 | Gyeongsangnam-do | Changwon-si | True | Hanmaeum Changwon Hospital | 7 | 35.22115 | 128.6866 |
| 104 | 6100006 | Gyeongsangnam-do | Changnyeong-gun | True | Changnyeong Coin Karaoke | 7 | 35.54127 | 128.5008 |

이제 온전한 데이터가 생성되었으므로, 이를 folium 지도에 위도 경도 정보를 이용해서 확진자의 시도 정보를 매핑하여 출력할 수 있다. 다음 프로그램과 같이 작성하여 실행하면 HeatMap(히트맵) 형태로 전국적인 추이를 한눈에 파악할 수 있다.

```
[16]:
latitude,longitude = 35.9078, 127.7669      #Coordinates of South Korea
#Plotting map of South korea
S_korea = folium.Map(location = [latitude,longitude],zoom_start = 7)

S_korea.add_child(plugins.HeatMap(zip(local_infected['latitude'],
                                      local_infected['longitude'],
                                      local_infected['confirmed']),radius = 18))
```

Out[16]:

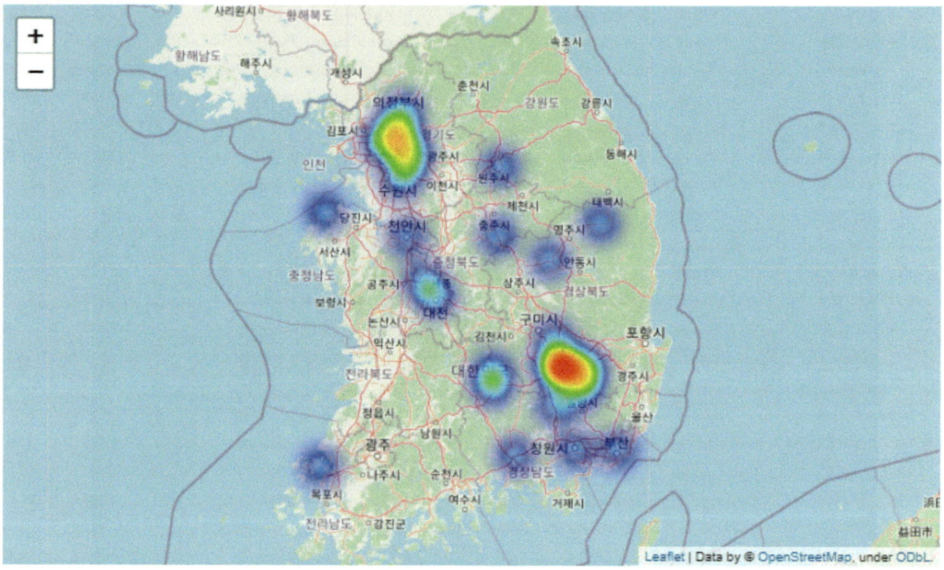


또 다른 가시화 방법으로 각 시도별로 발생한 비율에 따라서 folium.CircleMarker() 함수를 이용해서 발생자 비율로 크기를 조절해서 마킹을 할 수도 있다.

```
[43]:
import folium
S_korea = folium.Map(location=[36.9078,127.7669 ], zoom_start=7,tiles='OpenStreetMap')

for lat, lon, city, total in zip(geo_df['latitude'], geo_df['longitude'],
                                 geo_df['city'], geo_df['total_confirmed']):
    folium.CircleMarker([lat, lon], radius=int(total/100), color='#DE2DDE',
                        popup =('City: ' + str(city) + '<br>'),
                        fill_color='#DE2DDE',
                        fill_opacity=0.7 ).add_to(S_korea)
S_korea
```

Out[43]:

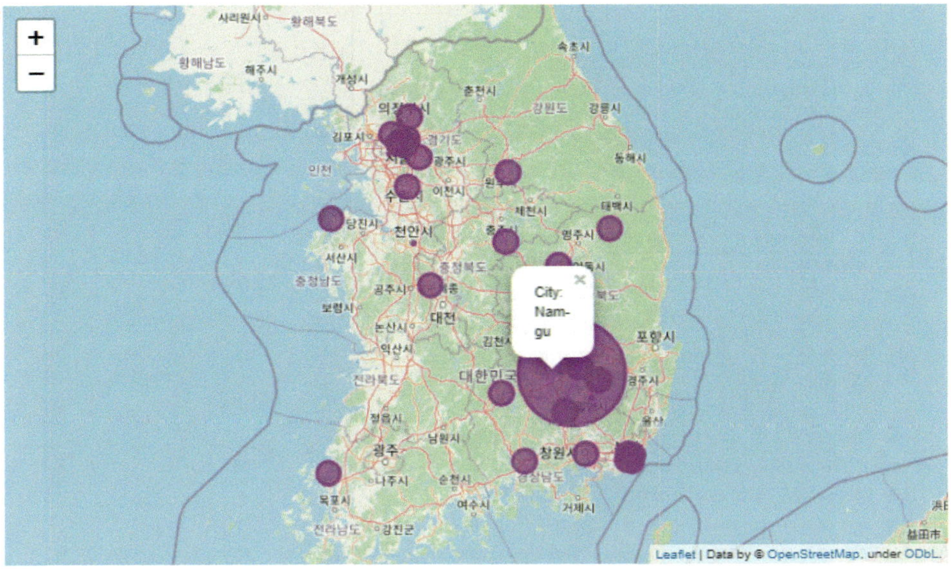


## 17.10 사회적 거리두기 효과 살펴보기

신종 코로나바이러스(COVID-19)가 창궐함에 따라, 정부에서는 마스크 착용과 손씻기 그리고 다소 생소한 사회적 거리두기(Social Distancing)라는 예방 수칙을 발표하고 국민들의 적극적인 동참을 호소하였다. 손씻기는 일상적으로 각종 질병 예방 수칙이지만, 과연 사회적 거리두기라는 것은 어느 정도의 효과가 있는지 의문이라는 의견도 빈발했다. 그러나 구체적으로 사회적 거리두기가 감염병 예방에 어느 정도의 효과가 있었는지에 대해서 계량적으로 파악하기는 어렵지만, 국민들의 자발적인 참여에 의해서 대면 접촉을 피하고 외부 활동을 자제하는 일상생활을 한동안 이어 나가면서 분명 바이러스 감염 확진자 수가 감소한 것은 확실하다고 할 수 있다.

2월 확진자가 증가하면서 사회적 거리두기 운동이 권고되기 시작했고, 3월 22일부터는 고강도 사회적 거리두기 정책이 시행되었다. 이때의 확진자 분포를 주기별로 나누어서 보면 사회적 거리두기의 효과가 어느 정도 있다고 확인할 수 있다. 물론, 추가적으로 다양한 데이터(다중시설 이용현황, 관광지, 식당, 극장 등)를 포함해서 분석해야만 통계적인 의미가 있겠지만, 정부 정책에 따라서 많은 시설 이용객 및 유동인구가 줄었다고 보고가 되어 있는 것으로 갈음한다. 다음 프로그램처럼 1월 20일부터 4월 30일까지 발생한 확진자를 Time.csv 파일로부터 일별로 데이터를 받아온다.

```
[5]:
# 일일 확진자 수 계산
time_new = pd.DataFrame(Time)
#1월 20일부터 4월 30일까지 데이터 추출
for i in range(78,0,-1): # row
    for ii in range(2,7): # col
        time_new.iloc[i,ii] = time_new.iloc[i,ii] - time_new.iloc[i-1,ii]
time_new
```

Out[5]:

| | date | time | test | negative | confirmed | released | deceased |
|---|---|---|---|---|---|---|---|
| **0** | 2020-01-20 | 16 | 1 | 0 | 1 | 0 | 0 |
| **1** | 2020-01-21 | 16 | 0 | 0 | 0 | 0 | 0 |
| **2** | 2020-01-22 | 16 | 3 | 3 | 0 | 0 | 0 |
| **3** | 2020-01-23 | 16 | 18 | 18 | 0 | 0 | 0 |
| **4** | 2020-01-24 | 16 | 5 | 4 | 1 | 0 | 0 |
| **...** | ... | ... | ... | ... | ... | ... | ... |
| **97** | 2020-04-26 | 0 | 598285 | 578558 | 10728 | 8717 | 242 |
| **98** | 2020-04-27 | 0 | 601660 | 582027 | 10738 | 8764 | 243 |
| **99** | 2020-04-28 | 0 | 608514 | 588559 | 10752 | 8854 | 244 |
| **100** | 2020-04-29 | 0 | 614197 | 595129 | 10761 | 8922 | 246 |
| **101** | 2020-04-30 | 0 | 619881 | 600482 | 10765 | 9059 | 247 |

102 rows × 7 columns

신천지 31번 확진자 이전과 이후로 분류하고, 정부의 사회적 거리두기 권고가 시작된 시점 및 고강도 사회적 거리두기가 시행된 3월 22일을 기점으로 주기를 나눠서 데이터를 살펴보도록 하자.

다음 프로그램처럼 각 주기에 맞도록 데이터를 가공한다.

```
[18]:
#신천지 31번 확진자 전
before_scj_31 = time_new[time_new['date'] <= '2020-02-18']
temp = time_new[time_new['date'] >= '2020-02-19']
#신천지 31번 확진자 후
after_scj_31 = temp[temp['date'] <= '2020-02-29']
#일반적 사회적 거리두기 권고
temp2 = time_new[time_new['date'] >= '2020-03-01']
before_social_distancing = temp2[temp2['date'] <= '2020-03-21']
#고강도 사회적 거리두기 시행
temp3 = temp2[temp2['date'] >= '2020-03-22']
#고강도 사회적 거리두기 시행 후 10일
after_social_distancing_1 = temp3[temp3['date'] <= '2020-03-31']
#고강도 사회적 거리두기 시행 후 15일
after_social_distancing_2 = temp3[temp3['date'] <= '2020-04-07']
```

1월 20일부터 대구 신천지 31번 확진자가 나타나기 전의 확진자는 일별 약 20여명대를 유지하고 있었으며, 확진자 추이는 다음 그래프와 같이 나타난다.

[8]:

```
df0 = before_scj_31[['date','test','negative','confirmed','released','deceased']]
fig = go.Figure()

fig.add_trace(go.Scatter(x = df0['date'], y = df0['test'], mode = 'lines', name = 'test'))
fig.add_trace(go.Scatter(x = df0['date'], y = df0['negative'], mode = 'lines', name = 'negative'))
fig.add_trace(go.Scatter(x = df0['date'], y = df0['confirmed'], mode = 'lines', name = 'confirmed'))
fig.add_trace(go.Scatter(x = df0['date'], y = df0['released'], mode = 'lines', name = 'released'))
fig.add_trace(go.Scatter(x = df0['date'], y = df0['deceased'], mode = 'lines', name = 'deceased'))

fig.update_layout(title = 'Before Shincheonji-31', xaxis_title = 'Date')
```

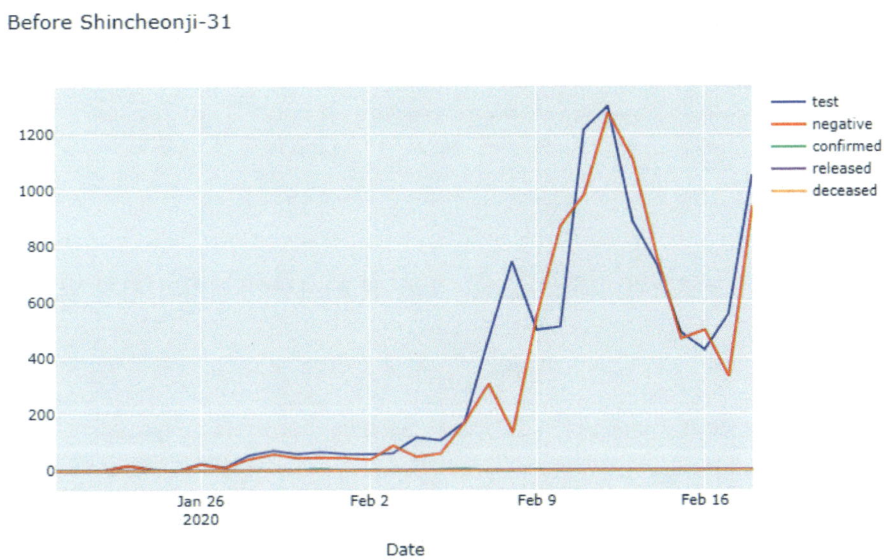


대구 신천지 31번 확진자 이후, 코로나바이러스 확진자는 폭증세로 나타났다. 2월29일에는 일 최대 확진자 수(909명)를 기록하였다.

[20]:

```
df0 = after_scj_31[['date','test','negative','confirmed','released','deceased']]
fig = go.Figure()

fig.add_trace(go.Scatter(x = df0['date'], y = df0['test'], mode = 'lines', name = 'test'))
fig.add_trace(go.Scatter(x = df0['date'], y = df0['negative'], mode = 'lines', name = 'negative'))
fig.add_trace(go.Scatter(x = df0['date'], y = df0['confirmed'], mode = 'lines', name = 'confirmed'))
fig.add_trace(go.Scatter(x = df0['date'], y = df0['released'], mode = 'lines', name = 'released'))
fig.add_trace(go.Scatter(x = df0['date'], y = df0['deceased'], mode = 'lines', name = 'deceased'))

fig.update_layout(title = 'After Shincheonji-31', xaxis_title = 'Date')
```

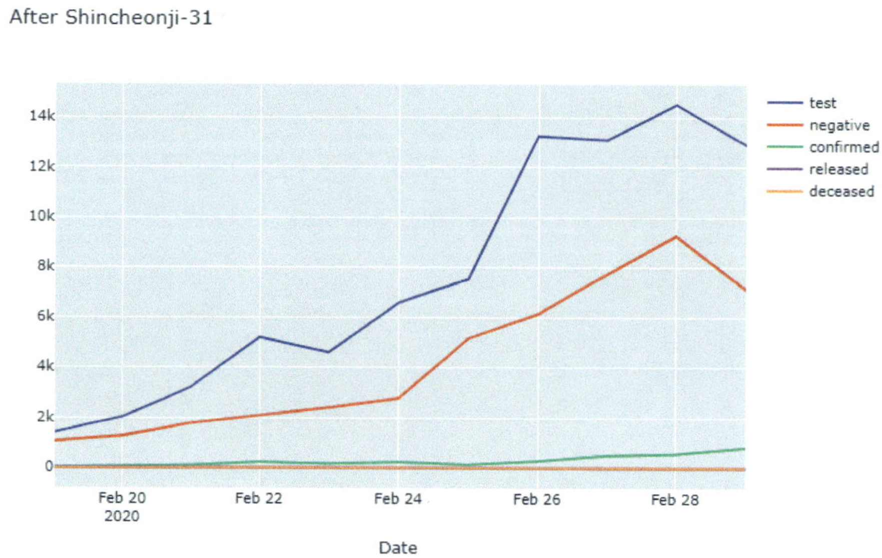


사회적 거리두기가 코로나바이러스 예방을 위한 권고 사항인 시기의 검진 및 확진자 추세는 다음과 같다.

```
[10]:  df0 = before_social_distancing[['date','test','negative','confirmed','released','deceased']]
       fig = go.Figure()

       fig.add_trace(go.Scatter(x = df0['date'], y = df0['test'], mode = 'lines', name = 'test'))
       fig.add_trace(go.Scatter(x = df0['date'], y = df0['negative'], mode = 'lines', name = 'negative'))
       fig.add_trace(go.Scatter(x = df0['date'], y = df0['confirmed'], mode = 'lines', name = 'confirmed'))
       fig.add_trace(go.Scatter(x = df0['date'], y = df0['released'], mode = 'lines', name = 'released'))
       fig.add_trace(go.Scatter(x = df0['date'], y = df0['deceased'], mode = 'lines', name = 'deceased'))

       fig.update_layout(title = 'Recommendation of Social Distancing (From 2020-02-24)', xaxis_title = 'Date'
```

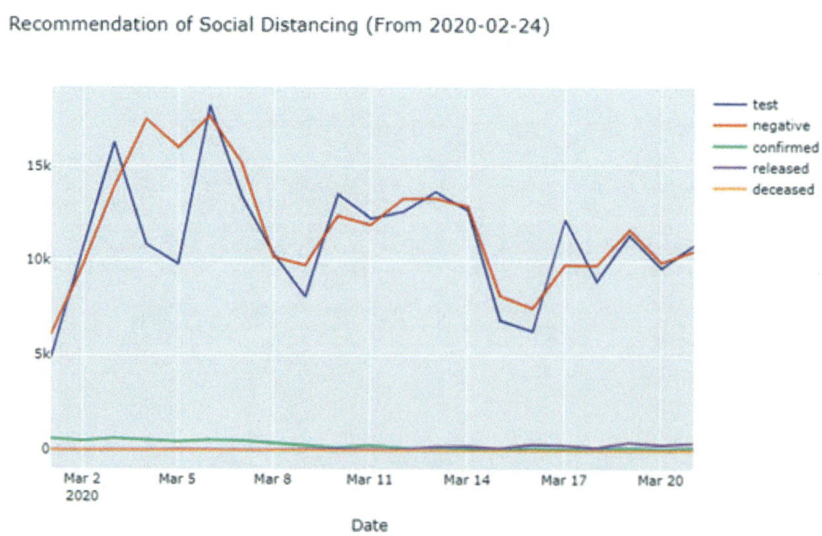

고강도 사회적 거리두기 정책이 시행된 시기에는 다음과 같이 큰 변화가 있음을 알 수 있다.

[11]:
```
df0 = after_social_distancing_1[['date','test','negative','confirmed','released','deceased']]
fig = go.Figure()

fig.add_trace(go.Scatter(x = df0['date'], y = df0['test'], mode = 'lines', name = 'test'))
fig.add_trace(go.Scatter(x = df0['date'], y = df0['negative'], mode = 'lines', name = 'negative'))
fig.add_trace(go.Scatter(x = df0['date'], y = df0['confirmed'], mode = 'lines', name = 'confirmed'))
fig.add_trace(go.Scatter(x = df0['date'], y = df0['released'], mode = 'lines', name = 'released'))
fig.add_trace(go.Scatter(x = df0['date'], y = df0['deceased'], mode = 'lines', name = 'deceased'))

fig.update_layout(title = 'Strong Social Distancing Policy (From 2020-03-22)', xaxis_title = 'Date')
```

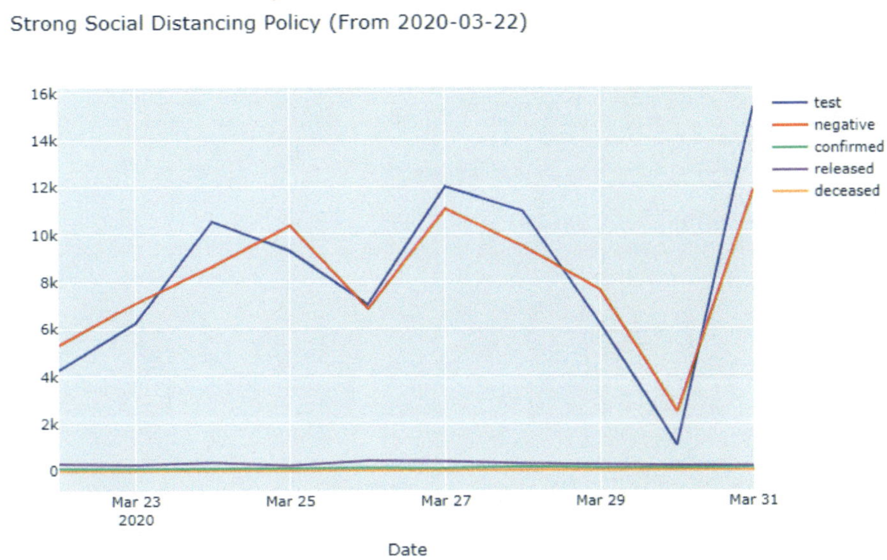


[11]:
```
df0 = after_social_distancing_2[['date','test','negative','confirmed','released','deceased']]
fig = go.Figure()

fig.add_trace(go.Scatter(x = df0['date'], y = df0['test'], mode = 'lines', name = 'test'))
fig.add_trace(go.Scatter(x = df0['date'], y = df0['negative'], mode = 'lines', name = 'negative'))
fig.add_trace(go.Scatter(x = df0['date'], y = df0['confirmed'], mode = 'lines', name = 'confirmed'))
fig.add_trace(go.Scatter(x = df0['date'], y = df0['released'], mode = 'lines', name = 'released'))
fig.add_trace(go.Scatter(x = df0['date'], y = df0['deceased'], mode = 'lines', name = 'deceased'))

fig.update_layout(title = 'Strong Social Distancing Policy (From 2020-03-22)', xaxis_title = 'Date')
```

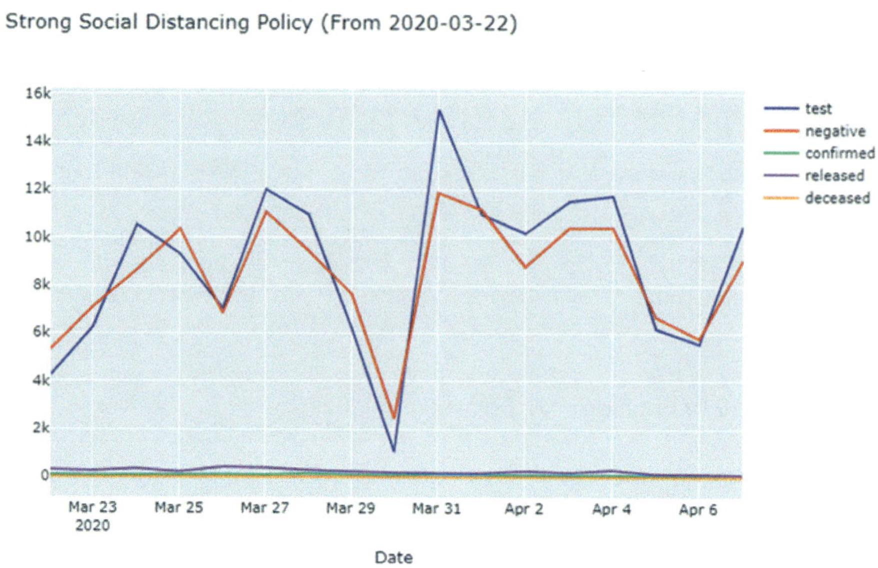

Strong Social Distancing Policy (From 2020-03-22)
16k
14k
12k
10k
8k
6k
4k
2k
0
Mar 23
2020
Mar 25
Mar 27
Mar 29
Mar 31
Apr 2
Apr 4
Apr 6
Date
test
negative
confirmed
released
deceased

저자와의
협의에 의해
인지 생략

비전공자의 데이터 분석을 위한

# 파 이 썬

2판 1쇄 2022년 1월 20일

저 자 염기원 / 오지영
발행인 송광헌
발행처 복두출판사
주 소 서울특별시 영등포구 경인로 82길 3-4
센터플러스 807호
(우) 07371
전 화 02-2164-2580
FAX 02-2164-2584
등 록 1993. 11. 22. 제 10-902 호

**정가 : 18,000원**
ISBN : 979-11-6675-099-1 93000

한국과학기술출판협회 회원사